부부 플랫폼

세움북스는 기독교 가치관으로 교회와 성도를 건강하게 세우는 바른 책을 만들어 갑니다.

부부 플랫폼

가정에서 이루는 하나님 나라 • 가이드북

초판 1쇄 인쇄 2025년 4월 1일
초판 1쇄 발행 2025년 4월 5일

지은이 | 서상복
펴낸이 | 강인구

펴낸곳 | 세움북스
등 록 | 제2014-000144호
주 소 | 서울시 종로구 대학로 19 한국기독교회관 1010호
전 화 | 02-3144-3500
이메일 | holy-77@daum.net

교 정 | 이영철
디자인 | 참디자인

ISBN 979-11-93996-42-3 (03230)

* 이 책은 신저작권법에 의하여 국내에서 보호를 받는 저작물입니다.
  출판사의 협의 없는 무단 전재와 무단 복제를 엄격히 금합니다.
* 책값은 뒤표지에 있습니다.
* 잘못된 책은 교환하여 드립니다.

부부
플랫폼

서상복 지음

MARRIED COUPLE PLATFORM

가정에서 이루는 하나님 나라·가이드북

세움북스

추천사

평생 가정사역을 해 오던 중, 드디어 하나님 나라를 이루는 부부로 살아가는 가정사역자 서상복 목사를 만난 것은 큰 기쁨이고 감격이다. 서 목사는 신학적 깊이, 성경의 삼위일체와 언약의 깊이, 가정과 상담의 전문적 깊이를 모두 갖춘 분이다.

가정과 부부생활의 중요성은 아무리 강조해도 지나치지 않다. 가정은 부부 관계로 시작하여 부모와 자식의 관계, 형제 관계, 삼촌과 사촌 등 여러 가지의 인간관계로 엮여 있다. 이 모든 관계의 기초가 되고 중심이 되는 것이 바로 부부 관계이다. 이 말은 부부 관계가 잘 돼야 자녀 교육과 양육도 잘 되고, 부모에게 효도도 된다는 말이다. 부부 관계를 잘해 나가는 것은 행복한 인생을 살아가는 최선의 길이 된다.

그러나 부부 관계를 잘해 나가기는 쉬운 일이 아니다. 그 이유는 우리 조상들이 하나님 없이 오랫동안 잘 못 살아오면서, 가정이 원래 하나님이 만드신 가정 운영의 원리에서 너무 많이 떠났기 때문이다. 또 부부생활은 두 남녀가 같이 해나가는 가장 가까운 인간관계이지만, 인간 내부에는 깊은 자기중심적 이기심이 자리 잡고 있기 때문이다. 그래서 현재 우리들의 부부 관계에는 많은 문제점이 있다.

이러한 문제점들을 다 고치고 해결해야 비로소 천국 부부가 된다. 이번에 서상복 목사가 쓴 부부 플랫폼 책은 바로 이런 목적으로 출간되었다. 저자는 이 책에서 모든 부부가 플랫폼으로 가서 새로운 삶의 방식으로 환승해야 한다고 말한다.

그동안 잘못되었던 부부 관계를 고치기 위해서는 반드시 환승해야 한다.

이렇게 얘기하면 어떤 사람은 "우리 부부는 별문제가 없어서 환승이 필요가 없는데요?"라고 말할지도 모른다. 그러나 부부 플랫폼에서의 환승은 문제 해결을 위해서만이 아니라 더 풍요롭고 행복한 부부생활을 위해서도 필요하다. 더 성숙하고 풍성한 부부가 되기 위해서 모든 부부가 부부 플랫폼으로 환승하자.

이것은 궁극적으로 잃어버린 에덴동산의 회복을 위해서이기도 하다. 하나님 나라를 이 땅에, 이미 가정에서, 부부의 삶에서 이루는 목표를 위해서 이 책으로 점검도 하고 더 깊고 좋은 부부의 삶으로 나아가야 한다.

더 풍요롭고 행복한 부부생활을 위해서 반드시 환승해야 한다. 특히, 적당히 행복한 정도가 아니라 천국 부부, 명품 부부가 되기 위해서는 우리 모두 부부생활 방법을 저자가 작정하고 쓴 부부 플랫폼으로 환승해야 한다.

이 책은 이러한 부부생활의 문제들을 해결하고 행복으로 가는 원리들을 아주 잘 설명하고 있다. 많은 분이 이 책을 통해 부부생활의 문제점들을 발견하고 해결하여 더 행복한 가정생활을 누릴 수 있게 되기를 바란다.

오랜만에 가정사역에 지침이 될 만한 좋은 책이 출간되어 기쁘다.

● **주수일 장로** _ 사단법인 한국가정사역협회 이사장
《행복한 가정설계》, 《진새골 사랑 이야기》, 《아름다운 가정의 비밀》 저자

❖

　필자를 비롯한 대부분의 가정사역자는 자신의 부부 위기의 고통을 극복하려 애쓰다가 가정사역자가 되었다. 부부의 이혼 위기를 극복하고 행복을 얻은 뒤에 빚진 자의 심정으로 다른 부부들에게 선한 영향을 주게 되었다. 그런데 이런 상황과는 전혀 다른 독특한 가정사역자가 있다. 위기에서 탈출하여 가정사역자가 된 것이 아니라 처음부터 하나님 나라 가정을 만들며 살아온 대단한 모델이다. 바로 이 책의 저자 서상복 목사이다.

　서 목사가 전하는 깊은 영성과 깨우침은 청중들에게 강력한 울림을 준다. 십자가 중심의 복음적 신학의 깊이가 매우 깊다. 가정사역 강의나 설교는 인본주의적이거나, 프로그램과 심리기법 위주로 진행되는 위험이 있다. 그러나 서상복 목사의 가정사역은 올바른 정통 신학을 바탕으로 한 복음적 가정사역이라 강의를 들을 때마다 회개와 감동, 그리고 큰 도전을 준다. 특히 결혼 제도를 언약과 삼위일체로 해석하여 기독 청년들의 실제적인 결혼 준비를 돕는 결혼 플랫폼 책이다. 한국 사회에 이런 책이 등장한 것은 매우 고무적인 일이다. 갈채를 보낸다.

　신학의 깊이, 성경의 원리, 실제 상담과 사례에서의 풍부한 적용과 사례, 살아낸 실제의 파워 있는 삶과 생동감, 구체적이고 자세한 적용을 모두 갖춘 부부생활 가이드가 나온 것이다. 아내 플랫폼, 남편 플랫폼의 그림으로 핵심 정리를 했고, 부부 관계를 하나하나 적용하고 풀어내는 형태여서 이해하기 쉽고 깊이도 있다.

　특히 챕터별로 핵심을 요약하고 토의와 나눔을 정리한 것은 매우 유익하고 적절하다. 부부의 삶은 현실이며 적용이 필요한 것이기에, 실천이 되도록 잘 안내한 것은 매우 적절하다. 이 책은 부부를 살려내는 책이 될 것이 확실하다. 성경책 다음으로 부부의 머리맡에 두고 읽고 체크하고 확인하고 점검하고 협의하고 나누며 성숙하고 변해가야 할 가이드북이다.

　이 책은 특히 가정에서 부부가, 교회에서 부부 소그룹 모임이 읽고 나누고 공부하기에 매우 유익하다. 특별한 가이드나 목회자가 인도하지 않아도 될 만큼 쉽고 탁월하게 구성되어 있다. 이 책은 누구든지 재미있고 즐겁게 모임을 진행할 수 있게 한다.

프롤로그에서 저자는 왜 부부 플랫폼이 필요한지 잘 설명하였다.

1장 아내 플랫폼은 4가지 환승을 깔끔하게 정리했다.

첫째, '얼음'에서 '난로'로 환승하라고 한다. 특히 "전하, 무수리이옵니다"라는 한국 정서와, 아내가 모든 것을 집약하여 남편을 어찌 사랑해야 하는지를 핵심 정리한 것이 탁월하다.

둘째, '아이'에서 '어른'으로 환승하라는 내용에서 시어머니에게서 남편을 구출하라, 관계 미숙함을 생존 능력으로 덮은 남편을 구출하라, 아내가 엄마이기를 바란다, 밥은 그 이상의 탑이다, 몸으로 70% 이상 이미 남편들은 말한다고 지침과 이해를 준다.

셋째, '그늘 성'에서 '밝은 성'으로 환승하라고 하여 부부의 성은 쾌락 그 이상인 것을 잘 설명한다. 남편은 제1 욕구가 성이다. 남편은 결핍된 소속감을 성으로 많이 채운다. 남편과의 성관계를 부디 숙제하듯 하지 말라고 안내해 주어 실제 부부의 갈등을 잘 풀었다.

넷째, '목마름'에서 '자유로움'으로 환승하라고 한다. 아내들은 혼자서도 행복해야 한다고 하며, 남편과 자식에게 의존하지 말라고 한다. 남편을 잘 이해하면 억울함도, 서운함도, 상처도 많이 줄어든다고 한다. '시아버지가 하나님이시다'라는 발상은 매우 신선하다. 좋은 아내가 누리는 자유를 통해 도전과 동기부여를 주는 것이 참으로 좋다.

다섯 번째, '좋은 아내 이렇게 하면 된다'에서 아내 플랫폼 환승 티켓 4장을 적용한다. '좋은 아내의 20가지 체크리스트'와 '아내의 20가지 설루션'(Solution)은 아내들이 꾸준히 지속해서 성장하도록 돕는 좋은 지침서이다.

2장 남편 플랫폼도 4가지 환승으로 잘 정리했다.
첫째, '무심함'에서 '소중함'으로 환승하라고 한다. "마님! 돌쇠이옵니다"라며 한국적으로, 남편들이 정확하고 쉽게 적용할 수 있도록 이해시킨 점이 좋다.
둘째, '내 중심'에서 '아내 중심'으로 환승하라고 하면서, 남편이 성숙하면 그렇게 할 수 있다고 설득력 있게 말한다. 아내의 결론 없는 말을 끝까지 잘 들어 주고, 성관계에서 아내를 특히 배려하라는 지침을 준다.
셋째, '무책임'에서 '좋은 리더'로 환승하라고 하면서 남편의 리더십을 잘 안내한다. 좋은 아버지가 되고 좋은 사회인이 되라고 하며, 책임감이 분명하고 투명하고 정직하며 자기 관리력이 좋아야 함을 잘 정리했다.
넷째, '결핍'에서 '풍성함'으로 환승하라고 한다. 남편이 먼저 좋은 신앙을 유지하며 남편의 사명을 잘 감당하면 아내도, 자녀도 불평이 줄고 존경하게 된다고 말한다. '장인 어른이 하나님이시다'라는 부분은 매우 신선하고 감동이 된다. 좋은 남편이 누리는 자유를 언급하며 남편이 아내를 제대로 사랑할 때 누리는 복을 말해 동기 부여도 확실하다.
다섯째, '좋은 남편, 이렇게 하면 된다'에서 남편 플랫폼 환승 티켓 4장을 적용해서 좋은 남편의 20가지 체크리스트와 남편의 30가지 설루션(Solution)을 제시한 것이 좋다. 남편들이 두고두고 체크하고 점검하며 노력하도록 하였다.

아내 플랫폼을 잘 적용한 3장 아내 레시피의 '존경하기'(1번 환승), '홀로 성숙하기'(2번 환승), '밝은 성으로 누리기'(3번 환승), '야호! 자유 누리기'(4번 환승)는 매우 구체적이고 자세하여 좋았다.

남편 플랫폼을 잘 적용한 4장 남편 레시피의 '아내를 귀하게 여기기'(1번 환승),

'아내 우선하기'(2번 환승), '젠틀맨 되기'(3번 환승), '야호! 풍성하기'(4번 환승)는 남편들에게 선명한 가이드가 되어 준다.

저자가 에필로그에서 말한 대로 이 《부부 플랫폼》은 책이 아니다. 훈련서이고 가이드북이다.

부록에서 '부부 성숙도'와 '부부가 잘 싸우는 규칙 21가지'를 저자가 만들어 수록해 둔 것은 귀한 자료이고, 도움 되는 내용이다.

30년 전문성을 녹여낸 깊이와 은혜를 모두 담은 이 책을 기쁜 마음으로 권한다.

- **이희범 목사** _ 사단법인 한국가정사역협회 회장
  《가정사역 부부학교 초급과정》, 《부부행복학교 이야기》, 《이희범 원장의 행복 만들기》, 《땅에서 풀어야 하늘이 풀린다》 저자

❖

"알면 정상이고 모르면 증상이다."

내가 가정사역자가 된 이유는 결혼 관계가 너무 힘들어서였다. 결혼 5년 차 정도일 때 우리 부부는 처절하게 싸웠지만, 둘 다 내향성이라 겉으로는 아무도 몰랐다. 그러나 각자는 죽을 만큼 힘들었다. 그 이유는 딱 하나였다. 나는 여자를 너무 몰랐고, 내 아내는 남자를 너무 몰랐다. 어떻게든 해결책을 찾으려는 시도 끝에 존 그레이 박사의 《화성에서 온 남자 금성에서 온 여자》 시리즈를 읽었는데, 나를 해부대에 올려놓고 구석구석 해부하는 것 같은 충격을 받았다. 그런데 책을 계속 읽으니 적잖이 위로가 되었다. 내가 지적했던 아내의 문제들은 여자로서 지극히 보편적이고 정상적인 것이었다. 아내가 지적했던 내 문제들은 남자로서 지극히 보편적이고 정상적인 것이었다. 주변을 둘러보니 대부분의 사람이 지극히 '정상'인 것을 심각한 '증상'으로 여기며 서로를 공격하거나 체념한 채 살고 있었다.

그것이 계기가 되어 경남 진주에서 과감히 상경해 '지구촌가정훈련원'이라는 가정사역의 현장에서 일하게 되었다. 거기서 잔뼈가 굵어졌다. 내친김에 심리상담학 박사 과정까지 공부했다. 그 과정에서 대부분 사람이 나처럼 '정상'을 '증상'으로 오인하고 산다는 것을 깨달았다. 그래서 한국판 《화성에서 온 남자 금성에서 온 여자》인 《남편사용설명서》와 《아내사용설명서》를 써내기도 했다.

서상복 목사님은 33년의 가정사역 현장에서 뼈가 굵은 사람이다. 그 역시 나처럼 이 땅의 많은 사람이 '정상'을 '증상'으로 오인해서 서로를 죽이는 비극을 만들어 낸다는 것을 일찍이 간파한 사람이다. 그는 전쟁터에서 서로를 적군으로 오인하여 발생하는 참사는 막아야겠다며 팔을 걷어붙였다. 그래서 그 역시 나처럼 '증상'으로 오해했던 것들이 지극히 '정상'이라는 것을 책과 강연을 통해서 강조해 왔다. 또 소그룹 모임을 통해서 '증상'으로 오해할 여지를 줄여 왔다.

그런 그가 《부부 플랫폼》이라는 책을 낸다는 것은 좀 더 차원 높은 행복을 추구하는 방법을 알려주겠다고 마음먹었다는 뜻이다. 플랫폼은 부부 관계의 기초요 공통분모에 해당한다. 기초를 다져 놓아야 튼튼한 집을 지을 수 있고, 공통분모를 먼저 만들어야 셈을 할 수 있다.

언젠가 초대형 레고로 온갖 모양을 아주 거대하게 만들어 내는 것을 본 적이 있다. 이것이 가능한 이유는 레고를 조립할 수 있는 크고 튼튼한 플랫폼 덕분이다. 부부가 아주 튼튼한 공동의 플랫폼을 크고 넓게 만든다면 누구보다 멋진 행복을 만들 수 있을 것이다. 레고의 좋은 점은 잘못 만든 것은 언제든 다시 풀어서 조립하면 된다는 것이다. 그처럼 '부부 플랫폼'이 제대로 되어 있다면 언제든 서로의 아이디어를 조합해서 자신들만의 독특한 작품을 만들어 낼 수 있고, 잘못된 부분은 언제라도 고칠 수 있다.

그래서 '부부 플랫폼'을 만드는 일은 결혼에서 가장 앞서 해야 할 일이다. 결혼 후 더 큰 행복을 원하는 부부, '도대체 우리 부부는 어디서 잘못된 걸까?' 고민하는 부부, 지극히 '정상'인데 몰라서 서로의 이마에 '증상'이라는 빨간 딱지를 붙이기 시작한 부부가 읽으면 더욱 좋겠다. 특히, 이제 막 결혼하려는 예비부부나 싱글 청년이 미리 읽어도 좋은 책이다.

● **이병준 목사** _ 사단법인 한국가정사역협회 전문가정사역자, 다큰자녀부모교육장
《남편&아내 사용 설명서》,《우리 부부 어디서 잘못 걸까?》,《왕이 된 자녀 싸가지 코칭》,
《행복 시소: 내 영혼의 멘토와 함께 타는》,《다큰 자녀 싸가지 코칭》,《니들이 결혼을 알어?》,
《결정장애치유》 저자

❖

나는 '모태솔로'니, '비혼주의'니, '결혼은 인생의 무덤이니' 하는 사람조차도 누군가와 안고 안기며, 품고 품기며, 한 몸 되어 누리는 즐거움과 기대를 포기했다고 생각하지 않는다. 제 한 몸 건사하기도 힘든데 결혼해서 둘이 되고 셋이 되는 상황에 대한 부담과 염려 때문에 "결혼은 미친 짓이야!"라며 기피 결정을 하기로 한 것은 아닐까? 그건 책임감을 가진 사람이 느끼는, 충분히 이해되는 염려요 불안이긴 하다.

나의 지난 30년간 상담 사역과 가정사역을 통해 결혼하지 않는 것이 좋을 뻔했다는 사례들도 많이 다룬 건 사실이다. 심지어 나만 해도 괜히 결혼했다고 후회할 때가 있었으니까!

그런데 한 면만 보고 전체를 판단하고 부정하는 어리석음은 범하지 말아야겠다. 우리 부모들의 삶이 그렇게 모범적인 것도 아니었다. 실제적인 결혼의 지침이나 안내서도 없었다. 그럼에도 우린 결혼했다. 그러면서 엎치락뒤치락 성장해 왔다. 그런 덕분에 하나님을 좀 더 많이 경험하고 알게 됐다. 그리고 자신 있게 자식들에게 말한다. "얘들아, 결혼하면 좋은 게 너무 많단다."

최근에 저자이신 서상복 목사님 부부(사모 김은숙)를 만났다. 나보다 더 행복하게 사는 모습을 보았다. '아, 저런 것이 부부이지!', '그래, 저런 부부를 보거나 체험하게 되면 결혼을 다르게 볼 거야!'라는 생각을 하게 되었다.

특히 저자를 만나 가장 놀라웠던 것은 십자가 복음으로 물든 결혼예배, 부부생활이 하나님 나라를 가정과 교회와 신앙과 직장과 삶 전체에 꽃피우게 하는 것이 하나님의 진정한 뜻이라고 가장 강하게 강조하는 말을 들은 것이다.

하나님 나라는 죽어서 가는 것만이 아니다. 이미 이 땅에서, 가정과 결혼과 교회에서 하나님 나라를 누리고 살아가는 것이다. 그래서 풍성한 삶, 자유로운 삶, 안식과 평강이 넘치는 삶이 십자가로 주어지는 구원의 참 의미이다. 그렇게 실제로 하나님 나라를 잘 살아가도록 돕는 책이 이 《부부 플랫폼》이다.

이제 여러분도 이 책을 통해 나와 같은 놀라운 발견을 하게 될 것이다. 부부생활의 핵심을 알고 실천하는 것은 물론이다. 이 책은 부부에게는 실전이나 점검이나 성숙이나 바른 하나 됨을 위해 필요하다. 하지만 미혼자도 "아, 이렇게 사는 것이구나!" 하면서 미래 준비를 바르게 하고자 읽으면 좋겠다.

저자는 수많은 실제 상담사례를 녹여서 현실적이고 학술적이고 심리적인 부부 지침서를 펴냈다. 특히, 영적으로 하나님 나라를 이 땅의 가정과 부부에게 이룬 것을 내용으로 한 부부 지침서를 펴냈다. 거기다가 본인 부부를 그렇게 살아낸 모델하우스로 제시하기까지 하니 놀랍고 반가운 책이다.

이 책을 나침반 삼고 안내를 받아, 서로를 성숙시키며 행복한 결혼생활을 살아감이 마땅하지 아니한가!

● **박병은 실장** _ 사단법인 한국가정사역협회 전문가정사역자, 한사랑기독상담실장

목차

추천사 · 5

프롤로그 · 18
    결혼이 원래 이렇게 힘든 것인가? · 18
    부부 플랫폼! 너는 무엇이니? · 23

1장. 아내 플랫폼 · 27

1. '얼음'에서 '난로'로 환승하라 · 32
2. '아이'에서 '어른'으로 환승하라 · 56
3. '그늘 성'에서 '눈부신 성'으로 환승하라 · 83
4. '목마름'에서 '자유로움'으로 환승하라 · 96
5. 좋은 아내, 이렇게 하면 된다 · 105
    아내 플랫폼 환승 티켓 4장 적용 – 좋은 아내의 20가지 체크리스트 · 105
    아내의 20가지 설루션(Solution) · 108
    ● 핵심 포인트 · 110
    ● 나눔과 적용 · 112

2장. 남편 플랫폼 · 113

1. '무심함'에서 '소중함'으로 환승하라 · 117
2. '내 중심'에서 '아내 중심'으로 환승하라 · 133
3. '무책임'에서 '좋은 리더'로 환승하라 · 144
4. '결핍'에서 '풍성함'으로 환승하라 · 156
5. 좋은 남편, 이렇게 하면 된다 · 165

   남편 플랫폼 환승 티켓 4장 적용 - 좋은 남편의 20가지 체크리스트 · 165
   남편의 30가지 설루션(Solution) · 167

   - 핵심 포인트 · 171
   - 나눔과 적용 · 173

3장. 아내 레시피 · 175

1. 남편을 존경하기(1번 '난로' 환승) · 176
2. 홀로 성숙하기(2번 '어른' 환승) · 192
3. 밝은 성으로 누리기(3번 '눈부신 성' 환승) · 207
4. 야호! 자유 누리기(4번 '자유로움' 환승) · 219

   - 핵심 포인트 · 232
   - 나눔과 적용 · 234

4장. 남편 레시피 · 235

1. 아내를 귀하게 여기기(1번 '소중함' 환승) · 236
2. 아내 우선하기(2번 '아내 중심' 환승) · 250
3. 젠틀맨 되기(3번 '좋은 리더' 환승) · 259
4. 야호! 풍성하기(4번 '풍성함' 환승) · 274

- 핵심 포인트 · 284
- 나눔과 적용 · 286

에필로그 · 288

《부부 플랫폼》은 책이 아니다 · 288
부부 엘니뇨와 라니냐를 미리 막아라 · 289
부부 된다는 것(시) · 292
싫어할 수 없습니다(시) · 294

【부록 1】부부 성숙도 · 295
【부록 2】부부가 잘 싸우는 규칙 21가지 · 298

프롤로그

| 결혼이 원래 이렇게 힘든 것인가? |

"결혼생활이 원래 이렇게 힘이 드나요?"
"다른 부부들도 다 이렇게 사나요?"

부부상담 중에 자주 받는 질문이다. 당연히 원래는 아니다. 하나님이 에덴에서 만드신 결혼은 그렇지 않았다. 그런데 우리의 결혼은 왜 이렇게 힘들어진 것일까? 무언가 잘못되었다. 원인을 알면 해답이 있는 법이다. 최소한 다음 6가지 정도가 부부를 힘들게 하고 불행하게 하는 나쁜 바이러스 같은 것이다.

첫째, 죄성 때문이다.
예수님을 믿어도 가장 근본적인 죄의 성향, 바로 '자기중심성'은 다 제거되지 않았다. 출애굽을 해도 가나안 원주민을 몰아내야 하는 것과 같다. 출애굽을 해도 애굽의 습관을 없애야 하는 것과 같다.

하나님의 말씀에 따라 마음과 정서와 생각까지 부부 각자가 순종하지 않기 때문에 힘든 부부가 된다. 온전하게 더러운 것을 제거하지 않았기 때문이다. 부부가 하나 되는 사이에 '죄'라는 이물질이 끼여 방해한다. 그중 가장 큰 이물질은 바로 '자기중심성'이다. 이것이 해결되지 않으면 부부가 아무리 열심히 노력해도 부부의 친밀감은 개선되지 않고 힘만 더 든다. 마치 모래가 많이 묻은 나무 조각들이 서로 붙지 않는 것과 같다. '강력 본드'로도 붙여지지 않는다. 죄성이 가장 많이 나타나는 방식은 부부 각자가 자기중심성으로 버티는 것이다.

"당신을 더 사랑하지 못해서 속상해."
"당신이 잘하지 않아도 나는 당신을 섬기는 것으로 행복해."

이런 낯선 대화를 해야 자기중심성을 내려놓은 단계까지 간 것이다.
하지만 "이 인간아, 당신이 먼저 잘해 봐라, 내가 잘하지. 당신이 고 모양으로 하니 나도 그런 거지"라는 자기중심성의 싸움이 대부분의 부부싸움이다.
그리고 미숙한 싸움이다. 먼저 부부 각자가 십자가 보혈로 젖어서 깨끗하고 거룩해져야 한다. 그러면 자기 중심에서 상대 중심으로 변하게 된다. 배우자의 아픔과 기쁨과 소원이 너무 소중해진다. 내 나라에서 하나님 나라로 관점이 변하게 된다.
그 결과, 배우자에게서 하나님의 얼굴을 보게 된다. 배우자를 하나님처럼 대하게 된다. 그러면 집구석(?)이 홈(Home)이 된다. 하나님 나라가 된다. 이런 부부에게 성령님이 임하여 성령의 하나 되게 하심을 누리게 된다.

게리 토머스도 최근 나온 여러 책에서 "하나님이 가정을 창조하신 것은 우리를 행복하게 만들기 위해서가 아니라 우리를 거룩하게 만들기 위해서이다"라고 했다.[1] 행복해지려고 하는 부부생활은 이기적이고 자기중심적이다. 행복은 노력해서 생기는 것이 아니라 예수님 안에서 저절로 피어나는 향기이기 때문이다. 행복은 거룩한 사람에게 따라오는 향기라서 행복을 추구하는 순간 사라진다.

둘째, 미성숙하기 때문이다.

고집, 편협, 게으름, 무책임, 이기심, 생각의 부족, 인문학의 결여, 인격의 부족, 부정적 사고, 집착, 퇴행… 등으로 내면의 어린아이가 한 번씩 격동한다. 그러니 부부 갈등이 더 심하게 일어나게 된다. 미성숙한 부부가 힘든 결혼생활의 무거움에 눌려 허덕인다.

셋째, 대화법을 모르거나, 알아도 부족하기 때문이다.

부부 갈등의 최소한 반 이상은 갈등 해결 대화법으로만 대화해도 잘 해결된다. 서로에게 상처도 주지 않고 더 사이가 좋아진다. 부부의 대화 방법 자체가 애초에 잘못된 방식인 경우가 많다. 그래서 대화할수록 더 서로 찌르게 되는 고슴도치의 서글픔을 갖게 된다. 사랑하기 위해 서로 더 떨어

---

1 게리 토머스, 《결혼수업》(서울: CUP, 2021), 17, 22,63, 111, 124, 139; 《부부사랑학교》(서울: CUP, 2021), 26, 54, 76, 94, 130, 313; 《행복한 결혼학교》(서울: CUP, 2023), 236, 273, 294-295; 《연애학교》(서울: CUP, 2022), 42, 228, 273, 320.

져야 하는 슬픈 부부가 된다.

넷째. 남녀 차이를 모르거나, 알아도 실천하지 않기 때문이다.

부부 갈등의 절반은 남녀 차이만 알아도 대부분 해결된다. 남녀가 서로 다른 것을 이해하지 못하고, 나쁜 것으로 판단해서 싸우는 부부가 너무 많다. 따로 깊이 배우지 않으면 알 수 없는데, 남녀 차이에 대해 깊이 배우지도 않았다. 간혹 알아도 적용하지 않는다. 부부의 삶이 터널이 되고 만다.

다섯째. 서로 자기가 옳다고 우기며 자녀 양육을 하기 때문이다. 아니면 방임하기 때문이다.

자녀 양육에 대해 성경적으로 알지 못하고, 알아도 순종하지 않고 자기 옳은 대로 우기며 양육하고 훈육하기에 부부의 삶은 무거워진다. 자녀 양육과 훈육의 핵심 방법을 미리 배워야 한다. 임신 전에 성경대로 자녀 교육하는 방법을 알아야 한다. 여기에 두 부부가 의견을 모아 하나의 방식과 하나의 가치로 자녀를 교육해야 한다.

자녀 양육과 훈육에 의견이 합치되지 않아서 부부 갈등이 일어나는 경우가 많다. 결국, 부모의 부부 갈등과 일치하지 않는 양육 태도는 자녀에게 쌀 한 가마니를 지고 살아가는 것 같은 무거움과 어려움을 준다. 이런 부작용은 자녀의 이상 행동의 원인이 된다. 자녀가 중독으로 회피한다. 잘못된 방법으로 탈선도 한다. 그렇게 되면 그야말로 부부의 삶은 더 피폐하게 된다.

여섯째, 결혼을 준비 없이 무면허로 하기 때문이다.

무면허 운전이 위험하듯, 결혼도 무면허는 너무 위험하다. 대부분 부부가 무면허라서 '언약 결혼'을 모른다. 그래서 많은 부부가 '계약 결혼' 방식으로 살고 있다. 그러니 부부의 생활은 더 짐이 되어 서로를 힘들게 하고 자녀도 잘못 자라게 한다.

결혼의 목적은 하나님 나라를 이루고 하나님께 영광을 돌리는 것이다. 그 방식은 예수님과 우리가 새 언약을 이루어 이 땅에서 천국의 삶을 사는 것이다. 부부가 하나님 나라를 잘 이루어 내는 것이다. 그런데 부부생활의 동기가 하나님 나라를 이루는 것이 아니면 부부에게 어려움이 생긴다. 이렇게 되면 부부가 구체적으로 어떻게 하나님 나라를 이루는지 바른 방법은 모른 채 자기 나라를 고집하며 살게 된다.

부부 상담을 통해 잘 알려주어도 서로 상대가 더 잘못했다고 싸운다. '언약 결혼'을 모르기 때문이다. 그러니 자기중심성이 심하게 작동하는 '계약 결혼'으로 살게 된다. 서로 상처만 한없이 깊어진다. 서로 상처를 준 것도 알지 못한다.

"내가 뭐라고 했어? 소장님께 들었지? 당신이 고쳐야 해, 당신이 이 책을 꼭 봤으면 좋겠어"라고 말한다. 이렇게 말하거나 생각하는 사람이 먼저 이 책을 읽고 고쳐야 할 사람이다. 괜찮은 배우자는 "내가 고칠게. 내가 잘못했네"라고 먼저 말한다. 적당히 괜찮은 가정을 이루라고 하나님이 가정을 창조하신 것이 아니다. 황홀하고 놀라운 하나님 나라를 이루고 누리라고 가정을 만드셨다.

"결혼생활이 왜 이렇게 힘이 들까요?" 여기 부부 플랫폼에 해결이 있다. 마치 바이러스에 중독될 때 백신으로 치료하면 되듯이, 부부가 6가지로 중독되어 힘들 때 부부 플랫폼으로 백신 효과를 주도록 돕고자 이 책을 집필하게 되었다. 이 책의 도움을 받아 부부들이 하나님 나라를 이루게 되는 상상으로 마음이 벅차오른다.

| 부부 플랫폼! 너는 무엇이니? |

부부 플랫폼은 크게 5가지로 구성된다.

첫째로, 아내 플랫폼과 남편 플랫폼이 있다.
아내 플랫폼은 4가지이다.
① 남편에게 존경이라는 난로를 뜨겁게 해 주자. – '얼음'에서 '난로'로 환승하자.
② 남편에게 정서적 엄마로 먼저 충분한 역할을 해 주자. – '아이'에서 '어른'으로 환승하자.
③ 자녀보다 남편의 우선순위를 높이자. 서로에게 성(性)적인 만족을 주자. – '그늘 성'에서 '눈부신 성(性)'으로 환승하자.
④ 혼자서도 행복하라. – '목마름'에서 '자유로움'으로 환승하자.

남편 플랫폼은 4가지이다.

① 아내를 가장 소중하게 대하라. – '무심함'에서 '소중함'으로 환승하자.
② 남편 중심에서 아내 중심으로 살아라. – '내 중심'에서 '아내 중심'으로 환승하자.
③ 좋은 리더가 되자. – '무책임'에서 '좋은 리더'로 환승하자.
④ 풍성한 하나님 나라를 살아내자. – '결핍'에서 '풍성함'으로 환승하자.

둘째로, 아내 레시피와 남편 레시피가 있다.

아내 플랫폼과 남편 플랫폼 4가지에 따라 아내와 남편에 대한 구체적이고 실제적인 설루션(Solution)을 제시했다. 구체적인 체크리스트도 만들었다. 좋은 남편 되기와 좋은 아내 되기의 점검과 구체적인 실천 방법이 될 것이다.

셋째로, 각 장에 핵심 포인트, 나눔과 적용이 있다.

부부나 소그룹 모임의 교재로 사용하면 매우 좋을 것이다. 부부 몇 쌍이 그룹으로 진행하면 더욱 좋은 역동이 일어나 유익할 것이다. 공부와 나눔을 하기 쉽도록 핵심 요약과 토의 내용이 안내되어 있다. 각자 이해와 적용을 먼저 적고 나서 부부가 서로 나누면 좋다. 그러면 부부가 하나 되고, 하나님 나라를 이 땅에 이루는 좋은 관계가 될 것이다. 각자 성숙해지는 것은 덤으로 얻는 유익이다.

넷째로, 부록이다.

부록으로 '결혼 성숙도' 체크리스트를 필자가 만들었다. 아내와 남편 각자가 부부의 하나 됨에 어느 정도 성숙도를 가졌는지, 무엇인 문제인지 현 상태를 잘 파악하게 돕는다. 부족한 부분을 진단하고 개선하는 방법을 돕는다. 또한 '부부가 잘 싸우는 규칙 21가지'도 만들어 제공했다. 이 두 가지는 분명 부부 갈등에 좋은 백신으로 작용할 것이다. 부부 행복에 강력한 비타민으로 작용할 것이다.

다섯째로, 내용 속에 실제 부부 상담사례도 녹여서 담았다.

필자가 33년간 부부 상담한 실제 사례를 적용하였다. 그렇기에 부부의 갈등을 해결하고 부부가 더 잘 살아가도록 현실적이고 구체적이며 전문적인 도움을 얻게 된다. 아울러 부부 문제를 도와주어야 하는 상담가나 교회 지도자들에게는 부부 상담의 가이드가 될 것이다.

'부부 플랫폼'은 부부가 나중에 알면 후회할 것을 미리 알려주는 책이다. 결혼하기 전의 커플과 청년들에게 부부의 길을 잘 안내하는 '부부 길잡이'이며 '부부 네비게이션'이다. 기혼 부부들에게는 부부생활을 점검하고 더 좋은 부부생활을 하도록 안내하는 '슬기로운 부부생활' 교과서이다.

그래서 이 책의 목적은 부부가 조금 더 좋은 삶을 사는 정도가 아니다. 더 중요한 목적이 있다. 바로 하나님 나라를 이 땅에서 부부가 이루도록 안내하는 것이다. 이 세상에서 가장 행복한 부부보다 하나님 나라를 이루고 누리는 부부가 훨씬 더 행복하기 때문이다.

이렇게 부모가 하나님 나라를 살아야 부모가 믿는 하나님을 자녀들이 온몸으로 '아멘' 하며 자연스럽게 신앙 전수가 이루어지게 된다. 다음 세대가 교회를 떠나고 하나님을 떠나는 힘겨운 시대에 좋은 대안이 되기를 바라며 이 책을 바친다.

1장
아내 플랫폼

MARRIED COUPLE PLATFORM

MARRIED COUPLE PLATFORM

부부 임상심리학자이며《그 남자의 욕구, 그 여자의 갈망》의 저자인 '윌라드 할리'(Willard F. Harley Jr.)가 1,000명의 미국 남편에게 설문 조사한 결과를 발표했다. 설문 내용은 결혼한 남편이 아내에게 원하는 욕구가 무엇인가 하는 것이다. 1위는 성적 만족을 주는 아내, 2위는 여가 상대를 해 주는 아내, 3위는 깨끗하고 매력 있는 아내, 4위는 내조, 집안 살림을 잘하는 아내, 5위는 칭찬해 주는 아내였다.

대한민국 남편들의 욕구 순위도 정리해 보았다. 33년간 가정상담을 해온 사례와 부부 세미나 경험을 바탕으로 집계했다. 1위는 성적인 만족을 주는 아내, 2위는 자신을 알아주고 칭찬하는 아내, 3위는 예쁘고 밝으며 온유한 아내, 4위는 자기가 하는 일을 잘 도와주고 지지하며 집안 분위기를 따뜻하고 편안한 곳으로 만들어 주는 아내, 5위는 자녀를 사랑하고 잘 양육하는 아내이다.

항목별로 더 자세히 살펴보면 다음과 같다.

대한민국의 남편 욕구 1위는 "성적인 만족을 주는 아내"이다. 이것은 아내 편에서는 이해하기가 제일 힘든 내용이다. 아내는 성적인 만족이 10위 안에도 들지 않기 때문이다. 아내는 남편에게 성 만족이 얼마나 중요한지 자세히 배우지 않으면 모른다. 부부 갈등의 1위는 부부의 성(性)이다.

이혼하는 부부들 대부분이 성격 차이를 이혼 이유 1위로 뽑았다. 하지만 이것은 표면적인 이유이다. 잘 사는 부부도 성격 차이가 매우 크기 때문이다. 부부 불행이나 갈등에서 엄밀히 말하면 '성격' 차이는 5위 밖이다. 사실상 가장 큰 문제는 '성' 차이이다. 성의 차이를 모르거나, 알아도 배려하지 못하는 것이다. 부부의 성을 서로에게 맞추려고 노력하고 섬기지 않는 것이 실제 부부 갈등과 이혼 이유의 1위이다. 성격(性格) 차이가 아니라 '성(性) 격차'이다.

우리나라에서는 그동안 부부의 성 문제가 부부 갈등과 이혼 원인의 1위로 시원하게 드러나지 않고 수면 아래에 있었다. 체면 문화와 주위 사람을 많이 의식하는 경향 때문이다. 부부의 성을 부끄러워하거나 어둡게 여기는 잘못된 인식 때문이다. 내가 많이 했던 부부상담에서도 처음부터 '성 갈등'을 제대로 이야기하는 부부는 5%도 되지 않았다. 95%의 부부는 "부부의 성 갈등도 있으시면 말씀해 주시면 도와드리겠습니다"라고 내가 먼저 말하면 그제야 털어놓기 시작했다. 그런데 알고 보면 성 문제가 제일 심각한 부부 문제로 드러났다.

2위는 "자신을 알아주고 칭찬하는 아내"이다. 미국에서는 2위가 여가 상대를 해 주는 동반자, 좋은 친구로서의 아내이다. 한국에서는 여가 상대나 취미 생활을 같이하는 아내는 거의 10위 정도로 낮은 순위이다. 미국과의 문화적 차이 때문이다. 한국의 남편들은 아내의 칭찬과 존경과 인정에 다른 나라 남편들보다 유난히 더 목말라한다. 자녀나 다른 사람에게서도 남편들은 인정받기를 원한다. 아내에게 인정과 칭찬을 가장 갈망한다. 그래서 무시하거나 잔소리 많은 아내를 싫어한다.

3위는 "예쁘고 밝으며 온유한 아내"이다. 미국에서 깨끗하고 매력적인 아내가 3위인 것과 대조된다. 아마도 외모나 겉으로 드러나는 것을 중요하게 여기는 한국 문화 때문일 것이다. 그리고 남편의 시각적 예민함과, 보이는 것을 더 중요하게 여기는 성향 때문이다. 한국 문화에서는 대체로 아내가 거칠고 너무 강하다고 느끼는 경우가 많다. 남편들이 기가 많이 죽어 있는 것이다.

4위는 "자기가 하는 일을 잘 도와주고 지지하며 집안 분위기를 따뜻하고 편안하게 만들어 주는 아내"이다. 미국에서는 내조를 잘하고 집안 살림을 잘하는 아내가 4위이다. 가정적인 지원을 잘하는 아내를 바란다는 것이다. 미국과 한국이 이 점은 비슷하다.

5위는 "자녀를 사랑하고 잘 양육하는 아내"이다. 이 부분이 미국보다 더 중요하게 5위로 두드러지는 것은, 아마도 한국에서 자녀 양육이 미국보다 더 힘들고 어렵다는 것을 반영한 것으로 추측된다. 남편들은 아내가 좋은 엄마이기를 바란다.

아래 〈그림 1〉 '아내 플랫폼(W.P, Wife platform)의 구성 요소'는 아내가 4가지로 환승을 하는 것을 한눈에 보여 준다.

부족한 아내	아내 플랫폼(W.P)		좋은 아내
얼음 (까다로움, 너무 높은 기대, 부정강화 자주 함)	(W.P1) 1번 환승 통로	난로 (남편에게 칭찬, 인정, 존경, 복종, 긍정강화 자주 함)	하나님 나라
아이 (남편, 자녀 심한 의존, 집착, 홀로 행복 못함, 관계 부족)	(W.P2) 2번 환승 통로	어른 (아내 성숙, 독립적, 엄마 해 주기, 남편 수용, 성품 좋음, 혼자도 행복, 대인관계 좋음)	
그늘 성 의무적, 부정적, 쾌락만의 성, 어두운 성 인식, 즐기지 못함)	(W.P3) 3번 환승 통로	눈부신 성 (남편 섬김, 자신도 누림, 전인격적 교제, 자주, 규칙적)	
목마름 (낮은 자존감, 상처 미해결, 바른 복음 부족, 성령 부족, 말씀 부족, 사명과 의미 부족)	(W.P4) 4번 환승 통로	자유로움 (사명자, 행복자, 바른 복음 충만, 말씀과 성령 충만, 운동·문화·여행 규칙적으로 자주 함)	
내 나라 / 이미 하나님 나라 공존과 갈등	지금 임하는 하나님 나라		완성될 하나님 나라

〈그림 1〉 아내 플랫폼의 구성 요소

1. '얼음'에서 '난로'로 환승하라

> **상담 사례**
> 아내는 너무 잔소리가 많습니다. 아내의 요구를 위해 노력했는데도 만족이 없습니다. 칭찬이나 인정은 없고 부족한 것만 지적합니다. 잘되라고 그런 건 알지만 지치고 도망가고 싶은 마음이 듭니다.

부부상담으로 남편들의 속마음을 투명하게 자주 접한다. 남편들은 대체로 아내의 잔소리가 제일 힘들다고 하소연했다. 부부 세미나나 부부학교를 할 때도 남편들은 아내 잔소리가 가장 힘들다고 말했다. 아내의 잔소리는 얼음 속에 남편을 가두는 것과 비슷하다. 아내들은 남편이 잘되라고, 더 성숙하라고, 더 겸손해지라고, 더 잘하라고 잔소리(아내 입장에서 충고, 조언, 바른말, 굵은 소리)를 한다. 하지만 인정과 칭찬 욕구가 강한 남자는 이것을 실패한 사람으로 정죄받는다고 느낀다. 인격적인 모독으로 생각하고, 고치고 변화하려는 발전 욕구보다 좌절과 실패했다는 비참함을 더 강하게 느낀다.

그래서 아내와 대화하지 않게 된다. 그렇게 아내가 말한 대로 노력해 봐야 또 다른 기준으로 지적하고 충고할 테니 포기한다. 고생을 많이 하고 잔소리를 또 들을 바에 자신이라도 편하자는 쪽으로 결정한다. 아내에게 더 나쁘게 대하거나 아내를 회피하게 된다. 아내와 말을 줄이거나 집에 늦게 들어간다. 적극적으로는 아내에게 비판과 핑계를 하며 공격도 한다. 이처럼 아내의 잔소리로는 사춘기 자녀와 남편은 바뀌지 않고 더 얼음이 되어 경직되거나 나빠질 뿐이다.

1장
아내 플랫폼

MARRIED COUPLE PLATFORM

MARRIED COUPLE PLATFORM

부부 임상심리학자이며《그 남자의 욕구, 그 여자의 갈망》의 저자인 '윌라드 할리'(Willard F. Harley Jr.)가 1,000명의 미국 남편에게 설문 조사한 결과를 발표했다. 설문 내용은 결혼한 남편이 아내에게 원하는 욕구가 무엇인가 하는 것이다. 1위는 성적 만족을 주는 아내, 2위는 여가 상대를 해 주는 아내, 3위는 깨끗하고 매력 있는 아내, 4위는 내조, 집안 살림을 잘하는 아내, 5위는 칭찬해 주는 아내였다.

대한민국 남편들의 욕구 순위도 정리해 보았다. 33년간 가정상담을 해온 사례와 부부 세미나 경험을 바탕으로 집계했다. 1위는 성적인 만족을 주는 아내, 2위는 자신을 알아주고 칭찬하는 아내, 3위는 예쁘고 밝으며 온유한 아내, 4위는 자기가 하는 일을 잘 도와주고 지지하며 집안 분위기를 따뜻하고 편안한 곳으로 만들어 주는 아내, 5위는 자녀를 사랑하고 잘 양육하는 아내이다.

항목별로 더 자세히 살펴보면 다음과 같다.

대한민국의 남편 욕구 1위는 "성적인 만족을 주는 아내"이다. 이것은 아

아내는 남편이 얼음으로 어는데도 왜 잔소리를 계속하나?

아내들은 남편이 더 잘되고 더 성장하라고 충고(잔소리)를 자주 한다.

여자는 남자의 성숙과 잘됨이 자신과 일치한다고 생각하는 경향이 강하다. 그래서 남편의 변화와 성숙을 매우 강하게 바란다. 아내들은 남편이 '더 잘되라고', '더 겸손해지라고' 충고한다. 아내는 자기 말을 잔소리라고 생각하지 않는다. 좋은 조언이나 충고라고 생각한다. 굵은 소리, 바른말이라고 생각한다. 그래서 아내들은 남편을 구하는(?) 사명감으로 남편에게 잔소리한다. 평강공주가 바보 온달을 훌륭한 장군으로 만드는 사명감으로 남편에게 잔소리한다.

잘하는 것이 없기에 존경도 칭찬도 하지 않는 것이다.

"잘하는 것이 없는데 무슨 칭찬을…, 말도 안 되게 존경까지나 하라고?"

강의나 세미나에서 남편을 존경하라고 말하면 아내들로부터 거센 항의(?)를 종종 받는다. 눈빛이 냉담하게 차가워지는 여성들도 제법 있다.

"아내들아 남편에게 복종하라!"라는 성경 말씀은 그동안 아내들에게 거부감을 주었던 것이 사실이다(엡 5:22, 24; 딛 2:5; 벧전 3:5, 6). 그러나 그것은 복종의 개념을 세상 가치로 잘못 알기 때문이다. 복종이라는 말을 노예가 주인에게, 부하가 상사에게 하는 단어로 오해하기 때문이다.

성경은 그런 의미로 한 말이 아니다. '복종'은 헬라어로 'Hupotasso'(훂포타소)라는 단어인데, '자발적으로'라는 말과 '완전히'라는 단어의 합성어이다. '자발적으로 완전히 아래에 들어감'이라는 뜻이다. 우리 주변에 흔히 보이는 예로는 '엄마가 아기에게 낮아지고 기쁘게 복종함'과 매우 유사한 단어이다. 성품과 인격이 성숙한 사람이 힘들거나 부족한 사람을 최고의 기쁨으로 자원하며 섬긴다는 뜻이다(엡 5:22).

결국, 남편에게 아내들이 복종하라는 것은 "아내가 감정, 정서, 대인관계에서는 남편보다 더 잘하니 자발적으로 기쁘게 남편을 먼저 잘 섬겨라. 인정과 칭찬으로 남편을 세워 줘라. 그러면 3년 정도 지나면 남편이 감정을 잘 교류하는 사람이 될 것이다"라는 말이다.

더 쉽게 말해 "아내들아 남편을 좀 잘 봐줘라"라는 말이다. 하나님은 대인관계에 더 강점이 있는 아내에게, 일 중심으로, 생존 본능으로 강화되어 대인관계 기능이 부족한 남편을 잘 부탁하는 것이다.

부부생활은 대부분이 감정 나누기, 감정 표현하고 공감하기, 서로 사랑하기, 대인관계 하기로 이루어진다. 그러니 아내들이 부부생활에서는 프로이다. 관계에 프로인 아내가 관계에 약하고 아마추어인 남편에게 먼저 복종하라고 말씀하신 것이다. 그러므로 남편을 존경하라는 말씀은 아내들에게는 오히려 영광스러운 부탁이다.

사실, 결혼은 서로 복종하는 것이다. 서로 복종하면 돕는 배필이 잘 되기 때문이다. 혹 남편이 성숙하면 남편이 아내에게 복종하면 더 좋다. 성숙한 쪽이 먼저 섬기며 돕는 것이 좋다.

아내의 잔소리에 남편이 얼음이 되는 이유는 뭘까?

아내의 잔소리에 남편이 얼음이 되는 이유는, 아내의 잔소리를 자신의 존재감을 거부하는 것으로 해석하기 때문이다. 여성과 달리 남성에게는 높은 '인정욕구'가 핵심 욕구이다. 아내에게 자신의 잘못이나 부족한 것을 지적받게 되면 남편의 1차 욕구인 인정욕구가 무너지게 된다. 그러니 2차 성장이나 관계 개선 욕구 따위는 의미가 없어진다. 배가 엄청 고플 때는 공부하고 싶은 욕구가 없어지는 것과 같은 원리이다.

그러니 아내들은 충고(잔소리)로 남편을 바꾸려는 헛된 욕심을 내려놓자. 아예 시도 자체도 하지 말자. 남편에게 잔소리해서 남편이 고쳐지는 것은 거의 불가능한 일이다. 아내가 잔소리하는 순간 남편의 발전과 변화는 첫걸음을 떼기도 전에 먼저 얼음이 되어 굳어 버린다.

이것이 반복되면 도리어 남편은 얼어 죽지 않으려고 아내의 잔소리 반경 밖으로 탈출을 시도한다. 회피한다. 남편은 짜증이 더 늘고 말수는 줄어들게 된다. 적극적으로는 불평과 아내 탓을 하거나 폭력과 거친 말로 아내를 공격한다. 공격이 최선의 수비라고 느끼기 때문이다.

잔소리는 결과적으로 이런 역작용을 불러온다. 아내 자신도 마치 온몸을 벽에 혼자 부딪히는 것처럼 된다. 아내 본인도 상처를 받아서 억울하고 비참해진다.

남편은 아내의 충고(잔소리)가 남편 잘되라고 하는 것임을 대부분 알기는 한다. 하지만 존재나 인격 자체를 거부당했다는 생각이 훨씬 크게 작용한다. 그래서 너무 듣기가 싫어서 더욱 노력하지 않게 된다.

대부분 아내의 충고(잔소리)는 객관적으로 옳은 말이다. 하지만 남편들은 아내의 바른 충고도 적들의 북소리처럼 너무 힘든 소리, 잔소리로 들린다. 따스하고 좋은 말로 남편에게 충고나 조언을 해도 사실 효과는 거의 없다. 없는 정도가 아니라 역효과만 난다. 남편의 마음이 얼기 때문이다. 결국, 아내의 입만 아프다. 아내 가슴만 더 멍든다.

'아내의 충고가 맞으니 내 잘못을 개선해서 아내에게 더 잘해 줘야지!', '아내의 충고가 맞으니 내 잘못을 고쳐서 더 잘 살아야지!'라고 생각하는 남편은 거의 없다. 오히려 대부분 남편은 아내 잔소리를 들으면 일단 기분이 나빠져서 방어나 회피를 선택한다. 심하면 공격한다. '아내가 말한 대로 해도 또 잔소리가 있을 거야. 그러니 포기하고, 에라 모르겠다. 나만이라도 편하게 살란다'라고 생각한다.

전문가들도 아내가 잔소리하면 남편의 잘못된 행동이 오히려 더 강화된다고 말한다. 대부분 남편은 아내가 너무 까다롭고 지나치게 기대가 높다고 여긴다. 그런 아내를 어차피 만족시킬 수 없다고 미리 포기하게 되는 것이다. 아내의 충고(잔소리)에 남편은 겸손하기보다 도리어 기가 죽는다. 얼음이 된다.

| **아내의 잔소리로 남편에게 어떤 일이 생기게 될까?** |

남편은 잔소리가 들리면 부작용(?)을 배설한다. 바로 마음과 생각과 행동에 악취를 뿜어낸다. 잔소리가 얼음이 되어 남편의 속을 매우 싸늘하게

하기 때문이다. 남편은 아내의 잔소리로 변하지 않는다. 도리어 부부싸움이나 갈등의 씨앗만 된다.

아내의 잔소리에 소극적인 남편의 부작용은?

남편은 변하기보다 그냥 기가 죽는다. 아내나 집을 멀리하며 밖으로 돌게 된다. 회피적으로 되는 것이다. 일중독이나 게임중독, 종교중독, 성취중독으로 숨거나 도피하게 된다.

그 결과, 아내가 요구한 걸 하지 않아도 되겠다고 생각을 굳히게 된다. 아내가 바라는 것을 하긴 해야 한다는 심리적 부담을 내려놓게 된다. 아내를 섬기지 않거나 가정일을 하지 않거나 아내의 소원을 들어주지 못한 죄책감이 아내의 잔소리로 이미 갚아졌다고 생각하기 때문이다. 회초리를 맞았으니 부족한 잘못에 대한 죄의 대가를 모두 갚았다는 심리이다. 남편은 아내의 잔소리를 듣고 잘 참은 것으로 문제를 해결했다고 여긴다. 이제 가벼운 마음으로 아내의 잔소리를 미안한 마음 없이 무시하며 당당히 잘못을 범하게 된다.

아내의 잔소리에 적극적인 남편의 부작용은?

부부 갈등과 싸움이 증폭하게 된다. 남편은 아내의 잔소리에 예민하게 알레르기 반응을 보인다. 배고파 죽겠는데 공부하라고 하는 것과 같다. 그 결과 남편은 성숙과 변화를 포기하게 된다.

아내가 잔소리하는 이유는 남편에게 관심을 드러낸 것이고, 더 좋게 변화되고 성숙하라는 것이다. 하지만 제 잘난 맛에 살고, 성취감과 생존 능력으로 사는 남자인 남편에게 이것은 역효과만 준다. 아내의 잔소리는 남편 깊숙한 곳에 있는 '잘나고 싶음', '이기고 싶음', '멋지고 싶음', '성공하고 싶음', '칭찬을 받고 싶음', '인정을 받고 싶음'을 모두 짓밟는다. 남편은 아내의 대부분 충고를 "너는 실패자다", "당신은 아내인 나보다 못하다. 무능하다"라고 번역하는 뇌 시스템을 가지고 있다.

남편은 아내의 말에 반대로 하면서 반기를 들게 된다. 아내의 말을 수용하고 실천하면서도, 이후에 또 다른 것으로 아내가 만족하지 않고 남편에게 잔소리할 것을 감지한다. 남편들은 그래서 쉽게 아내의 충고에 분노한다. 아내의 요구를 거절하고 쿠데타(?)를 일으킨다.

대표적인 것이 합법적으로 '일'과 바람(?)이 나는 것이다. 남편은 계속 일만 열심히 한다. 일을 열심히 하는 것이 좋은 것 같지만, 아내는 남편을 잃게 된다. 집에 일꾼은 있는데 남편은 없다. 가정도 아버지가 없는 빈 지붕이 되어 온갖 비바람을 아이들이 맞게 된다.

이런 상태가 오래 계속되면 남편이 진짜 바람이 날 수도 있다. 자기를 인정(?)해 주는 여자에게 생명을 걸고 충성(?)하게 된다. 나쁜 의도로 접근하는 여자에게조차도 남편은 자기 존재감을 위해 쓸데없는 충성(?)을 한다. 아내는 남편에게 일에 밀려나고, 다른 여자에게도 밀려나는 최악의 상황이 될 가능성이 늘어난다.

연세대 김영훈 교수는 《노력의 배신》에서 '최선의 노력으로 공부를 잘하게 되었다는 것은 우리의 착각'이라고 말한다. 그러면서 인간의 성공과

변화에서 노력은 평균 20%의 요소라고 말한다.[1]

  부부가 서로 상대를 잔소리와 충고로 변화시키려는 시도는 대부분 효과가 없다. 이것이 '잔소리의 배신'이다. 잊지 말자. 남편은 아내의 말이 잔소리로 들리면 더러운 배설물을 배설한다. 그러면 악취만 진동하게 된다.

아내와 싸웠습니다 1

– 서상복

아내와 싸웠습니다.
"설교, 왜 흥분하냐?"
"설교, 왜 PPT 많이 쓰냐?"
"설교, 왜 내용 복잡하냐?"
"수십 년 충고해도 왜, 왜 안 고치냐?"
"마누라 무시하는 것 아니냐?"

아, 나도 그러고 싶습니다.
희한하게 잘 안됩니다.
변명 같지만 단 1도 아내 무시하지 않습니다.
혈액형처럼 바뀌지 않습니다.

---

[1] 김영훈, 《노력의 배신》(서울: 21세기북스, 2024), 23, 77, 93, 99–102, 108, 112, 125, 234, 261, 288.

그저 죄인이고 그저 성화가 더딘 겁니다.
그래서 남편 설교에 은혜 되지 않았답니다.

오늘 나는 아내와 싸웠습니다.
내가 참 못났고 부족한데,
하나님 은혜로 쓰이고 사용되는 목사란 걸
잠시라도 잊은 게 더 부끄럽습니다.

그래서 아내에게
"어떻게 은혜를 사모하지 않냐?"라고 말했습니다.
내가 설교 못 했다고 차마 말 못 하는
치사하고 좁은 그릇이 저입니다.
"마눌님, 상처 줘서 미안합니다."
카톡 문자 만 번이라도 보내고 보냈는데
실제는 아내가 먼저 보내왔습니다.

"여보 상처 줘서 미만합니다."
'미만?' 오타도 귀엽습니다.
"여보 오늘 고기 구워 먹자."
"여보 오늘 더 사랑하자."

그리 좀 못난 답만 했습니다.

저 죽으면 바뀔까요?

다음 설교 때,

제대로 죽어서 설교하고 싶습니다

"이제 당신 설교 은혜 되네."

그 소리 들을 때 "진짜 목사가 되었구나"라고

주님 말씀하실 겁니다.

제가 온전히 성질 죽었다고,

제가 아내 칭찬만 듣는다는,

그 놀라운 소식이 곧 가더라도 여러분 놀라지 마세요.

아, 제가 아내와 싸웠습니다.

2020. 11. 3. 간밤 주일설교로 한바탕하고서.

| '얼음'에서 '난로'로 남편을 제대로 녹이는 방법 |

난로 하나, "전하, 무수리이옵니다."

남편의 얼음을 녹이는 뜨거운 열기 첫 번째는, 남편을 존경하는 것이다.

"전하, 무수리이옵니다."

사라가 남편 아브라함을 '주'(존경의 표시)라 칭한 고백을 한국식으로 표현해 보았다.

사라가 그렇게 한 것을 어찌 아느냐고 물어보는 사람이 많다. 베드로전서 3장 5절에 "사라가 아브라함을 주라 칭하여…"라는 구절이 바로 그 답이다. "전하, 무수리이옵니다"라는 말이 남편을 존경하는 말이다.

남편은 두 여인의 눈물로 온전해진다. 어릴 때는 엄마 눈물로, 어른이 되어서는 아내의 눈물로 좋은 남자가 된다. 가수 김수희는 '애모'에서 이것을 노래했다.

'그대 가슴에 얼굴을 묻고 오늘은 울고 싶어라.
세월의 강 넘어 우리 사랑은 눈물 속에 흔들리는데
얼마큼 나 더 살아야 그대를 잊을 수 있나!
한마디 말이 모자라서 다가설 수 없는 사람아,
그대 앞에만 서면 나는 왜 작아지는가!
그대 등 뒤에 서면 내 눈은 젖어 드는데
사랑 때문에 침묵해야 할 나는 당신의 여자…'

아내들이 남편을 위해 울어 주고 불쌍히 여기라는 내용이다. 아내의 가슴으로 안아 주라는 것이다. 부족한 남편에게도 "고생 많이 했습니다", "수고 많이 하셨습니다", "대단한 것을 하셨습니다", "잘 살아오셨습니다", "내 남편인 것이 자랑스럽습니다"라고 말해 주라는 것이다.

현용수 박사도 《성경이 말하는 남과 여 한 몸의 비밀》에서 두 여인의 눈물을 강조했다. 남자가 완성되려면 어릴 때는 어머니의 눈물이, 결혼 후에는 아내의 눈물이 더해져야 온전하게 빚어진다고 했다. 여자의 모성애, 정서, 불쌍히 여김, 수용성, 공감력, 무조건적 사랑 등에 충분히 젖어야 온전한 남자로 빚어지는 것이다.

'우정의 무대'라는 TV 프로그램에서 "엄마가 보고 싶을 때 엄마 사진 꺼내 놓고, 엄마 얼굴 보고 나면 눈물이 납니다. 어머니 내 어머니, 사랑하는 내 어머니, 보고도 싶고요, 울고도 싶어요. 그리운 내 어머니…"라는 노래를 부르면 군인들이 대부분 울었다. 울지 않는 군인은 아마 졸고 있었을 것이다.

엄마와의 충분한 애착 형성이 남자에게 바른 존재감을 느끼게 한다. 아내와의 충분한 애착 형성은 진정한 젠틀맨으로 거듭나는 핵심 요소가 된다. 미성숙한 남편도 아내의 존재적 말과 칭찬과 인정으로 온전하게 변한다. 남자에게 유난히 힘들고 어려운 감정 표현 능력도 많이 회복된다. 이런 아내의 사랑과 인정을 충분히 누리고 나면 남편은 의리가 작동한다. 숨어 있던 부성애까지 작동해서 평생 아내를 책임지고 헌신하며, 목숨까지 걸고 위하며 살게 된다.

하지만 조금은 안타깝다. 지금의 시대 상황에서 여성 속의 모성애도 점차 줄어드는 변화가 일어난다. 좋게 보면 여성 인권이 회복되는 면도 있지만, 그것이 지나쳐서 자녀와 남편의 회복을 돕지 못한 허무한 삶을 산 여성이 될 가능성이 있다.

초·중·고등학교에 가서 강의할 때 청소년들에게 물어보았다.

"여러분, '엄마' 하면 무슨 생각이 제일 먼저 납니까?"

"못됐습니다", "너무 잔소리가 많습니다", "엄마가 아빠보다 더 무서워요"라는 말이 2010년 전후부터 자녀들에게 1위가 되었다. '눈물'과 '희생', 이런 단어는 이제 3위로 내려갔다.

지금의 남편들은 심리·정서적인 부분에서 어릴 적에 어머니로부터 결핍이 생겼다. 부모로부터 애착 형성이 부족한 어린 시절로 고착되었다. 그러다 아내를 만나 결혼하여 갑자기 감정 표현을 많이 주고받아야 하니 힘들고 어색하다. 중년의 아내들이 대부분 남편이 큰 애(중딩?) 같다고 고백하는 이유가 이것이다.

"전하, 무수리이옵니다" 하면서 사는 것이 아내의 가장 아름다운 남편 사랑이다. 이런 아내가 가장 현명한 아내이다. 남편은 평균적으로 결혼 3년 만에 감정과 정서가 성숙하고 치유가 된다. 그 이후로는 아내를 더 귀하게 여기고 살 것이다. 아내가 중간에 잔소리하면 그때부터 다시 3년 연장이 된다.

난로 둘, 아내의 칭찬으로 남편 목에 금메달을 걸어 주자.

남편의 얼음을 녹이는 두 번째는 아내의 칭찬과 인정이다. 남편은 아내의 칭찬과 인정을 먹고 산다. 남편은 아내의 칭찬과 인정에 목을 맨다. 아내의 칭찬과 인정이 남편에게는 금메달이다.

성취감(achieving)은 '아담 DNA'이다. 하나님은 아담이 에덴동산을 경작하며 지키게 하셨다(창 2:15). 그러니 성취감이 아담과 그 후손 남편들에게도 '핵심 DNA'가 되었다. 군대 이야기, 축구 이야기, 자동차를 중요하게 여기는 것, 뻥(?)이 센 것, 명예욕… 모두 칭찬과 인정을 받으려는 남자의 제1 욕구이다.

성취감(achieving)이 남편들의 가장 중요한 '아담 DNA'이다. 그러다 보니 여자보다 남자들이 월등하게 일중독이 많다. 남편들이 인정 욕구와 칭찬에 목마른 것도 이 때문이다. 남자에게 하나님이 주신 가장 큰 벌은 남자에게 가장 중요한 성취 욕구가 채워지지 않아 목마른 것이다. 아내에게 무시당하는 고통이다. 땅이 아담에게 가시덤불과 엉겅퀴를 내어 수고의 열매가 없거나 적은 것이다. 또 얼굴에 땀을 흘려야 먹을 것을 얻을 수 있다는 것은 남자들이 노동의 고달픔으로 유난히 힘들 것이라는 말씀이다(창 3:18-19).

놀랍게도 남자들의 자살 원인 1위는 승진 실패, 부도, 회사나 사업이 망하는 경우이다. 즉 인정받지 못할 때, 자기 존재감이 없을 때가 1위이다. 여자는 남자와 다르다. 여자에게는 소속감을 제일 중요하게 여기는 '하와 DNA'가 흐르고 있다. 그래서 믿었던 남편이나 자녀의 사별, 이혼이나 배반이 가장 많은 자살 원인이다. 이런 것이 여자의 스트레스 1위이다.

이렇게 성취감은 남자의 핵심 코드이다. 남편은 먼저 존경과 칭찬과 인정을 받아야 아내를 사랑하고 귀하게 여기려는 성향이 있다. 존경받아야 남자의 감성과 관계가 작동하는 시스템을 가지고 있다. 그래서 하나님은 남편에게 복종하고 존경하라고 하셨다.

"칭찬은 고래도 춤추게 한다"라는 말은 여자보다는 남자에게 더 적합하다. "아내의 칭찬은 남편도 춤추게 한다"라는 말로 이해하면 된다. "남편의 칭찬은 아내도 춤추게 한다"라는 말은 어색하다. 오히려 "남편이 귀하게 여겨 줌은 아내를 춤추게 한다"라는 말이 더 어울린다. 사춘기 자녀 지도법도 여기에서 발견된다.

그래서 아내가 남편을 사랑하는 최고의 방법은 남편을 존경하고 인정하고 칭찬하는 것이다. 아담에게 "땀 흘려 일하라", "에덴을 관리하라"라고 할 때부터 인정받고 싶은 갈증이 남편의 특징이 되었다.

그래서 남편은 머리 됨을 좋아한다. 남편들은 잘난 체하기를 좋아하고 과시욕이 많다. 승부욕도 많다. 지지 않으려 한다. 그래서 남편은 아내의 칭찬과 인정으로만 바뀐다. 아내가 남편의 면류관이다(잠 12:4). 아내가 남편에게 진주보다 값지다(잠 31:10). 아내의 대우에 따라 남편이 변화되고 치유되고 성숙하기 때문에 성경이 이렇게 말씀하는 것이다.

남자가 바람피우는 원인 1위도, 아내가 사랑하지 않아서가 아니라 알아주고 칭찬해 주지 않아서이다. 잔소리가 너무 많아서이다. 집에서도 존재감이 없기 때문이다. 대체로 남편이 바람피우는 상대 여자가 아내보다 부족한 경우가 많다. 그 까닭은 아내보다 부족한 여자이지만 자기를 칭찬하고 존경하고 인정하기 때문이다.

놀랍게도 성경은 아내의 좋은 신앙을, 부족한 남편이라도 칭찬하고 인정해 주는 것으로 증명하라고 한다. 그런데도 남편을 존경하지 못한다면 아내들의 예수님 믿는 신앙이 잘못된 것이다(골 3:18). 아내의 최고 성숙의 정점, 신앙의 정점은 부족한 남편이라도 존경하는 것이다. 남편은 아내의 칭찬이 금메달이다. 매일 세 개씩 금메달을 남편 목에 걸어 주자. 밥 세 끼처럼 하루에 칭찬 세 번만 해 주면 남자는 모두 온달 장군이 될 것이다. 그

혜택은 모두 아내가 누리게 된다.

남편은 '해결사 증후군'에 상처 입었다. 집에서라도 인정과 칭찬을 받으려고 목숨(?)을 건다. 이를 잘 배려하는 아내가 현명하다. 아내의 충고는 남편이 자신을 실패자로 생각하게 하여 강한 거부감을 느끼게 한다. 여자가 부족한 남자를 도와주고 충고하면 위대한 사람이 되리라는 기대는 거의 망상에 가깝다. 아내들은 결혼 후 사랑이라는 이름으로 계속 충고와 잔소리를 한다. 그러나 남편은 아내의 칭찬과 인정으로만 변화된다. 아내의 잔소리는 남편에게 도리어 변화에서 멀어지게 한다.

총알을 피해서 겨우 집에 숨어 들어온 남편에게 아내의 잔소리는 갑자기 날아온 포탄과 같다. 남편은 평균 1시간 정도는 해결하지 않아도 되는 쉼을 위해 집에 들어온다. 멍때리거나 TV를 보며 동굴로 들어가는 것이 남자의 쉼이다. 그러고 나면 서서히 에너지가 충전되고, 배려해 준 아내가 고마워 집안일도 하게 된다. 아내와 감정 대화도 시도한다. 자녀와 대화와 양육도 더 잘하게 된다.

남편에게 집은 '해결 안 해도 좋은 안전지대'가 되어야 한다. 성숙한 아내는 칭찬으로 남편을 세워 간다. 진짜 좋은 믿음을 가진 아내는 부족한 남편까지도 존경한다.

난로 셋, 부적 강화를 거두고 긍정 강화를 하자.

남편의 얼음을 녹이는 세 번째는, 부적 강화를 거두고 긍정 강화를 하는 것이다. 스키너의 행동주의 이론에 근거한 것이 부적 강화와 긍정 강화이다. 실제 많은 부부 상담에서 남편의 좋은 행동이 늘어나게 하는 좋은 결과가 있었다.

부적 강화는 특정한 자극을 제거하여 이후 그 행동의 발생 빈도를 높이는 것이다. 쉽게 말해 남편의 특정한 좋지 않은 것을 지적하여 그것이 다음에는 없어지게 함으로써 더 좋아지도록 하는 원리이다. 그러나 이 원리는 오히려 남편의 행동이 나쁜 쪽으로 강화된다. 부작용이 생기는 것이다.

긍정 강화는 부적 강화의 반대말로 정적 강화라고도 한다. 특정한 자극을 제공하여 이후 그 행동의 발생 빈도를 높이는 것이다. 쉽게 말해 남편의 좋은 행동을 찾아서 적극적으로 칭찬하거나 인정하고, 바람직하지 않은 행동은 대체로 넘어가거나 무관심하게 대하는 방법이다. 이 방법은 실제로 많은 남편의 나쁜 행동은 줄어들고 좋은 행동은 늘어나게 되는 효과적인 방법이다.

고무줄놀이하는 여자아이의 고무줄을 당기고 도망가는 남자아이의 나쁜 행동을 줄이는 방법이 있다. 줄을 당기거나 방해하면 고맙다고 말하는 것이다. 관심 가져 주어서 고맙다고 하는 것이다. 더 나아가 남자아이가 어쩌다가 방해하지 않을 때는 방해하지 않아서 고맙다고, 멋있다고 하는 것이다. 남자아이가 줄을 당기고 도망갈 때 여자아이가 화를 내고 성질을 내거나 울면 남자아이의 이런 행동이 더 늘어나게 된다. 남자아이에게 부적 강화가 된 것이다. 남편에게도 남자아이의 이런 원리가 그대로 적용이 된다.

'부적 강화'의 반대인 '긍정 강화'는 남편을 좋게 변하게 한다. 사춘기 자녀도 그렇다. 잘하는 것을 더욱 강조하여 적극적으로 칭찬하는 것이다. 놀랍게도 한 번 칭찬하면 4배로 칭찬받은 것으로 여겨 행동이 강화된다. 그

대신 잘못하는 행동은 목숨에 지장 주지 않는 한 대체로 그냥 넘어가 주자. 그러면 부적 행동이 강화되지 않고 소멸하면서 점차 줄어들게 된다.

칭찬 하나에 좋은 행동이 무려 4배로 늘고, 나쁜 행동도 따라서 1/4로 줄어든다. 남편에게 칭찬 하나를 하면 남편이 대략 8배로 좋은 쪽으로 변한다. 중고등학교에 다니는 남자아이들이 여친의 한마디 칭찬에 바로 변화하는 원리이다. 어머니가 100번을 잔소리해도 안 하던 공부나 다이어트를 바로 실천하는 기적의 변화는 바로 긍정 강화 원리이다.

남편의 부족한 것을 충고하거나 지적해서 고치려고 하는 것은 '부적 강화'이다. 아내들은 남편이 잘하는 건 당연하다고 여긴다. 기본이라고 여긴다. 그래서 남편을 칭찬하지 않고 그냥 넘어간다. 아내들은 별나게 그걸 칭찬하고 싶지 않다. 잘한 것보다 잘못하는 것이 더 많기에, 간혹 잘한 것은 잘했다고 하지 않게 된다.

하지만 아내가 남편의 작은 것이나 당연한 일에도 칭찬과 인정을 먼저 많이 해 주면 그것이 남편에게는 좋은 난로가 된다. 남편은 따뜻하게 되어 변화되고 발전한다. 그러면 남편은 아내를 위해 목숨까지 던진다. 이것이 '얼음'에서 '난로'로 환승하는 것이다.

아내들이여! 남편들이 간혹 잘하는 것, 실수로 잘하는 것을 적극적으로 드러내어 인정하자. 칭찬하자. 남편이 따스해지면서 아내의 남자로 변한다.

그런데 아내는 제정신으로는 남편을 존경하고 칭찬하는 것이 안 된다. 그래서 성경에서는 "아내들아 남편을 존경하라!"(엡 5:33)라고 명령까지 하였다. 아내가 성령에 충만하든지 하늘을 찌르는 성숙에 도달하면 부족한 남편도 칭찬하고 존경하게 된다. 아내의 가장 좋은 신앙의 열매는 남편을 존경하고 칭찬하는 것이다.

난로 넷, 결혼 후 3년만 칭찬하고 인정하라.

남편의 얼음을 녹이는 네 번째는, 지금 당장 3년만 아내들이 충고나 잔소리 없이 온전히 칭찬과 인정을 하는 것이다. 이렇게 하면 놀라운 일이 생긴다.

아내들이여! 잔소리를 거의 하지 말고, 결혼 후 3년만 눈 딱 감고 남편에게 칭찬만 하라. 인정만 해 보라. 계속해서 남편이 잘한 것만을 드러내고 칭찬해 보라. 잘하는 것을 활짝 들추어서 대 놓고 칭찬하라. "더러워서 그 짓은 차마 못 하겠다"라고 하지 말라. 엄청난 보상이 아내에게 곧 돌아온다. 남편이 기대에 못 미칠 때는 그냥 넘어가 주라. 남편의 실수와 잘못에는 무관심하라. 그러면 놀랍게도 남편의 잘못된 행동은 조금씩 소멸한다. 부족한 행동도 빠른 속도로 줄어들게 된다.

찾아서 하는 칭찬으로 남편은 점점 더 잘하는 것이 늘어나게 된다. 나중에는 칭찬할 것만 많이 보이는 놀라운 일이 일어난다. 최악의 경우 끝까지 남편이 변하지 않더라도 아내가 성숙하고, 신앙이 하나님 나라로 풍성한 경지에 이르게 된다.

가정 전문가들은 결혼 후 가족 주기에서 처음 3년은 아내가 남편을 치유하며 돌보아 주는 시기라고 말한다. 남편은 감정 표현력과 대인관계 능력, 공감 능력 결핍이 청소년 시절로 정체되어 있다. 일 중심과 성취 중심으로, 생존 본능으로 주로 살았다. 이런 남편이 결혼 후 갑자기 아내와 감정 교류와 깊은 대인관계를 하려니 힘들고 미숙할 수밖에 없다.

아내는 남편을 양자 삼았다고 생각하고 돌보면 속이 편하다. 그러면 3년 후에 남편의 감정과 표현도 회복된다. 성숙해진 남편이 남은 평생을 아내에게 잘 대해 주는 호사를 누리게 될 것이다. 아내가 3년 정도 집중적으로 섬기면 평생 두고두고 열매를 따 먹게 된다.

아내들은 사실 제정신으로는 부족한 남편을 칭찬하고 인정할 수가 없다. 그래서 성령의 도움을 받아야만 한다. 잔소리를 많이 들으면 남편은 늙어서도 감정 표현 능력이 회복되지 않는다. 노인이 되어도 중학생 같은 미숙함을 드러낸다. 그 고통은 오롯이 아내가 다 받게 된다.

| 아내가 실천할 남편 칭찬하기 3원칙 |

데일 카네기의 《인간관계론》에 따르면 "인간관계가 잘 되는 것이 인간의 행복에 가장 중요한 요소"이다. 부부상담을 하면서 깨달은 것을 중심으로 아내가 실천할 남편 칭찬하기 3원칙을 정리해 보았다.

하나, 남편을 비난, 비평, 불평하지 말라.

남편을 존경하는 가장 큰 실천은 잔소리하지 않는 것이다. 칭찬 열 번을 잔소리 한 번이 덮어서 남편을 얼리기 때문이다.

둘, 남편을 진심으로 솔직하고 진지하게, 구체적으로 칭찬하라.

매일 칭찬하라. 처음에는 잘하는 것이 별로 없더라도 찾아서라도 칭찬하라. "왜 남편 칭찬을 자주 하지 않느냐?"라고 물어보면 대부분 "뭐 잘하는 것이 있어야 하지요"라고 대답한다. 맞는 말이다. 하지만 성령 충만하면 남편이 잘하는 것이 잘 보이게 된다. 구체적으로 하루에 1~3번 꾸준히 남편을 칭찬하자. 남편 존재를 인정하는 말도 자주 하자.

부디 찾아서라도 남편을 칭찬하자. 청소를 잘하지 못한 남편에게도 "당신이 청소해 주니 내가 청소하는 2시간 중 30분은 벌었습니다. 감사합니다"라고 하자. "이게 청소한 거냐? 구석구석은 왜 안 치우냐?", "꼭 청소해 달라고 해야 해 주냐?"라는 식으로 하지 말자.

셋, 남편 입장으로 생각하라.

일 중심이고 성취 중심인 남편은 인정과 칭찬에 매우 목마르다. 사춘기 이후부터 남편은 감정이 거의 자라지 않았다. 그래서 감정 표현이 서툴다. 이것을 바르게 이해하자. 중학생 감정 수준으로 사회생활, 직장생활, 가정생활 한다고 남편도 많이 고생한다. 남편들을 상담하다 보면 대부분 하는 말이 "우리 마누라가 왜 그렇게 들들 볶는지 모르겠습니다. 숨이 막힙니다"라는 것이다. 헨리 포드는 "성공의 유일한 비결은 다른 사람의 생각을 이해하고 상대방 입장에서 사물을 바라볼 줄 아는 능력이다"라고 말했다. 부디 성공한 아내가 돼라.

아내들이여! 다시 강조하지만, 남편에게 잔소리하지 말고 3년만 집중적으로 칭찬하라. 중년이나 노부부도 아직 늦지 않았다. 당장 3년만 해 보라.

남편이 부성애가 활성화되고 강점인 의리가 장착된다. 그 결과 남은 아내의 삶이 30~50년은 족히 보상받을 것이다. 하나님 아버지의 날개처럼 큰 남편 날개 아래에서 아내의 고단한 삶을 쉬게 될 것이다.

아내는 남편을 존경해야 비로소 하나님 나라의 행복을 누리는 황홀함을 누린다. 아내들이여! 부디 잔소리에서 존경하기로 환승하자. 그러면 이런 노래가 들리게 될 것이다.

"주 날개 밑 내가 편안히 쉬네…"
"남편 날개 밑 내가 편안히 쉬네…"

아내와 싸웠습니다 2

– 서상복

아내와 싸웠습니다.
온천탕에 가며 샤워 타올 긴 것
비닐봉지에 넣어 아내에게 챙겨 주니
"때 타올 아니다" 합니다.
미처 몰랐습니다.
여자 목욕탕에는 샤워타올이 없고
대부분 때타올로 목욕하는지 몰랐습니다.
아하! 비닐봉지가 물에 젖어 축축하면 너무 싫어서

남자들처럼 대강 비닐에 넣지 않는다는 걸
나는 정말 몰랐습니다.
남자는 목욕탕에 빈 몸으로 가서
비치된 샤워타올로 때를 대강 밀거든요.
아내 위한다고 했지만, 더 불편하게 했다는….
"챙겨줘도 불만이냐!" 했습니다.
에고, 잘못 말했네요.

아내와 싸웠습니다.
아들 임용고시로 밤낮 중보기도 하며
애타고 노심초사해 하나님 응답으로 주신
꿈 한 자락 붙들고
기쁨을 안심에 적셔서 제게 말한 걸,
"…은 바람직하지 않다"라고….
상담하고 해결이나 한 저는
아내 힘든 것 안타까워 말했지만,
에고, 더 힘들게 했네요.
미처 몰랐습니다.
아내는 해답이 궁금한 게 아니라
"그래, 하나님의 응답이네."
"기도를 하나님이 들으셨네."
"애쓰고 수고했어요."

친구로 들어 주길 바랐다는 걸,

아내 위한다고 했지만, 더 불편하게 했다는 걸….

친구가 되지 못했네요.

사랑하는 마음 담았으나 아내 원하는 것을 비껴

내 좋자고 한 작은 사랑, 간장 종지 그릇 사랑.

내일은 아내 친구로 가만히 곁에 있어 주렵니다.

2022. 11. 26. 목욕탕 용품 챙기며,
큰아들 취직 시험 응답기도 이래야 한다고 하며 두 가지로 한바탕하고서.

2. '아이'에서 '어른'으로 환승하라

| 아내에게도 있는 어린아이를 먼저 어른으로 환승하라 |

아내들에게 아직 '아이' 같은 면이 있어서 일어나는 부부 갈등도 많다. 미성숙하거나 성인 아이의 요소가 있는 아내들도 있다. 아내들의 대표적인 미숙한 행동과 심리는 자녀와 남편에게 지나치게 의존하는 '집착'이다.

집착은 성장 과정에서의 애정결핍과 불안을 자녀와 남편을 통해 채우려는 것이다. 대리만족하는 심리이다. 아내가 혼자서는 행복하지 못해 자녀와 남편을 이용하는 것이다. 영적으로는 남편과 자녀가 우상이 되는 것이다. 아내들의 가장 흔한 아이 같음이다. 미성숙함이다. 이는 '착하다', '헌신한다'라는 것으로 포장된 병듦이다. 어린아이가 아직 아내 속에 일부 작용하는 것이다.

따라서 아내는 자녀와 남편이 아니라 자기 혼자서도 어른이 되는 삶으로 환승하라. 혼자서도 성숙하고 행복하라. 그렇게 성숙한 아내는 자녀와 남편에게 지나치게 기대하지 않는다. 여유도 많아진다. 실수도 잘 수용한다. 남편을 인정과 칭찬으로 유도할 수 있다.

아내의 내면에 있는 어린아이가 모두 사라지게 하고 어른으로 환승하자. 아내가 성숙하면 당장 본인이 제일 먼저 행복해진다. 아내가 성숙하려면 원 가족과 바른 독립을 해야 한다. 자존감을 높여야 한다. 남편과 자녀에게 집착하지 말자. 남편과 자녀는 믿을 대상이 아니라 사랑의 대상일 뿐이다. 아내들은 혼자서 먼저 하나님을 통해 충분히 영적으로 충만하라. 행복하라. 아내들이 어릴 때 성장하면서 겪었던 결핍이나 상처를 남편과 자녀에게서 채우려 하거나 투사하지 말라.

예수님이 사마리아 여인에게 "내가 주는 물을 마셔야 목마르지 않다"라고 하셨다. 바로 이를 두고 말씀하신 것이다. 성숙한 아내는 감정 표현이 부족하고 서툰 남편을 수용할 수 있다. 그러면 남편도 좋은 방향으로 변화하게 된다. 아내는 더 성숙하고 만족하게 된다.

아내는 남편을 잘 수용하고 인정하는 좋은 성품으로 성령 충만을 이루자. 성령의 열매가 모두 성품의 특성이다. 아내들은 좋은 엄마처럼 남편을 잘 품어줌으로써 성령의 열매를 맺는다.

어른으로 환승 플랫폼 1.
시어머니에게 매여 있는 남편의 어린 감정을 어른으로 환승시키자

상담 사례

"남편은 시부모를 끔찍하게 여기는 효자입니다. 그런데 이상하게 마누라에게는 그렇게 잘하는 남편이 아닙니다. 속에서 열불이 납니다. 우리 남편, 도대체 왜 이럴까요?"

> 남편은 효자 아들이고 착한 사람이라고 했다. 그것이 좋아서, 착해서 결혼도 했을 것이다. 하지만 살다 보니 아내에게만은 나쁜 남편이 되어 있었다.
>
> 중년 여성일수록 누구 남편이 효도 잘한다는 말을 들으면 그 아내가 불쌍하다고 생각한다. 효자 남편을 좋은 남편으로 여기지 않는 것이다. 남편은 이런 아내를 그저 이기적이고 속 좁고 부모를 불쌍히 여기지 않는 나쁜 여자라고만 오해한다. 자기 같이 착한 효자에게 왜 불만이냐고 도리어 더 스트레스를 받는다.
>
> 문제의 근원은 남편에게 사랑받지 못해서 힘들고 외로운 시어머니가 아들에게 의존한 것이다. 이로 인해 가정 구조가 건강하지 못한 삼각관계가 되면서 갈등이 생긴다. 현실적인 이유는 아직 남편이 부모를 떠나지 못했기 때문이다. 어머니의 억울함과 희생을 지켜본 아들이 아버지 몫까지 짊어지고, 어머니에게 아들이 아니라 정서적 남편으로서 대한 것이다.
>
> 그러다 보니 아들은 결혼하고서도 어머니를 온전히 떠나지 못하고 집착하게 된다. '불쌍해서', '은혜를 갚아야 해서', '어머니를 위해서'라는 마음이지만, 영적으로 온전히 부모를 떠나 아내를 부모보다 우선하여 살아야 한다는 하나님의 말씀을 어긴 것이다. 그러다 보니 결국 정서적으로 아내를 첩으로 대하는 잘못을 한 것이다. 그러니 아내는 매우 비참하고 괴로운 것이다.

성숙한 아내는 시어머니에게서 남편을 구출한다. 효도도 성공한다. 특히 남편이 잘 독립하도록 도와준다. 다음을 이해하고 실천하면 된다.

먼저, 효도라는 이름으로 아내보다 어머니를 우선시하는 남편, 무엇이 문제인가?

첫째, 남편에게 아내보다 시부모가 우선순위이기 때문이다.

아내도 효도하기를 원한다. 다만 남편에게서 최우선으로 사랑받기를 바랄 뿐이다. 아내들에게 남편이 대부분 최우선이기 때문이다. 시부모에게 밀려나 우선순위 2위나 3위가 된 아내는 마치 첩의 대우, 가정부 대우를 받는 듯한 비참함을 느낀다.

둘째, 남편이 부모를 떠나라는 결혼 언약을 어긴 것이다.

남편이 1순위로 어머니를 생각하는 것은 결혼 언약을 어긴 것이다. 결혼예배를 드릴 때 남편이 먼저 부모를 떠나 입장했다. 이는 우선순위에서 부모보다 아내를 1순위로 하는 관계 혁명을 이루겠다고 하는 약속이다. 이 약속을 남편이 파기한 것이다. 어머니(간혹 아버지)를 아내보다 우선시하는 지나친 효도는 아내를 온전히 사랑하지 못하는, 남편으로서 부족한 행동이다. 결혼 약속을 일부 어긴 것이다.

셋째, 남편 속에 삼각관계를 끊지 못한 과거의 상처가 아직 작동하기 때문이다.

어머니와 아내와 남편과의 삼각관계를 끊지 못한 관계의 미숙함이 있기 때문이다. 남편의 성장 과정에서 아버지로부터 사랑받지 못한 어머니가 자신에게 일방적으로 희생하며 산 것에 대한 죄책감, 미안함, 마음의 빚을 갚아야 한다는 생각이 있기 때문이다. 윤영무는《대한민국에서 장남으로 살아가기》에서 우리 시대 장남은 고개 숙인 한국 남성의 표상이라고도 말했다.

심리적으로 말하면, 아버지에게 여자와 아내로 대우받고 사랑받지 못한 어머니에게 아들이 정서적 남편이 되어 주는 것이다. 가족 시스템 이론에 따르면 이것은 남편이 어머니(간혹 아버지)에게 '대리 부모', '대리 남편'

역할을 하기 때문이다. 어머니도 아들이 자기를 정서적 남편으로 대해 주기를 바라기 때문이다. 아들이 결혼했어도 아들에게 여전히 너무 많이 바라고 기대하기 때문이다.

결혼한 아들과 어머니가 정서적 부부가 되니 진짜 아내는 시어머니에게 첩으로 느껴지게 된다. '고부갈등은 하늘이 내린다'라는 말은 틀린 말이다. 사실은 아들을 떠나보내지 못한 시어머니와, 중간에서 우선순위가 정리되지 못한 미숙한 남편 때문에 생기는 것이다. 효도라는 이름으로 아내를 첩으로 대하는 남편의 어정쩡한 미숙함과 상처가 빚은 것이다. 그 뿌리에는 시아버지가 평생 시어머니를 아내로 귀히 여기며 살지 않았던 배경이 있다. 지나친 효도로 아내에게 상처를 주는 나쁜 남편이 되는 이유는, 남편 속에 삼각관계를 끊지 못한 과거의 상처가 아직 작동하기 때문이다.

남편들은 다음과 같이 바르게 효도하자.

진정한 효도는 아내를 통해서 하는 것이다. 남편이 진정 효도하고 싶으면 아내를 통해서 해야 한다. 시어머니의 제일 큰 소원은 아들이 행복하게 잘 사는 것이다. 아들이 자기에게 잘해 주는 것보다 그것을 더 바란다. 아들이 아내를 통해 효도하는 것은 시어머니가 행복해지려는 진짜 소원을 이루어 주는 최고의 효도이다.

아내도 남편만큼 시부모에게 효도하고 싶다. 다만 자신이 최우선 순위로 사랑받고 존중받기를 바랄 뿐이다. 아내는 남편이 시어머니보다, 일보다, 성취 욕구보다 자기를 더 사랑하고 우선시하면 시댁에 잘하게 된다. 그 결과, 시어머니가 아들은 물론 며느리로부터도 참사랑과 대접을 받게 되니, 이것이 최고의 효도가 된다는 것을 남편은 알아야 한다.

아내를 통해서 효도하는 5가지 비법을 소개한다.
① 시부모의 용돈과 선물은 되도록 아내가 드리게 하자. 여러 유익이 크다.
② 중요한 선택이나 갈등이 있을 때는 아내의 편을 들어 주자. 부모와 아내의 갈등에서는 남편은 가만히 있거나 피하라. 아내만 있는 자리에서 남편은 아내의 마음과 의견을 적극적으로 지지하라. 시부모에게 상처를 최소한 주지 않는 지혜로운 방법으로 남편이 중간에서 잘 처신하라. 그래서 시어머니가 "내 아들이 이젠 며느리를 제일 중요하게 여기는구나"라고 느끼게 하라. 이때가 부모가 아들을 떠나보내는 순간이다. 이것이 처음에는 섭섭하더라도 점차 더 행복하실 것이다.
③ 전화 안부나 인사를 아내보다는 적게 하라. 아내에게 더 많이 효도할 기회를 주라는 말이다.
④ 장인, 장모도 내 부모에게 효도하는 것과 똑같이 사랑하고 섬기라. 장인, 장모와 아내의 형제, 자매에게 잘 대하지 않는 남편은 아내가 시댁에 잘하기를 기대하면 안 된다. 또한, 자기 부모에게 진정으로 효도한다면 아내의 부모에게도 효도하는 것이 진실한 효도이다. 처가댁에는 잘하지 않고 친부모에게만 잘하는 남편의 효도는 형식적이고 이기적이고 부족한 효도이다.
⑤ 모든 효도의 행위나 선물은 아내를 통해서 하라. 아들은 그렇게 안 해도 효도가 가능하기 때문이다. 아내가 시어머니(시아버지)의 마음에

"내 아들보다 며느리가 더 효도하고 좋은 자식이네"라고 인식하게 하는 것이 가장 좋은 효도 방법임을 남편들은 알아야 한다. 바둑의 고수가 두는 '신의 한 수' 같은 방법이다.

남편은 막상 결혼은 했지만, 대부분 아내보다 자기 어머니가 우선이다. 성숙한 아내는 시어머니에게서 남편을 구출해야 한다. 그저 질투나 하고 열만 받으면 안 된다. 아내들이 첩처럼 2위로 대우받는 걸 서글퍼 하는 것이 우선이 아니다. 본처(?)로서 시어머니를 정서적인 본처로 여기는 남편을 늪에서 구출하자.

남편은 왜 어머니에게 집착하는가?

남편은 왜 아내보다 어머니를 우선해서 아내를 외롭게 할까? 3가지 원인이 있다.

하나, 시아버지가 진정한 남편 역할을 하지 않은 결과이다.

시아버지가 시어머니의 진정한 남편 역할을 하지 않아 일어나는 것이 고부갈등이다. 시어머니에 대한 남편의 집착이다. 시어머니가 여자로서 남편에게 받지 못하는 위로를 '정서적 남편'인 아들에게 요구하기 때문에 일어나는 현상이다. "남자가 부모를 떠나라!"라는 말씀이 성경에 3곳이나 있다. 시아버지와 시어머니의 관계를 회복해야 남편이 아내로 만족하는 바른 독립이 된다.

둘, 시어머니가 정서적 독립을 하지 않고 남편(시아버지) **때문에 마음과 정서가 빈 곳을 아들로 대신 채우기 때문이다.**

결혼하면서 "남자가 부모를 떠나라!"라는 말은 시어머니가 아들을 며느리에게 보내라는 말이다. 내 아들이 아니라 이젠 며느리의 남자라고 인정하라는 것이다. 사실 시어머니, 아내, 남편이라는 삼각관계의 중간에서 갈등과 스트레스가 가장 큰 것은 남편이다. 어떻게 해도 실패자이기 때문이다. 아내들은 남편을 이 삼각관계에서 구출해야 한다.

셋, 남편이 아들이 아니라 어머니의 정서적 남편의 역할을 해 오던 것을 벗어나지 못했기 때문이다.

이는 어머니가 아버지로부터 받은 외로움과 학대, 자녀(아들)를 키우면서 희생한 것이 원인이다. 어머니에 대한 고마움과 미안함과 죄책감이 얽혀서 아들이 어머니의 정서적 포로가 된 것이다. 자기 정체성을 상실한 채 아들에게 올인(All-in)한 어머니에 대한 고마움에, 보답해야 한다는 생각이나 죄책감까지 얽힌 감정이 남편 정서이다. 남편은 어머니께 정서의 노예가 되어 있다. 대리 남편이 되어 있다.

남편들은 효도라는 이름으로 아내보다 어머니를 우선시하는 실수를 한다. 효도하는 아들이 도리어 아내에게는 상처를 많이 주는 이유이기도 하다. 어머니를 떠나서 아내를 최우선으로 하는 관계 혁신이 진정한 결혼이다. 남편들은 특히 이 사실을 명심해야 한다.

남편이 아내보다 시어머니를 우선할 때 받는 아내의 상처 3가지

먼저는, 아내가 정서적 폭력을 받게 된다. 어머니와 남편이 아내 한 명에게 같이 총부리를 겨누고 협박하는 것과 같다. 다음으로, 관계 폭력과 정서 폭력을 받게 된다. 남편은 대부분 이런 것을 이해하지 못하지만, 아내는 예민하다. 남편은 아내가 별나다고만 생각한다. 그러나 아내는 남편이 시어머니와 바람나서 자기를 버렸다고 느끼게 된다. 남편이 해야 할 진정한 효도는 아내와 온전히 하나 되어서, 부모를 2순위로 같이 잘 섬기고 위하는 것이다. 그러므로 아내는 잘못된 효도를 하는 남편을 구출해야 한다.

아내는 자신이 2순위가 되어 정서적인 첩 대우를 받았다는 치명적인 상처를 입는다. 이것은 쉽게 치료되지 못한다. 평생 괴롭게 된다. 그러다가 마침내 중년에 가서 꾹꾹 눌러 둔 억울함과 분노가 폭발한다. 결국, 황혼에 가서 이혼을 요구한다. 이혼하지 않아도 가(假)이혼 상태로 건조하게 남편을 대한다.

황혼에 시어머니가 돌아가신 후, 아내는 젊었을 때 자기를 힘들게 한 남편에게 부메랑으로 돌려준다. 남편을 무시하고 차갑게 여긴다. 정이 뚝 떨어졌기 때문이다. 아내의 반격이고 보복이다. 남편은 이미 때가 늦었다. 자녀들도 모두 엄마와 연합전선을 갖추게 된다. 소위 왕따가 된다.

어른으로 환승 플랫폼 2.
관계 미숙함을 생존 능력으로 덮은 남편의 어린 감정을 어른으로 환승시키자

> **상담 사례**
>
> 남편은 집에서 너무 다른 행동을 합니다. 직장과 교회와 다른 사람들과 있을 때는 착하고 부지런하기까지 한데, 이상하게 집에만 오면 퍼져 있고 게으릅니다. 소파를 사랑해서 딱 붙어 누워 TV만 시청합니다. 무엇을 부탁하면 억지로 그것만 하거나, 그것도 안 할 때도 있습니다. 밖에서 남들에게는 잘하는 남편이 왜 집에서는 어린아이처럼 게으르게 뒹굴뒹굴하고 자기밖에 모를까요?

남편은 성취 중심이라서 밖에서 일할 때는 자기 기능이 잘 발휘되어 열심히 한다. 하지만 집에 들어오면 대인관계 기능, 감정 기능을 써야 해서 더 힘들어한다.

첫째는, 남편은 원래 아내보다 용량이 적은 감정 기능과 대인관계 기능을 밖에서 모두 소진하고 집에 왔다. 그래서 더 이상 힘도 남아 있지 않고 사용할 단어도 없다. 남편은 해결 중심이다 보니 집에 들어온 것과 낮에 열심히 일한 것으로 가족을 충분히 사랑했다고 생각한다. 감정과 사랑 표현도, 대부분 행동을 했으니 되었다고 생각한다.

따라서 남편은 집에 들어와서 실제 감정 단어로 아내와 깊은 교류를 하기가 매우 힘든 상태가 된다. 감정 단어 자체도 아내보다 1/3~1/10 정도로 적다. 그러니 적은 감정 단어로 몇 마디를 하면 대부분 감정 표현을 많이 한 것으로 여기게 된다. 이렇게 되면 아내는 오해하게 된다. 또한, 공감과 이해받지 못하는 외로움을 느끼게 된다.

둘째는, 집에서는 '성취하지 않는 것'으로 스트레스를 풀기 때문이다. 남편은 집 밖에서 일하고 살면서 성취하지 못하는 것이 많았다. 실패하거나 잘 안되는 일이 더 많아 힘들었다. 실패감이나 좌절이나 모독감이나 긴장감으로 너무 힘들었다. 경쟁에도 지쳤다. 그러다가 집에 와서는 드디어 무엇을 하지 않아도 되고 성공하지 않아도 되는 상태를 갈망하게 된다.

그러니 아무것도 안 해도 되고 성취할 책임을 지지 않아도 되는 것으로 스트레스를 풀며 에너지를 급충전하는 것이다. 아내로서는 정말 한심하게 보이고 자기밖에 모르는 사람으로 여겨진다.

남편은 관계가 미숙해서 우선 급하게 탁월한 생존 능력으로 자신을 대신 덮었다. "네 아빠는 남에게는 잘하는데 엄마에게는 왜 그렇게 함부로 대하는지 모르겠다"라고 하신 우리 어머니의 말도 이를 증명한다.

남편들은 관계 미숙으로 힘든 것을 '일 잘함', '해결 잘함', '돈 잘 버는 것을 잘함'으로 아내와 자녀에게 자신의 역할을 전부 대신했다고 느끼는 성향이 있다. 그래서 남에게는 잘하는데 아내와 자녀에게는 잘하기가 힘든 이중적인 남편이 된다. 대화는 못 하는데 일은 잘한다. 해결을 열심히 해 주려고 한다. 착하고 성실한 면도 있다.

남편은 아내에게 "결론이 뭐냐고?", "내가 또 뭘 하라는 것이냐?"라고 반박한다. 상처받은 아내에게 남편은 "내가 당신을 위해서 얼마나 고생하는데, 무엇이 불만이 많냐?"라고 자기를 방어한다.

남편의 과도한 생존 기능에 관해 칼 융(Carl. G. Jung)도 말했다. 그는 '분석심리학'에서 남자의 생존 기능을 남자의 '페르소나'(Persona, 가면)라고 했다. 밖에서는 탁월한 능력, 성공, 외모, 매너 좋음, 남에게 친절함, 유머, 카리스마를 나타낸다. 하지만 집에 오면 이것을 밖에서 가면으로 사용했기에 급격히 피로해진다. 집에서는 더 이상 가면을 쓰고 살 수 없다. 아내와 자녀는 가족이라 자신처럼 편안해져서 본래의 자신으로 돌아온다.

그래서 집에서 남편은 생활과 말의 수준이 낮아진다. 밖에서 남에게 하는 것과 달라진다. 원초적이고 자기중심성이 많게 된다. 소심해진다. 잘 삐친다. 잘 공감하지도 않는다. 친절하지도 않고 예의도 없다. 자기가 좋아하는 것만 하려 한다. 이런 남편의 행동에 아내는 연애 때 남편 모습과 달라서 속았다고 생각한다.

하지만 남편은 변하거나 아내를 속인 것이 아니다. 남편은 감정과 관계 부분에서는 아직 어린아이인 부분이 섞여 있어서 집 밖에서는 가면을 쓰고 살아간다. 수많은 일과 성취를 애써서 이루었다. 관계가 힘든데도 친절까지 했다. 에너지가 하나도 남지 않은 상태로 집으로 들어온다.

드디어 가면 없이, 편한 집에서 에너지를 긴급 보충한다. 집이라는 응급실에 급히 입원한 것이다. 총칼을 들고 밖에서 생명을 걸고 전투하다가 겨우 목숨 부지해서 군부대 내무반(가정)에 지쳐서 복귀한 것이다. 집안일이나 아내와 깊은 대화가 웬 말인가? 내무반에 먼저 와 있는 동료(아내, 자녀)가 무엇이 힘들고 어려운지 알고 싶지도 않다. 내무반 청소나 자기 몸을 잘 씻는 것이나 다른 사람을 위해 헌신하고 대화하는 일은 애당초 너무 어렵다. 아주 힘들다. 내무반에서 이제 무엇을 해도 자신은 이미 나라를 구한 훌륭한 군인이며 남자라고 느낀다.

남편은 이런 상태로 귀가하고 행동한다. 남편은 관계의 미숙함을 생존 능력으로 이렇게 덮고 있다. 아내들이 이런 남편을 잘 이해하면 남편이 덜 미워진다. 남편이 불쌍해진다. 아내 자신도 덜 억울하게 느껴진다.

어른으로 환승 플랫폼 3.
아내가 엄마처럼 잘해 주기를 바라는 남편 감정을 어른으로 환승시키자

> **상담 사례**
>
> 남편이 집에서 저와는 대화를 별로 안 합니다. 사과도 잘 하지 않고, 충고는 너무 싫어합니다. 특히 아내인 나의 마음을 너무 몰라주어서 답답합니다. 대화해도 나를 무시하거나 기분 나쁘게 말합니다.
> 사춘기 아들 같은 남편, 밖에서는 잘하고 집에서 나와 아이들에게는 살갑지 못한 남편, 도대체 왜 이런가요?

남편의 발달하지 못한 감정 표현이 아내를 힘들게 한다. 사실 남편이 일부러 아내를 무시하는 것은 아니다. 아내의 복잡하고 다양한 감정과 요구를 이해하지 못하고 공감하지 못하기 때문에 아내 편에서는 남편이 자기를 무시한다고 느끼게 된다.

남편은 성취와 해결 위주로 사는 것에 특화되었다. 그래서 아내에게 사과하고 시인하는 것은 실패한 것으로 여겨져서 매우 힘들어한다. 남편은 모성애 결핍, 아버지의 인정과 칭찬의 결핍으로 힘들어하다가 결혼 후 아내에게 많은 것을 요구한다. 마치 굶고 살다가 어쩌다 좋은 밥상을 대하면 절제하지 못하고 지나치게 먹게 되는 것과 같은 것이다. 그러니 아내에게 충분히 만족하지 못하는 것이다.

그래서 매우 힘들어진 남편은 퇴행적으로 어린아이처럼 아내에게 더 집착하고 갈증을 느끼게 된다. 아내에게 투정도 부린다. 아내를 무시하거나 공감도 부족하다. 심하면 비판과 폭력까지 있을 수 있다. 아내의 힘듦을 공감하기보다는 채워지지 않은 애정과 부족한 인정으로 예민해진 남편이 된다. 또한, 아내에게 존경받도록 행동하지 못해서 아내에게 좋은 대우를 받지 못하는 미숙함에도 원인이 있다.

아내 편에서도 노력해야 할 것이 있다. 남편의 이런 점을 이해하도록 노력해야 한다. 남편의 퇴행과 감정 표현의 부족함, 인정욕구를 잘 맞추어 주자. 아내는 스스로 성숙하고 행복해져서 남편을 의지하거나 믿지 말아야 한다. 믿고 의지하는 것은 예수님께만 하자. 남편에게는 사랑하고 수용하며 인정과 칭찬으로 대하자. 조금이라도 잘하면 고맙다고 하자. 잘하지 못하면 당연한 일이라고 여기자. 그리고, 가볍게 넘어가야 한다.

남편은 변화되어 갈 것이다. 혹 아니더라도 아내가 성숙하고 하나님과 친밀해질 것이다.

남편이 아내에게 바라는 엄마 역할이 무슨 말인가?

남편이 성장 속에서 겪은 애정 결핍, 인정 결핍을 아내로서보다 우선 엄마처럼 잘 채워 주기를 바라는 것이다. '안아 주는 환경'(Holding Environment)으로 아내가 잘 만들어 주면 남편은 회복된다. 남편을 큰아들로 대하자는 말이다.

'이마고 부부 치료'(Imago Couple Therapy)의 창시자 '하빌 헨드릭스'의 말에 따르면, 남편은 성장하면서 부모로 인해 생긴 결핍과 상처의 회복을 지금 아내에게서 기대한다고 한다. 엄마가 아들에게 하듯 아내가 자기를 일방적이고 무한정으로 사랑해 주기를 바란다는 것이다. 결핍된 애정 욕구와 인정 욕구를 아내가 빠르게 채워 주기를 기대한다는 것이다.

남편은 잃어버린 엄마 사랑을 아내에게서 찾는다. 남편은 어릴 적의 모성 결핍, 유아기적 소망을 아내에게서 채움 받기를 기대한다. 아내가 다른 사람이나 자식 앞에서 자신을 칭찬하고 높여 주기를 너무도 많이 바라게 된다.

남편이 결혼 후 갑자기 아내가 아닌 엄마 역할을 더 바라는 까닭은 무엇인가?

첫째는, 남편이 감정 표현능력이 부족하거나 익숙하지 않기 때문이다.

남편은 나쁘기보다는 아내보다 부족한 감정 표현능력 때문에 아내에게 공감하는 능력이 부족하다. 자신의 바른 감정을 제대로 표현하지 못한다.

이것은 당연히 아내에게는 힘든 고통이 된다. 하지만 남편이 일부러 아내를 무시하는 것은 아니다. 아내의 복잡하고 다양한 감정과 요구를 이해하지 못하고 공감하지 못하기 때문에 아내 편에서는 남편이 자신을 무시한다고 느끼게 되는 것이다.

남편은 남자의 일반적 특징인 생존 본능이 관계 능력보다 더 훈련되고 발달하였다. 성취와 해결 위주로 사는 것에 길이 들었다. 그러다 보니 아내에게 인정하고 사과하는 걸 자신의 실패나 수치로 느끼는 경향이 있다. 남편은 사과하고 시인하는 것이 너무 힘들어서 아내에게 고집 센 남자로 보이게 된다. 경쟁 사회, 일중독 사회, 체면 문화, 수직 문화, 군대 문화, 남성 우월 문화, 먹고 사는 문제의 급박함이 남편들의 관계 능력을 부족하게 만들었다.

둘째는, 남편은 성장 과정에서 모성애의 결핍, 아버지의 인정과 칭찬의 결핍을 겪었기 때문이다.

그 결핍으로 인해 어른이 되어서도 갈증이 난다. 그래서 결혼 후에도 아내에게 집착하며 갈망한다. 아내에게 어른답게 잘 설득하거나 이해를 시키면서 요구하면 아내도 그렇게 해 줄 텐데, 어린아이처럼 요구한다. 아내는 남편이 퇴행적으로, 어린아이처럼 행동하는 것으로 생각하게 된다. 아내를 이해하거나 공감하지 못하고 아내에게 덜 채워진 인정 욕구로 인해서 자기 욕구에 우선하게 된다.

그러다 보니 남편은 아내보다 대체로 감정의 분화가 덜 되었다. 가족 치료사 '머리 보웬'(Murray Boewn)은 남편의 이런 성향을 '분화가 덜 되었다'라고 말한다. '분화'란 감정과 사고가 성숙해져서 자신과 부모, 자신과 상황을 잘 분리하는 것이다. 건강한 심리적 거리를 유지하는 것이다. 자기 혼자서도 행복한 것이다. 남편의 감정은 많은 부분 아내보다는 '미분화'되었다.

"부모를 떠나서 결혼하라"라는 말은 성경에서 여러 번 강조하며 가르친 결혼의 핵심 말씀이다(창 2, 마 19, 엡 5). "부모를 떠나라"라는 말씀은 남편과 아내 모두가 잘 분화되고 개별화되라는 것이다. 자존감이 높으며 성숙하라는 것이다. 그래야 좋은 결혼을 준비하고 좋은 부부생활을 한다는 것이다. 혼자일 때도 잘 살아야 결혼할 때가 된 것이다. 하지만 한국의 독특한 문화로 인해 더욱 남편들이 미분화되었다.

셋째는, 남편 부모의 부부 사이가 건강하고 행복하지 못했기 때문이다.
남편의 감정 발달에 가장 크게 좋지 않은 영향을 주는 것은 부모의 사이가 좋지 않은 것이다. 부부 사이가 나쁜 부모 밑에서 자란 사람이 가장 많이 성인 아이가 된다. 대화나 공감이 부족하기 때문이다. 거기다가 엄마들도 맞벌이로 살아야 하는 어려운 환경으로 인해 아들은 어머니와도 깊은 상호작용이 결핍되었다. 그래서 더욱 남편들이 미성숙한 감정 상태가 되었다.

그러다 보니 남편은 좋은 남성상을 보거나 훈련받지 못했다. 남편은 대체로 여자를 잘 이해하는 문화가 아닌 환경에서 성장했다. 어릴 때는 "머스마(남자)가 가시나(여자)랑 노네, 얼레리꼴레리"라는 비난에 여자와 잘 놀지도 못했다. 자연스럽게 여자의 감정을 이해하는 것을 배우지 못했다.

"사나(사나이)가 엄마 치마폭에 싸여 있냐?"라며 아들이 엄마와 친밀한 것조차 칭찬과 격려가 아니라 조롱거리가 되었다.

그러니 남편은 여자의 깊은 정서와 감정을 이해하지 못하며 자랐다. 가정에서 부모가 사이좋게 보내는 것을 배우지 못하고 성장했다. 아버지는 물론 어머니와도 속 깊은 이야기를 많이 하지 못했다. 누나와 여동생과도 깊은 감정 대화를 나누지 못했다.

넷째는, 이원론이 스며든 잘못된 신앙 때문이다.

영적으로도 헬레니즘(이원론)이 교회 내에 스며들어 가정과 직장생활은 거룩하지 못한 것으로 여기고, 교회 예배와 신앙생활만 거룩한 것으로 여겼다. 그래서 가정과 삶을 교회 신앙생활보다 너무 가볍고 천하게 여겼다. 신앙 좋다는 사람들인데도 가정과 삶에서는 가족에게 결핍과 부족으로 이원화된 경향이 많아진 것이다. 가정에서 하나님 나라 문화를 실현하지 못하였다. 이런 이유로 인해 가족 문화나 따스한 부부 문화가 우선되지 못했다.

다섯째는, 남편이 너무 일찍 어른이 되었기 때문이다.

감정 표현이 부족하거나 아내를 깊이 공감하지 못하는 남편은 참 외롭고 힘든 청소년기를 보낸 것을 수많은 상담에서 확인했다. 그것이 현재 부부 사이에도 영향을 준다.

남편은 어릴 때나 청소년 때 '점잖음', '아버지께 사랑받지 못하는 엄마를 걱정하고 아버지 대신하여 엄마 돌보기', '인사 잘하기', '예의 바르기'로 자신의 감정 발달을 눌러 두었다. 남편은 한국 문화 속에서 자라면서 질문하거나 건의하거나 의견을 내는 사람은 '별나다', '적당히 해라', '중간을 하는 것이 가장 좋다', '그래 너 잘났다', '똑똑한 척한다'라는 부정적 피드백을 많이 받았다. 청소년기에는 자기가 꼭 하고 싶은 것을 할라치면 '별나다', '자기밖에 모른다'라며 욕까지 먹었다. 그냥 두루두루 다른 사람이나 가족이 원하는 것을 하는 것이 좋은 사람이라고 세뇌되었다.

쉽게 말해, 남편은 청소년기의 다양하고 깊고 넓은 감정 발달은 생략하고 청소년 때 바로 어른의 삶을 살았다. 이를 심리학에서는 '부모화'라고 한다. 그때는 '착하다', '성숙하다', '철 들었다'라는 칭찬을 들었다. 청소년의 삶이 아니라 부모에게 맞추어 주고 걱정해 주는 희생자로 성장하고, 자기 고유의 정체성이 잘 개발되지 못한 것이다.

그런데 막상 남편이 성인이 되어 부부가 되고 나면 사정이 달라진다. 잃어버린 남자아이(Lost Boy)인 채로 어른이 된 남편은 미숙한 감정 수준에서 아내와 대화도 하고 부부관계도 하게 된다. 남편은 당연히 대인관계가 힘들다. 아니, 아내를 이해하고 공감하는 것이 힘들다. 그러니 스트레스나 불안을 담배, 술, 오락, 성, 스마트폰, 도박, 마약, 종교, 일중독에 쉽게 빠지는 것으로 해결한다.

이런 5가지 이유로, 남편이 어른이 되어 아내를 만나면 어린아이 때 결핍을 채우고 싶은 1차 욕구가 많이 생긴다. 오래 떨어져 살던 엄마를 만나면 어린아이들이 엄마에게 엉겨 붙어서 떨어지지 않고 집착하는 것과 같다. 그래서 남편은 아내에게 엄마 역할을 먼저 요구하게 된다. 남편이 아내를 먼저 배려하길 바라는 것은, 불안이 많아 예민한 중학생 아들이 자기보다 엄마의 마음을 먼저 많이 헤아려 주길 기대하는 것처럼 아내를 더 지치게 한다.

아내가 남편에게 엄마 역할을 먼저 해 주지 않으면 어떤 후유증이 있을까?

가장 큰 남편 후유증은 '남의 편'이 되는 것이다. 아내가 다음과 같은 요구를 남편에게 하면 매우 당황해한다.

"나의 친한 친구 역할을 해 줘."
"듬직한 가장이 되어 줘."
"좋은 아버지가 되어 줘."
"좋은 데이트를 자주 해 줘."
"마누라를 잘 공감해 줘."

이럴 때 남편은 대부분 '남의 편'이 된다. 아내의 소원과 관심과는 거리가 먼 행동과 말을 한다. 그래서 남편은 결국 아내의 요구로부터 회피, 방어, 무관심을 나타낸다. 아내와 관계를 잘 맺어 주어야 하는 버거운 책임에서 도망가는 것이다. 더 심하면 술이나 담배, 일, 종교, 성취, 운동 등에도 깊이 빠져든다. 결국, 손쉽게 자기 요구(?)가 채워지는 다른 엄마(?)(일, 다른 여성, 쾌락, 도박, 게임, 술, 성공…)를 찾게 된다.

남편은 공격과 비난, 핑계를 아내에게 하게 된다. 공격이 최선의 방어이기 때문이다. 아내가 잘못되었다고 비판해야 자기가 고칠 것이 없다고 느끼기 때문이다. 아내가 잘못되고 틀렸다고 해야 자신이 잘못되었다는 무게에서 자유롭기 때문이다. 이것은 아담이 하와에게 선악과 따먹은 잘못을 핑계한 것과 같은 것이다. 아내에게 잘못을 덮어씌워야 하나님께 자신은 고칠 것이 없다고 회피하게 되는 것이다. 그래서 남편도 아내에게 사과보다는 비판과 정죄를 먼저 한다.

남편의 또 다른 후유증은 어린아이 상태에 오래 머물게 된다는 것이다. 남편이 감정에서 성인 아이인 경우가 아내보다는 더 많다. 심리적 발달 단계에서 영·유아기에 고착된 상태로 머무는 경향이 남성이 여성보다 더 많기 때문이다.

고착은 심리·정서적으로 '자폐'와 유사하다. 남편은 살아남고 일하는 '생존 기능' 위주로 발달하며 어른이 되었다. 하지만 부부생활의 주된 요소인 '관계 기능'은 아쉽게도 유아기나 어린아이에 고착되어 있다. 덕분에 일과 성취와 해결은 뛰어나게 잘하게 되었다.

아기가 엄마와 자신을 분리하지 못하듯 남편은 아내와 자신을 분리하지 못하게 되는 경향이 있다. 그런 남편은 어린아이의 이기적이고 자기중심적인 속성 같은 것들을 유난히 아내에게 심하게 드러낸다. 먹는 것, 입는 것, 타는 차, 성공하는 것을 중요하게 여기고 성관계하는 것, 편안하고 안락한 집을 아내에게 일방적으로 요구한다.

남편은 이것이 먼저 만족이 안 되면 아내를 공감하고 섬기기를 거부한다. 심지어 아내의 흉을 온 세상에, 시댁에까지 떠벌리는 어린아이가 된다. 아내를 조건 없이 잘 대하고 친절하게 섬기는 것은 안개처럼 홀연히 사라진다.

그러면 엄마 역할을 먼저 요구하는 남편에게 아내는 어떻게 하라는 말인가?

남편에게 엄마 역할을 일정 기간(보통 3년) 충분히 해 주자. 그렇게 되면 남편은 제대로 성숙해져서 아내에게 은혜 갚을 놀라운 날이 올 것이다. 적극적으로 수용하기, 맛있는 먹거리를 제공하기, 인정과 칭찬하기, 성관계를 적극적으로 누리고 규칙적으로 잘하며 거절하지 않기, 자녀와 다른 사람에게 남편을 자랑하기, 따스한 가정 분위기를 만들기 등이 대표적인 엄마 역할이다. 남편에게 차가운 느낌, 성질이 못된 여자, 잔소리가 많은 여자, 너무 완벽을 요구하는 여자 등의 이미지는 남편이 도망가게 한다.

엄마 같은 아내를 바라는 남편은 아내가 자신의 식욕과 성욕을 채워 주는 것을 매우 중요하게 여긴다. 다른 차원 높은 욕구는 이것이 채워지면 하려는 경향이 많다. 영화 'Shine'(샤인)은, 남자는 따뜻하고 부드러운 여자를 만날 때 치유가 된다는 것을 주 내용으로 이끌어 간다. 부부상담에서도 남편들에게 병적 자폐는 아니지만, 정상적 자폐로 되돌아가 다시 감정이 성장하도록 많이 돕는다. 아내들에게는 남편을 어린 큰아들로 여기고 아내의 젖가슴 사랑, 아내의 모성애 사랑을 충분히 3년간 해 주라고 안내한다.

영국 정신분석학자, '도널드 위니캇', 'Winnicott, D.W.'(Donald Woods)의 대상관계이론과 발달심리학에 따르면 병적 자폐가 아니라 심리적 자폐를 겪는 사람은 아기가 엄마에게 느끼는 '절대 의존'을 경험하게 하면 회복된다고 말한다. '안아 주는 환경'(Holding Environment), 아가페 사랑을 제공해 주면 된다. 안아 주기, 충분히 놀아 주기, 인정과 칭찬, 존재적 격려, 무조건적 수용, 돌봄 등이다. 남편의 자발적인 느낌, 표현, 주도권(initiative)에 대하여 온화하게 안심시켜 주는 반응과 말을 하자.

서울 EMDR 트라우마 센터 부센터장인 배재현은 《내 아이의 트라우마》에서 다음과 같이 말한다. "안정적인 애착 관계는 트라우마의 가장 강력한 치유제인 동시에 두 사람의 행복 열쇠이다."[1] 아내의 안정적이고 온전한 애착 관계, 모성애적 수용은 남편의 심리적인 자폐, 퇴행을 모두 온전히 치료한다. 멈추어 버린 사춘기 때의 정서, 감정의 발달을 회복시킨다. 남편도 생존 본능의 발달 중심으로 살다가 결핍된 감정 표현을 아내가 안아 주는 환경에서 깊이, 일정 기간(3년 정도) 누릴 때 회복된다.

아내 홀로 먼저 성숙하고 행복해지자. 남편을 의지하거나 믿지 말아야 한다. 믿고 의지하는 것은 예수님께만 하고 남편은 그저 사랑하고 돕고 인정하고 칭찬하는 대상으로 대해야 한다. 남편이 잘하면 고맙고, 잘하지 못하면 자연스러운 것으로 여기자. 가볍게 넘어가자.

남편이 감정에서 성인 아이인 것을 아내가 먼저 잘 이해해야 한다. 간호사가 큰 병 걸린 환자를 이해하면 퇴근 후에 상처받지 않고 쉽게 극복하는 것과 같다. 그렇게 할 때 소극적 유익은 아내 자신이 화병에 걸리지 않는 것이다. 억울한 감정도 줄어든다. 잠도 잘 온다. 적극적 유익은 아내가 치료적 관점으로 남편을 대하고 도와줄 수 있게 되는 것이다. 그래서 남편을 성숙하게 돕고 아내 자신도 성숙해진다. 신앙도 더 깊어진다.

왜 아내만 남편에게 이리 고생하고 일방적으로 헌신해야 하냐고 오해하지 말자. 남편도 똑같이 남편 플랫폼에서 아내에게 노력해야 할 것을 공평하게 말할 것이니 진정하길 바란다.

---

[1] 배재현, 《내 아이의 트라우마》(서울: 에코포인트, 2013), 24-30.

어른으로 환승 플랫폼 4.
'밥 그 이상'으로 너무 중요하게 여기는 남편 감정을 어른으로 환승시키자

남편은 집에서나 어디서나 유난히 밥에 집착한다. 먹는 것이 우선 만족되지 않으면 나머지는 잘하기가 힘들다. 남편에게 밥은 그냥 밥이 아니라 '탑'(Top)이다. '빨리 밥 줘', '빨리 밥 먹자', '맛있는 거 없어?'라는 말은 남편의 간절한 소원과 필요를 담은 말이다. 남편은 특히 배고픈 것을 못 참는다.

사실 밥은 남편에게는 존재에 대한 증명이다. 밥은 특히 남편에게는 행복감을 더 준다. 휴식과 안정감이 제공되기 때문이다. 어릴 때 밥 냄새, 찌개 냄새, 된장 냄새, 고기 굽는 냄새는 그냥 맛있는 음식의 냄새가 아니다. 남편에게 음식 냄새는 어머니의 젖가슴이 주는 고향이며 안식이다.

남자에게 밥은 '밥 그 이상'이다. 이에 비해 여자에게 '밥은 그냥 밥'이다. 남편은 아내가 해 주는 밥은 자기만이 누리는 사랑이라고 생각한다. 어릴 때 엄마가 해 주는 밥을 자식의 특권으로 누린 것과 같다. 아내가 밥을 해 주면 엄청난 사랑을 받는다고 느낀다. 귀한 존재가 되었다고 느낀다. 자기만을 위한 사랑으로 기쁨이 마구 솟는다.

남자들은 대부분 밖에서 열심히 살다가 집에 들어와 밥 먹는 것을 매우 중요하게 여긴다. 잃어버린 엄마 품에 안기는 감정과 같다. 어릴 때 밖에서 놀다가 집에 뛰어 들어오면서 "엄마, 밥 줘"라고 하면, "오냐, 어이구 내 새끼, 배 많이 고프지? 엄마가 맛있는 거 해 줄게"라고 하는 존재적인 고향이 밥이다.

밥은 남편에게 힐링이고 에너지 충전이다. 밖에서 번 아웃(Burnout) 된 남편은 집에서 가족과 맛있는 밥을 먹는 것으로 자신을 힐링한다. 에너지 충전 중에도 최고로 빠르게 충전된다. 아내도 이것은 마찬가지이다. 하지만 남편은 아내보다 밥에 더 진심이다.

성숙한 아내는 남편에게 '그 이상의 존재감'으로서의 밥을 잘 해결해 준다. 오해하지 말자. 남편이 밥하면 안 된다는 뜻은 아니다. 아내가 밥해야 한다는 뜻도 아니다. 남편의 특성상 아내보다 밥에 더 진심이라는 뜻이다.

어른으로 환승 플랫폼 5.
몸으로 70% 이상 말하는 단순한 남편 감정을 어른으로 환승시키자

남자는 '성취 중심'과 '해결 중심'이다. 그런 까닭에 남편은 자기 의견 표현, 사랑 표현, 감정 표현 70% 정도를 행동으로 대신한다. 바깥에서 일하고 집에 들어가는 것으로 이미 사랑을 고백했다고 생각한다.

> "여보! 가족을 사랑해서 나는 열심히 일했다. 싫었으면 일하지도 않았다. 오늘도 과장이 뭐라 하는 걸 더럽지만 참았다. 당신과 자녀를 너무 사랑하기 때문이다. 그래서 일을 했다. 그러니 내가 당신을 사랑하냐고? 좋아하냐고? 그런 대화 안 해도 일한 것으로, 집에 들어와 준 것으로 이미 사랑한다고 말한 것을 알아주라. 제발! 집에 들어오고 낮에 일한 것은 '당신을 사랑해!'라고 여긴 것이야! 여보, 이젠 입을 다물게…"

그러니 남편의 침묵이나 가만히 집에 퍼져 있는 것을 아내와 자녀를 사랑하지 않는 것으로 해석하면 최소 70% 이상은 오해이다. 너무나 단순하여 아내들이 오해하게 된다. 이렇게 되면 남편은 아내가 너무 별난 사람이라고 여긴다. 완전주의자로 보인다. 집착과 불안에 떠는 사람으로 생각한다. 도리어 잘해 주기보다 아내를 회피하고 싶어진다.

"아이들은?"

이 말로 남편은 아이들 걱정을 다 표현한 것이다.

"당신도 같이 먹자."

이 말로 나는 당신을 엄청나게 중요하게 여기고 사랑한다고 말한 것이다. "여보 오늘 성관계하자"라는 남편의 말은 70% 가까이 다음과 같은 마음의 표현이다.

"당신은 매력적이야 당신을 사랑해. 당신을 안으면 당신이 내 전부야. 오늘도 당신이 최고인 것을 누리고 싶어."

남성 호르몬이 아내보다 8~20배로 많은 남편은 성욕도 아내보다 이 정도로 더 많다. 하지만 성욕보다는 아내가 좋아서 성관계를 요구하는 것이 70%가 넘는다. 성욕 자체만을 위해서라면 남편은 아내가 아니고 스스로 해결(?)했을 것이다.

하지만 아내 편에서 "어이구 이 짐승아, 자기 성욕만 채우려고 나를 못 살게 하는구나. 서글프다. 내가 피곤한 것도, 힘든 것도 배려하지 않는 참 이기적인 인간! 에이 꼴 보기 싫어. 다른 방에 가서 자"라고 하면 안 된다. 이것은 남편에게 깊은 상처가 된다. 이렇게 아내가 기분 나쁜 표현을 하면서 남편의 성관계 요구를 거절하면 안 된다. 하더라도 "빨리 끝내!"라고 하는 것은 남편을 너무 잔인하게 괴롭히는 말이다. 남편은 아내를 소중히 여기는 자신의 사랑이 무시당했다고 여긴다. 인격 자체가 거절당했다고 느낀다.

아내가 힘들더라도 남편의 성적 욕구를 즐겁게 수락하고 같이 즐기는 방법이 오히려 현명하다. 이것은 나중에 다른 곳, 다음 날에 남편이 아내를 감정으로 공감하며 귀하게 여기는 선순환으로 일어난다. 남편의 성적 요구를 거절하려면 70% 이상은 성의 요구가 아내에 대한 사랑 표현인 것을 적극적으로 공감하며 감사를 먼저 하자. 그 후 남편에게 정중하게 거절해야 한다. 그래서 남편 자체를 거절하는 것이 아니라는 것을 알려주면 좋다.

"여보, 나도 당신과 사랑을 나누고 싶습니다. 아쉽게도 오늘 몸살(월경, 과로…)이라 당신의 요구를 못 들어줄 것 같습니다. 모레 정도면 거의 괜찮아지니 그때 더 즐겁게 당신과 사랑을 나누면 어떨까요? 오늘도 여전히 나를 예쁘게 봐 주어 고맙습니다. 당신을 사랑합니다"라고 말하는 아내는 최고의 경지에 있는 프로 아내이다.

남편은 몸으로, 행동으로 이미 아내와 대부분 대화했다. 아내가 남편이

몸으로 하는 언어를 충분히 이해하고 수용한다면 제대로 성숙한 아내이다. 그렇게 보면 남편도 아내에게 대화를 많이 하고 있다. 다만 아내가 못 알아듣는 몸의 언어여서 문제이다.

남편을 어린아이에서 어른으로 환승하도록 도와주는 아내가 얻는 유익이 있다

소극적으로 얻는 아내의 유익은 '화병'이나 '우울함'을 벗어나는 것이다. 억울한 감정도 줄어든다. 깊고 질 좋은 잠을 자게 된다. 남편에게 지지와 지원을 받으며 사명을 감당하게 된다.

적극적으로 얻는 아내의 유익은 자신이 성숙하고 성품과 품격이 높아지는 것이다. 세상 남자를 대부분 이해하게 된다. 영적으로 빠르게 성숙하게 된다. 하나님과의 관계도 더욱 친밀해진다. 특히 자녀들에게 감정 표현도 잘하고 신앙 전수도 잘하는 좋은 모델 역할을 하는 좋은 엄마가 된다.

3. '그늘 성'에서 '눈부신 성'으로 환승하라

| 그늘진 성(性)이어서 일어나는 부부 갈등이 너무 크다 |

부부 갈등의 가장 많은 이유를 성격(性格) 차이 때문이라고 아는 경우가 많다. 사실은 아니다. 부부 상담을 통해 확인한 것은 부부 갈등의 실제적인 1위가 성격(性格) 차이가 아니라 성(性) 갈등이라는 것이다. 성격 차이는 사실 행복한 부부에게도 많다. 아니 누구나 많다. 이렇게 부부의 성적(性的) 갈등을 일으키는 대표적인 것이 있다.

먼저 부부의 성적 갈등의 원인은 아내가 대체로 성을 어두운 것으로 여기기 때문이다. 부부의 성을 의무와 부정적으로 여기는 것이다. 성적인 거룩은 간음이나 음란한 행위를 하지 않거나 야동이나 포르노를 보지 않는 정도가 아니다. 더 나아가 부부의 밝은 성을 하나님이 주신 목적에 맞게 적극적으로 즐기고 누리는 것도 거룩함이다.

하나님이 부부의 성을 창조하셨다. 부부가 잘 누리라고 선물로 주셨다. 이렇게 부부의 성을 밝고 거룩하고 풍성한 성으로 여기면 남편도, 아내도 같이 행복해진다. 부부의 성은 규칙적으로 자주 하고 서로 즐거워할수록 하나님이 기뻐하신다.

　부부의 성적 갈등의 또 다른 원인은, 남편이 부부의 성을 쾌락으로만 생각하는 것이다. 그래서 아내를 성의 수단으로 여겨서 갈등이 깊어진다. 간혹 아내들이 남편을 성적 수단으로 여겨 거꾸로 쉽게 거절하는 것도 남편에게 큰 상처를 준다. 부부 모두 자기중심적으로 성을 수단으로 여기는 것은 잘못이다.

　아내가 남편 중심으로 성을 생각하면 성적으로도 남편을 잘 섬긴다. 이것은 부부의 삶을 당연히 더 행복하고 친밀하게 한다. 아내도 성의 즐거움과 유익을 누려야 한다. 부부에게 성은 전인격적 교제를 위해 하나님이 주신 것이고 여러 유익이 많기 때문이다. 하나님은 남편만을 위한 성관계를 원하시지 않는다. 부부의 성은 아내들에게도 여러 유익이 많다는 것을 기억하자.

　아내들이여! 어두운 성에서 밝은 성으로 환승하자.

부부의 성(性)은 그늘지지 않고 눈부심이다. '쾌락 그 이상'이다

상담 사례

남편은 제가 하기 싫다고 하는데도 성관계를 너무 자주 요구합니다. 너무 피곤하고 지칩니다. 사랑해서가 아니라 자기 성욕만 채우는 것 같아 기분이 좋지 않습니다. 그래서 종종 거절합니다. 이대로 살아도 될까요?

아내가 남편에게 맞추어 주는 노력을 성에서도 하라. 부부의 성은 신비와 풍성함과 거룩함과 생명과 즐거움이 종합으로 있는 하나님의 선물이다. 성관계를 하지 않는 것이 더 좋은 것으로, 어두운 부부성으로 하나님이 만들어 주시지 않았다.

남편은 보통 아내보다 남성 호르몬이 8~20배나 보통 더 많다. 성관계 욕구도 그와 비슷한 비율이다. 그런 남편을 배려해 주는 헌신이 필요하다. 그 혜택은 아내에게도 약 20가지 이상의 유익이 실제로 있다. 그리고 남편은 육체적 만족이 채워지면 부족한 정서와 감정도 어느 정도 채워진다. 그래서 자연스럽게 아내에게 헌신도 하고 사랑하게 된다. 이렇게 부부의 성관계는 부부의 건강한 하나 됨의 디딤돌 역할을 하게 된다.

남편도 아내에게 배려와 이해와 섬김을 성에서도 하라. 아내가 피곤하고 힘들거나 육아를 하면 성욕이 남편보다 적어질 수 있다. 그러므로 아내와 성(性)에 관해 잘 대화하고 협의하여 규칙을 만들자. 그리고 그것을 따른다면 아내가 좋아할 것이다. 특히, 아내의 성욕은 반드시 감정과 인격적인 만족이 먼저 충족되어야 한다. 평상시에 아내에게 늘 헌신적으로 잘해 주는 것이 더 우선해야 한다.

부부의 성은 '쾌락 그 이상'으로, 하나님이 만들어 주신 선물이다. 아담과 하와도 선악과를 따 먹고 죄를 범하기 전에 이미 부부의 성관계를 했다. 그래서 부부의 성은 쾌락만이 아니라 놀라운 전인격적 교제이다. 신비이며 아름다움이다. 거룩하다.

부부의 성은 생명을 잉태하는 생명의 신비까지 있다. 부부의 성은 영적이기도 하다. 호세아 선지자는 "그러므로 우리가 여호와를 알자(יָדַע), 힘써 여호와를 알자(יָדַע)"(호 6:1)라고 했고, 요한복음은 "영생은 그리스도를 아는 것"(요 17:3)이라고 했다. 여기서 '안다'는 히브리어로는 '야다'(יָדַע)이고, 헬라어로는 '기노스코'(ginwvskw)이다. 이는 하나님과 우리의 전인격적인 하나 됨을 표현하는 말이다. 영어 성경에는 부부의 성을 'know'(안다)라고 했다. 대신 부부 외의 성, 쾌락의 뜻만 있는 단어는 '섹스'(Sex)라고 번역하여 부부의 성에서는 사용하지 않았다. 부부 외의 모든 성관계를 구분하여 말한 것이다. 히브리어 성경에도 '쇠카브'(שָׁכַב)라고 하여 부부의 성이 아닌 모든 성을 '강간', '간음', '교합'에 사용하여 부부의 성과 구분했다.

'안다'라는 이 단어가 성경에서 사용된 것은 무려 1,800번 정도로, 엄청 많이 나온다. 이 단어가 가장 많이 사용된 것은 하나님과 이스라엘 백성, 하나님과 교회, 예수님과 우리의 하나 됨에 관해 말하는 부분이다. 그러므로 이 단어는 신비하고 거룩한 단어이다. 이 단어가 그다음으로 많이 사용된 것은 부부가 성관계로 하나가 되는 것을 말하는 부분이다. 이렇게 부부의 성은 영적이며 거룩하다. 성령이 충만할수록 부부의 성도 즐기고 누린다.

그러니 부부의 성이 '부끄럽다', '자주 하지 않아야 더 거룩하다'라는 생각은 성경적 가르침이 아니다. 육체는 속되고 영적인 것만 신령하다는 생각은 영지주의라는, 그리스 문화에서 시작된 이단 사상에서 온 것이다. 이 영지주의는 초대교회 때부터 지금까지 예수님의 성육신을 거부한다. 육의 더러운 것을 예수님이 입으시면 안 된다는 논리이다.

부부의 성관계는 아담 부부가 죄를 범하기 전부터 있었다는 것을 기억해야 한다. 하나님이 좋다고 하시는 것을 안 좋다고 하는 것도 타락이다. 예수님 안에서 부부의 성도 회복되고 거룩해졌다는 것을 알아야 한다.

여전도회 연합집회에 강사로 가서 부부의 성에 대한 인식을 질문했다.

"부부의 성관계를 토요일에 해도 될까요? 다음 날이 주일이지만…"

놀랍게도 90%가 하면 안 된다고 대답했다. 부부의 성욕을 더럽다고 생각하는 것이다. 주일 전날 토요일 저녁 식사(식욕)는 맛있게 먹어도 괜찮지만 부부의 성관계(성욕)는 절제해야 한다는 것은 매우 이상한 논리이다. 토요일에 꼭 성관계하라는 말도 아니다. 식욕이 괜찮은 이상 성욕도 괜찮다는 말이다.

한국교회가 다시 부부의 성을 거룩과 신비와 풍성함으로, 하나님이 주신 선물로 회복해야 한다. 부부의 성은 즐거움과 거룩함, 영적 유익, 육체적 유익, 심리·정서적 유익, 생명의 요소가 있다. 부부의 성은 놀랍고 신비하게 전인격적인 교제의 정점이다. 이것을 잘 누릴 때 오히려 부부 외에 아웃사이드(Outside) 성(혼전, 혼외 성관계, 부부가 아닌 모든 성관계)도 바르게 절제되고 거부할 것이다.

부부는 부부의 성을 적극적으로 즐기고 협의하며 노력해야 한다. 더 이상 부부의 성을 더럽고 어두운 것으로 보지 말자. 아내들이여, 그대들도 성을 즐겨라. 수동적이거나 어두운 성에서 벗어나자. 그것이 진짜 거룩이다. 잊지 말자. 성령 충만은 남편과 성관계도 즐겁게 하며 누리게 하는 것임을…. 아내들이여! 부부의 성은 '쾌락 그 이상'이다. 억지로 남편에게 해 줘야 하는 의무만은 아니다.

눈부신 부부성 하나, 제1욕구가 성이다

미국에서 남편 1,000명에게 설문 조사한 바에 따르면, 남편이 아내에게 제일 바라는 1위의 욕구가 '아내가 만족하게 성관계를 해 주는 것'이다. 한국도 마찬가지이다. 부부 상담이나 부부 세미나, 부부학교, 가정행복학교를 통해 이것을 확인할 수 있었다. 문제는, 아내 1,000명에게 조사한 결과는 아내의 성 욕구가 남편과 너무나 다르다는 것이다. 아내들의 욕구 1위는 '남편이 나를 귀하게 여기는 것'이다. '남편이 나를 이해하고 공감하는 것'이다. 성관계의 만족은 놀랍게도 10위권 밖이다. 결국, 성 갈등이 성격 갈등보다 더 강하고 힘들다는 것을 알 수 있다.

남편은 집에 오면 온통 성관계 생각으로 가득 차게 된다. 종족 번식을 하는 수컷의 본능도 있다. 게다가 감정 표현도 부족해 아내에게 사랑과 대화하는 방법을 잘 몰라서 몸과 성관계로 대부분 표현한다. 남성 호르몬이 여자의 8~20배 이상 분비가 된다. 이런 여러 가지가 남편이 아내에게 유난히 달려드는(?) 원인이다.

만약 남편이 아내에게 달려들지 않으면 그것은 더 심각한 일이다. 다음 7가지는 남편의 성 욕구가 아내에게서 만족하지 못할 때 나타날 수 있는 현상이다. 남편들이 이런 문제가 있을 가능성이 있다는 것이지 반드시 그렇다는 것은 아니다. 그래서 남편과 반드시 깊이 있게 '성에 대한 바른 대화'를 해야 한다. 전문 상담가에게 상담하면 더 좋다.

남편이 바람을 피울 가능성이 커지고 있다. 남편은 야동과 포르노에 중독되어 그것으로 해소하게 될 위험에 노출된다. 남편이 고립된 성, 자위행위로 풀게 될 가능성이 크다. 남편은 몸이 너무 아프거나 만성피로로 건강에 적신호가 온 것일 수 있다. 남편이 과도한 불안이나 책임감에 눌려 있어서 심리·정서적인 건강, 영적인 건강에 이상이 생길 가능성이 크다.

남편이 바람은 나지 않았으나 아내에게 더 이상 사랑을 느끼지 못하고 이미 포기한 상태일 가능성이 있다. 남편이나 아내 중에 부부의 성을 더러운 것, 안 해야 더 거룩한 것 정도로 잘못 알거나 세뇌된 경우이다.

아내들이여, 유난히 밝히고 달려드는 남편을 두었는가? 그것은 복이다. 제1 욕구를 당신에게 가지는 것은 당신을 진정으로 사랑한다는 것이다. 당신을 여성으로 매력 있게 보는 것이다.

눈부신 부부성 둘, 결핍된 소속감이 성으로도 많이 회복된다

남편은 엄마에게서 깊은 모성애와 친밀감이 결핍되었다. 애착 형성이 충분하지 않았다. 그래서 결혼 후 아내에게서 강한 소속감을 원한다.

어린 남자아이들은 좋아하는 여자에게 선물을 주거나, 여자에게 공감하고 잘 대해 주어 환심을 살 줄을 모른다. 부모에게, 특히 어머니에게 충분히 배우지 못했다. 고작 하는 일이 놀고 있는 여자아이 놀이기구를 뺏거나 시비를 거는 것이다. 방해하는 것이다. 그 결과는 처참하다. 환심을 얻어야 할 여자아이는 도리어 남자애가 자기를 싫어하고 학대하는 줄 알고 더 멀어진다. 자기를 좋아하는지는 꿈에도 모른다.

남편도 아내를 성숙하고 풍성한 감정으로 대하는 것이 부족하다. 아내에게 감동을 주거나 공감하는 것이 매우 힘들다. 아내를 좋아한다는 표현으로 성관계를 요구하는 경우가 많다. 남편의 이런 행동은 아내를 더 화나게 한다.

"맛있는 거 없나?"

남편의 이 말은 아내로서는 당연히 남편이 자기밖에 모르고 이기적이라고 여겨지게 한다. 아내가 얼마나 힘든지 공감하지 못하는, 중학생 정도의 철부지로 여겨져 한심한 생각이 든다. 그러나 남편의 이 말은 사실 이런 말이다.

"당신은 너무 귀하다. 우리 어머니보다 더 귀하다. 그런 당신이 해 준 음식을 먹으면 내가 힘든 것이 다 회복된다. 난 당신과 같이 음식을 먹을 때 참 당신이 고맙다. 더 귀하다. 같이 맛있는 거 먹는 것이 어때요? 혹 바쁘거나 힘들면 내가 오늘 요리 해 볼까? 아니면 밖에서 한 그릇 사 먹을까? 당신 힘든데 말이야."
"아프면 낮에 진작 병원에 가지, 지금은 밤이 늦어 응급실만 운영하는데 이제 말하면 어떻게 하나? 꼭 내가 데리고 병원에 가야 해?"

남편의 이런 말은 사실 이런 뜻이다.

"소중한 당신이 아프다니 걱정이 많다. 진작 내가 잘 당신을 챙기고 배려해서 아프지 않게 해야 하는데…. 당신 아프니 너무 안타깝고 속상하네."

"성관계하자!"라는 남편의 말은 이런 뜻이다.

"당신은 내게 너무 귀하다. 당신을 너무 사랑하니 안고 싶다. 세상에서 나는 복이 터진 남자다. 당신을 안을 때, 성관계할 때 나는 세상에서 가장 사랑스러운 아내를 가진 남편이다. 당신을 더 좋아하고 사랑하고 싶다. 그렇게 해도 될까? 당신과 마음을 나누는 것은 성관계하고 나면 대화 많이 할게, 당신 마음도 공감할게. 당신을 오늘도 사랑하는 나의 마음에 성관계로 충분히 대답해 줄래요?"

"잔소리 그만해라. 듣기 싫거든"이라는 남편의 말은 이런 뜻이다.

"당신을 잘 돕고 배려하지 못한 못난 남편이라 내가 속상하다. 진작 잘해 주는 남편이 되어야 하는데, 그게 잘 안 되네. 당신에게 늘 미안하고 부끄럽다. 이번만 참아 주고 이해하고 격려해 주면 더 용기와 힘을 내어 당신에게 좋은 남편이 될게. 미안하다. 오늘 결국 부족하고 잘못된 남편이 되어 나도 나 자신에게 참 속상하다. 당신은 얼마나 더 힘들까? 좀 더 멋진 남편이 되도록 해 볼게."

아내들은 남편의 결핍된 소속감과 애착을 잘 받아 주어야 한다. 남편의 짧고 메마른 말을 잘 해석해서 좋은 칭찬과 인정, 감사의 말로 반응하자. 남편은 어릴 때 부족했던 소속감을 성으로도 많이 채운다. 만족스러운 성관계는 빠른 속도로 남편의 결핍된 소속감을 채워 준다. 결국, 성숙한 남편이 되어서 아내에게 보답하는 날이 속히 온다.

눈부신 부부성 셋, 결핍된 자율성이 부부의 만족스러운 성으로도 회복된다

생애 주기로 보면 4살부터 초등학교 3학년까지는 사람이 충분히 자율성을 충족해야 하는 시기이다. 하지만 남편은 이때 성장하면서 자율성이 결핍되었다. 그것이 심할수록 가장 자율성이 잘 길러지는 놀이와 문화와 게임과 운동, 성에 남편은 빠져들게 된다.

이런 남편은 아내와 건강한 대화를 하기보다 혼자서 더 많이 시간을 보내게 된다. 자율성을 충전하는 중이다. "얌전한 고양이가 부뚜막에 먼저 올라간다"라는 속담은 이런 자율성을 나중에 퇴행적으로 충전하는 것을 말한다.

남편은 맘껏 놀며 운동하며 여행하며 체험하며 자율성을 자극받아야 하는 시기를 대부분 놓쳤다. 너무 일찍 철이 들었다. '성실하다', '착하다', '점잖다', '조용하다', '예의 바르다'라는 말을 들었다면 자율성이 결핍되게 자란 것이다.

결혼 후 남편은 한 몸인 아내에게까지 이렇게 하고 싶지 않다. 그래서 어릴 때 못다 한, 자기 마음대로 무언가를 결정해서 성공과 실패를 경험하는 즐거움을 아내와 함께하기를 원한다. 남편의 성장기에 결핍된 자율성은 스포츠와 취미 생활과 문화와 은혜받음으로도 회복된다. 하지만 의외로 많은 부분은 아내와 만족스러운 성관계와 부부 친밀감에서 회복된다.

아내를 만지기, 성관계하기, 게임 하기, 놀기, 돌아다니기, 여행, 중요한 물건 사기, 자동차에 관심 두기, 빈둥거리기, 운동, 낚시 등이 자율성을 채우는 활동이다. 물론 부정적으로 자율성을 채우려 하는 영역도 있다. 술, 담배, 도박, 중독, 과도한 스릴, 과도한 쾌락… 등도 있다.

아내에게는 남편의 이러한 행동이 철없어 보이고 하찮은 일들을 많이 하는 것으로 보인다. 사실 남편은 맘껏 하지 못한 것, 맘껏 놀지 못한 것들을 이제 어른이 되어 퇴행으로 하는 것이다. 그러므로 아내가 남편의 자율성 결핍을 이해해 주고, 건강하게 자율성이 회복되도록 도와줘야 한다. 남편은 어느 정도 자율성이 만족하면 정서 갈증이 많이 해결된다. 그 후에는 아내가 원하는 성숙한 남성의 역할도 잘할 것이다.

남편은 아내와 성을 만족하지 못하면 자율성을 채우지 못하는 경향이 있다. 그래서 다른 건강하지 않은 것으로 자율성을 채우려고 한다. 게임이나 일에 중독되거나, 술이나 음란이나 바람이나 물질 중독으로 더 많이 빠지게 된다. 남편은 아내와 성적 만족이 주어질 때 가장 많은 자율성을 채우게 된다.

아내들이여! 눈부신 성으로 환승하라. 부디 숙제하듯 하지 말라

부부는 서로 성적으로도 만족을 주어야 한다. 그것이 남편과 아내 둘 다 서로에게 의무를 다하는 것이다(고전 7:3). 자기 몸을 상대 배우자가 주장하게 하라고 했다(고전 7:4). 분방하지 말라고 했다(고전 7:5). 부부의 성은 하나님의 신비한 선물이다. 숙제처럼 억지로, 책임감으로만 하는 것은 하나님께도 바른 경배가 아니다.

연애 중에 애인의 생일 선물을 책임감으로, 숙제하듯이 하고 있다면 이미 사랑이 없는 것이다. 사랑으로 연인에게 하는 선물은 그 자체가 자신에게도 선물이다. 영광이고 기쁨이다. 부부의 성관계는 부부 서로에게 친밀감을 강하게 해 준다. 성관계의 목적은 임신만은 아니다. 그러므로 부부의 성에 대해서 바르게 잘 알아야 한다. 남녀 차이도 잘 고려해야 한다. 서로의 요구를 정확히 파악하는 부부성 대화도 해야 한다. 성관계도 노력하고 연구해야 한다.

남편을 기죽이는 다음과 같은 성적인 반응을 해서는 안 된다.[1]

"**그렇게 하는 거 싫어.**" – 아내가 이렇게 반응하면 남편에게 상처를 주게 되고 분노하게 한다. 아내들이여! 싫을 때도 부드럽게, 남편 입장을 공감해 주면서 거절하자. 또한, 부부성 대화를 말로도 하지만, 남편 손을 가져다가 원하는 곳에 가져다 대는 것도 좋다. 남편의 손이나 몸을 움직여서라도 남편이 알게 하자. '아내가 이런 것을 좋아하는구나!'라고 알게 말이다.

"**별로 좋지 않아.**" – 성관계가 좋지 않을 수 있다. 특히 아내는 더욱 그러하다. 그러나 좋지 않음을 표시하지 말고 대범하게 넘어가자. 아내가 성에 불만이 있으면 남편은 자기가 문제가 많다고 느껴 기가 죽고 스트레스를 많이 받는다.

"**혹시 무슨 일 있어요?**" – 침실에서는 서로 성관계에만 몰입해야 한다. 성관계와 상관없는 관심과 대화는 남편을 매우 김빠지게 한다. 남편은 한

---

[1] 김숙기, 《결혼 3년이 평생을 결정한다》(서울: 리더스북, 2010), 12, 76.

번에 한 가지만 할 수 있다. 그렇기에 아내의 이런 대화는 남편에게 정신을 분산하게 하면서 성욕을 떨어뜨린다. 아내가 성관계에 관심이 없고 억지로 하는 것으로 여겨져 상처를 받게 된다. "내일 …는 어떻게 하면 될까?", "내일 벽 도배는 뭘로 할까?"라는 생활 대화는 더더욱 그렇다.

지나치게 구체적인 표현은 성관계의 몰입을 방해한다. – 비록 성관계와 관련된 표현이라도 아내가 지나치게 말을 많이 하면 남편은 극적인 열정에 도달하지 못하고 분산된다. 동시에 2가지가 되지 않는 남편의 집중력을 분산시키는 결과를 가져오기 때문이다. 차라리 남편을 더 안던지, 탄성을 지르던지, 좋은 부분에 말없이 배우자 손을 당겨 대 주는 것도 좋다. 반응과 애무를 더 적극적으로 하는 것이 좋다. 혹 성관계에 대한 의견은 끝난 후에 이야기해서 다음 성관계 때 서로 반영하고 수정하는 것이 좋다.

아내들이여! 부디 성관계를 숙제하듯 하지 말라. 그러면 숙제가 쌓이고 피로가 쌓인다.

4. '목마름'에서 '자유로움'으로 환승하라

| **아내의 목마름이 무엇인가?** |

아내가 남편보다 목마름이 더 많은 경향이 있다. 그 기원은 창조 때로 돌아간다. 아내들에게는 하와의 '소속'과 '관계 중심'의 DNA가 이어져 오고 있다. '남편을 사모하라', '출산의 고통을…'라고 하는 말씀이 대표적이다. 남편이 아내와 자녀에게 의존하기보다 아내가 남편과 자녀에게 더 많이 의존하는 경향을 보인다.

그러다 보니 아내 본인의 영적 결핍까지 자녀와 남편에게 지나치게 의존하는 경우가 많다. 이것은 아내를 더욱 지치고 힘들게 할 수밖에 없다. 남편은 자신에게 지나치게 기대하고 바라는 아내로 인해 힘겨워한다. 자녀들도 자신에게 과다하게 의존하고 집착하는 엄마 때문에 힘들다. 아내는 엄마로서도 최선을 다했는데 자기 뜻대로 되지 않는 자녀로 인해서도 목마르다.

물론 자녀에게 모성애도 느끼지 않는 극단적인 개인주의 경향의 엄마도 늘어나고 있다. 이렇게 자기만 생각하는 엄마도 자기는 편하긴 하나, 좋은 엄마가 아닌 데서 오는 목마름은 더 크다. 지나치게 좋은 엄마가 되려는 것 못지않게 자기중심적인 엄마도 목마르기는 마찬가지이다.

이렇게 남편과 자녀로 온전히 채워지지 않는 아내들은 목마르다. 아내들은 '낮은 자존감'과 '과거에 상처받은 것'의 미해결 과제를 남편과 자녀로 채우려고 한다. 결핍된 애착 관계를 남편과 자녀에게서 보완하려고 한다. 여자는 남자와 달리 관계와 소속 욕구가 너무 크다. 기대도 너무 크다. 얼마나 큰지 하나님 외에는 아무 것으로도 다 채울 수 없을 정도이다. 그런 엄청나게 큰 갈증을 남편과 자녀나 일에서만 얻으려 하니 더 목마르다.

아내의 자유 하나, 혼자서도 행복하라

아내는 남편과 자녀와 상관없이 행복해야 한다. 불행한 아내는 자녀와 남편에게 집착한다. 신앙도 잘 성숙하기 어렵다. 부부상담을 33년간 하면서 이런 사실을 늘 확인한다. 나쁜 남편 옆에는 심리학적으로 홀로 행복하지 못한 아내가 있다. 남편에게 행복도, 불행도 의존된 '공동의존성향'이나 '관계중독'인 아내가 있다. '남편중독'인 아내가 있다. 이런 아내는 자존감이 낮으며 정체성이 부족해 남편이나 자녀를 통해서만 행복을 얻으려 한다.

자기 자비력도 부족하다. '자기 자비력'(Self-compassion, 自己 慈悲力)은 타인에게 자비를 베풀려면 나 스스로에게 자비로운 마음을 갖는 것을 말한다. 내 이웃을 잘 사랑하기 위해서는 자기 자신도 건강하게 사랑하라는 예수님의 가르침도 자기 자비력과 이웃 사랑의 균형을 말한다. 자기 친절, 자기 마음 챙김, 자기 지지 등을 노력하는 것이다. 잘못된 방어기제를 제거하고 바람직한 방어기제를 가지는 것이다. 자기 자신에게 "수고했다", "이만하면 잘한 것이다", "쉬면서 해도 된다", "나에게 상을 줘도 돼"라고 하는 것이다.

아내의 대부분을 남편과 자녀가 차지하는 것은 아내가 건강하지 못한 것이다. 남편을 6번째 바꾸며 남편중독을 보이는 우물가의 여인에게 예수께서 "내가 주는 물을 먹어야 목마르지 않다"라며 해답을 주셨다. 영적으로 보면, 남편과 자녀에게 너무 의존하는 것은 남편과 자녀가 아내에게 우상이라는 것이다.

아내들이여, 혼자서도 충분히 행복하게 살자. 남편과 살다가 남편이 잘하면 고마워하고 더 누리면 된다. 남편이 잘못하거나 부족하면 상처를 크게 받지 말고, 당연하다고 생각하고 쉽게 넘어가자. 도리어 전문가의 식견과 여유를 가지고 남편을 대하라. 이런 아내로 인해 남편도 빨리 성숙해진다.

이제 아내의 갈증은 십자가 복음으로 충분히 채워져야 한다. 의미 있는 삶으로 채워져야 한다. 절대로 남편과 자녀가 아내의 큰 욕구를 채워 주지 못한다. 예수님을 진정한 남편으로 누리며 만족하고, 집에 있는 남편은 그저 섬기고 돕고 사랑해 주면 된다고 생각하자. 남편에게 기대하지 말아야 한다. 특히 믿지 말아야 한다. 잘하지 못하는 게 자연스러운 일이다. 어쩌다 실수로 잘해 주면 그저 고마워하자. 아내들이 말씀으로 충만하고 성령으로 충만하면 충분히 '행복자'가 된다. 이런 아내가 남편과 자녀에게도 매력 있고 성숙한 아내, 좋은 엄마로 인정을 받는다.

아내의 사명을 잘 감당하라. 집안일과 자녀 양육과 좋은 아내 되기는 사명의 한 부분일 뿐이다. 다른 사명에서도 행복과 만족을 누려야 한다. 아내가 영적 결핍에서 '영적 풍요로움'으로 나아가게 되면 부부관계에서도 하나님 나라로 생기가 넘칠 것이다.

가족관계연구소 소장인 정동섭 목사가 《어느 심리학자의 고백》에서 자신은 아내의 전적인 수용을 경험한 후에 비로소 순한 양으로 바뀌었다고 고백한 것은 이런 원리이다.

"방 안에서 오락과 폰과 나태함이 내 목자이시니 내가 여기 쉬고 숨으리로다." 남편이 이렇게 고백하며 살아도 혼자서 행복하자. 웃어 보이는 여유를 가지자.

이런 놀라운 아내는 남편이 조만간 금메달처럼 귀하게 여겨 다가올 것이다. 아내를 대대장으로 모시는 군대에 남편이 자원해서 입대하는 날이 올 것이다.

| 아내의 자유 둘, 남편을 잘 이해하라 |

남편이 남편이기 전에 먼저 남자임을 잘 이해하는 아내가 현명하다. 아내가 남편을 바르게 이해하면 남편에게 받는 상처의 90%는 극복할 수 있다.

남편은 노는 것은 뭔가 나쁘다는 생각을 강요받으며 살아왔다. 그래서 아내가 보기에 대체로 재미없게 산다. 남편은 잘 노는 것이 힘들다. 노는 것을 게으름이나 성취를 잘하지 못하는 것으로 인식한다. 오죽하면 "놀고 자빠졌네"라는 욕이 있겠는가? 노는 것은 남자들에게 자빠지는 것이다. 실패하는 것이다. 쓸데없는 짓이다. 일하고, 공부하고, 발견하고, 만들고, 세우고, 고치고 해야 뭔가 중요한 것을 한다고 생각한다.

남편은 성장하면서 잘 놀았다고 격려나 칭찬을 받은 적이 없다. 잘 노는 환경도 주어지지 않았다. 그저 일하고, 공부하고, 무언가를 성취하며 지냈다. 놀아도 다양하고 참된 즐거움과 건강을 얻는 좋은 놀이를 해 보지 못했다.

남편은 어린 자녀와 놀아 주는 것을 대부분 힘들어한다. 아내의 여린 감정과 대화하는 것도 힘들다. 아내와 노는 것이 부담된다. 낯설다. 부부가 논다는 것은 문화생활을 같이 한다는 뜻이다.

남편은 아내와 노는 것이 힘드니 더 열심히 일한다. 나중에 퇴직 후 일이 없으면 남자는 갑자기 팍 늙어 버린다. 절망하고, 존재 자체가 서글퍼진다. 할아버지는 대체로 거의 대인기피나 자폐 수준의 노후를 보낸다. 노인 자살률은 대부분 할아버지의 자살률이다. 대부분 할머니가 아니라 할아버지가 자살하기 때문이다.

남편과 아내 두 사람은 시간이 주어지면 서로 재미있는 시간을 보내는 것이 자연스러운가? 부부 둘만 있어도 즐겁고 행복한 시간을 보낼 수 있는가? 상담하고 강의하면서 관찰한 결과 부부끼리 놀 줄을 잘 모른다는 것을 발견했다.

핀란드를 비롯한 교육 선진국들은 대부분 초·중·고 과정에서 오전에

수업하고 오후에는 잘 놀게 한다. 동아리 활동, 문화 활동, 스포츠 활동, 예술 활동, 음악과 미술 활동, 친환경적 활동, 독서 활동… 등을 한다.

이를 통해 자기 정체성, 재능과 강점, 대인관계 능력, 감정교류 능력, 공감 능력, 만족 지연 능력, 자기관리 능력, 창의성, 주도성, 집중력, 회복 탄력성, 사회관계 지수, 책임감… 등, 이 모든 것이 잘 노는 것에서 길러진다. 놀이는 진정한 공부, 진정한 재능 개발, 의미 있는 삶, 즐겁고 행복한 삶 모두에 기초가 된다.

젊은이들이 가장 가고 싶은 직장의 상위에 속하는 '구글'(Google)은 이것을 매우 잘 이용한다. 회사에 누워서 자거나 쉬기 편하게 한다. 편하게 노는 분위기로 일하도록 한다. 놀랍게도 아이디어와 창의성, 업무 효율, 직장 만족도 모두 매우 좋았다고 한다.

지금은 우리나라 어린이집과 유치원, 초등학교까지의 교육이 어느 정도 잘 놀도록 개선되기는 했다. 하지만 여전히 중고등학생들은 오후가 없고 밤이 없다. 야자를 하고 여러 학원을 전전하느라고 놀이가 없다. 대학생조차도 고등학생처럼 정신없이 공부하고 일만 하는 경우가 많다. 그러다 시간이 주어지면 노는 것을 배우지 못해 휴대폰으로 유튜브만 보고 게임만 한다. 제대로 된 놀이가 아니다. 이는 도피에 가깝다.

남편은 이렇게 놀이를 맘껏 하지 못하는 회피와 도피에 아내보다 더 젖어 있다. 그러다 결혼해서 아내와 자녀와 '사랑'이라는 '놀이'를 하려니 너무 힘들다. 행복한 아내는 이런 남편을 잘 이해한다.

아내의 자유 셋, 남편을 하나님의 아들로 대하라

시아버지 앞에서 며느리는 남편에게 호의적이다. 잔소리도 함부로 하지 않는다. 시아버지를 존중해서 참는 것이다.

놀랍게도 하나님이 아내들에게 "너의 남편은 내 아들이기도 하니 잘 대해다오" 하는 것이 아내가 한 결혼이다. 놀랍게도 하나님은 시아버지처럼 남편을 아내에게 부탁하면서 "나를 보고 내 아들 남편을 잘 대해 달라"고 부탁하셨다. 하나님의 아들 되는 남편을 하나님처럼 여기는 것은 당연한 원리이다. 이는 아내에게도 영적 성장을 가져온다.

아내들이여, 남편을 존경할 때 하나님의 며느리처럼 되는 영광을 누리게 된다. 부족한 남편이라도 잘 대하고 복종해 주는 이유는 남편이 하나님의 아들이기 때문이다. 마치 하나님의 며느리 같은 마음으로 잘 살아가는 것이 결혼이다.

사라가 보니 자기 남편 아브라함이 부족하지만, 하나님이 그 남편과 언약을 맺고, 견인하시고, 사랑하고, 인정하심을 믿었다. '하나님의 아들이 내 남편이구나!'라고 생각하고 하나님의 며느리 같은 삶을 잘 산 아내가 성경에 나오는 '사라'이다. 베드로가 이것을 강조했다(벧전 3:5-7).

이제 하나님이 용납한 남편을 아내 여러분도 용납하고 살아갈 차례이다. 아내들이여! 여러분은 하나님의 아들과 결혼한 천국 며느리이다. 이런 자부심으로 살자. 부부생활이 분명 이전과 달라질 것이다.

| **좋은 아내가 누리는 자유** |

아내가 성령 충만하여 남편을 칭찬과 인정과 존경으로 섬기면 아내 자신이 자유를 누리게 된다. 하와 이후 여자에게 저주로 내려졌던 남자의 다스림과 남자를 사모함에서 자유를 누리는 것이다. 사마리아 여인처럼 예수님을 사모하고 만족함으로 부족한 남편을 사랑하고 섬길 수 있다. 참 남편이신 예수님 때문에 만족하면 남편의 부족함이 너무 괴롭지 않고, 남편이 조금만 잘해도 칭찬과 감사가 된다.

남편을 잘 존경하는 현숙한 아내가 얻는 유익은 다음과 같다.

귀하게 여김을 받는다.

남편과 자녀와 주변 사람들로부터 귀한 사람으로 대접받는다. 사라가 아브라함을 존경하고 복종함으로 '사래'에서 '사라'로 이름이 바뀌었다. 이후 모든 믿음의 아내들도 사라처럼 남편을 잘 칭찬하고 인정하고 살면 하나님 나라의 복을 마음껏 누리게 된다(벧전 3:7).

보호를 받는다(엡 5:28-29).

하나님과 남편과 자녀와 주변으로부터 안전과 건강 지킴을 더 지지받고 도움을 받는다. 불안과 염려가 제거된다.

축복을 받는다(잠 31:28-29).

영생을 얻게 된다. 부활의 신앙을 갖는 것이다. 이 땅에서 현재, 이미 하나님 나라를 누린다. 세상이 주지 않는 평안을 누린다. 죽음과 저주를 극복하고 이긴다. 심판이 해결된다. 사탄도 이긴다.

칭찬과 감사를 받는다(잠 31:28-29, 31).

내면의 고요와 아름다움을 가진 아내와 엄마의 지혜로움으로 더욱 칭찬과 감사를 받는다.

가치를 인정받는다(잠 31:10).

가장 비싸고 귀한 삶을 살아가는 사람으로 인정받는다. 아내와 엄마 그 이상으로 하나님의 딸로도 인정받는다.

마음의 안정과 평화를 보장받는다(잠 31:25).

자녀의 현재와 미래의 모든 것을 책임지시는 진정한 부모이신 하나님이 아버지가 되어서 자녀를 인도하고 견인하는 안정감을 얻게 된다. 육신의 남편이 아니라 진정한 남편이신 예수님을 사모함으로 풍성한 만족이 온다. 남편의 부족함을 편안하게 받아들이고, 간혹 잘하면 고마워하는 넉넉함이 생기게 된다.

사랑을 받는다(엡 5:28-29).

여유와 유머와 감사가 풍성한 아내와 엄마를 향한 남편과 자녀의 사랑이 늘어난다. 주변의 다른 사람에게도 뛰어난 현숙함과 안정감의 품격으로 사랑받게 된다.

5. 좋은 아내, 이렇게 하면 된다

| 아내 플랫폼 환승 티켓 4장 적용 – 좋은 아내의 20가지 체크리스트 |

아내 플랫폼 - 좋은 아내의 20가지 체크리스트 -

1: 전혀 아니다. 2: 대체로 아니다. 3: 보통이다. 4: 대체로 그렇다. 5: 매우 그렇다.

플랫폼	실천 내용	체크				
난로 되어 주기	① 나는 남편에게 만족하고 충고나 잔소리를 거의 안 한다. 간혹 할 경우는 남편이 기분이 나빠지지 않게 한다.	1	2	3	4	5
	② 나는 남편에게 칭찬, 인정을 자주 해서 남편이 행복해 한다.	1	2	3	4	5
	③ 나는 자녀나 다른 사람 앞에서 남편을 자랑, 인정해서 남편이 기가 살게 한다.	1	2	3	4	5
	④ 나는 남편의 사명, 하는 일을 모두 지지하고 밀어준다.	1	2	3	4	5
	⑤ 나는 남편의 이해 안 되는 요구나 행동에 우선은 수용하고 지지하고, 충고할 때는 꼭 예의를 갖춰서 한다.	1	2	3	4	5
	⑥ 나는 까다로운 아내와 엄마라는 말을 듣지 않는다.	1	2	3	4	5

영역	항목	1	2	3	4	5
먼저 어른 되기	⑦ 나는 남편과 자녀와 상관없이 행복하다. 남편과 자녀가 힘들게 하는 것에 영향을 적게 받는다.	1	2	3	4	5
	⑧ 나는 남편의 슬픔, 기쁨, 소원, 힘듦을 잘 이해하고 지지해 준다. 필요하면 잘 돕는다.	1	2	3	4	5
	⑨ 나는 시댁과 시가족을 잘 섬기고 자주 찾아뵙는다	1	2	3	4	5
	⑩ 나는 자녀 훈육은 30%, 자녀 양육은 70% 정도 감당한다. 나머지는 남편이 하거나 함께 한다.	1	2	3	4	5
	⑪ 나는 생활과 감정에서 자기 관리력이 좋아서 남편과 자녀에게 걱정이나 스트레스를 주지 않는다.	1	2	3	4	5
눈부신 성으로 누리기	⑫ 나는 부부의 성을 적극적으로 누리고 있다. 더 즐겁고 기쁘기 위해 애쓴다.	1	2	3	4	5
	⑬ 나는 성관계를 요구하면 남편이 만족하도록 노력한다.	1	2	3	4	5
	⑭ 나는 성관계를 거절할 때는 예의 있게 하며, 남편이 상처나 스트레스를 받지 않게 잘 말한다.	1	2	3	4	5
	⑮ 나도 부부의 성관계를 즐겁고 풍성하고 만족하게 하려고 애쓴다. 규칙적으로 자주 한다.	1	2	3	4	5
	⑯ 나는 부부의 성을 위한 대화와 협의를 자주 한다.	1	2	3	4	5
홀로 자유 누리기	⑰ 나는 사명을 알고 잘 감당한다. 의미 있는 삶을 산다.	1	2	3	4	5
	⑱ 나는 십자가 복음에 자주 감격하고 자주 묵상한다.	1	2	3	4	5
	⑲ 나는 너무 행복하다. 중독되거나 나쁜 버릇이 없다.	1	2	3	4	5
	⑳ 나는 말씀을 날마다 묵상하고 성령 충만하며 예배에 은혜를 잘 받는다.	1	2	3	4	5

○ 총점: _____점

85점 이상	현재 확실히 좋은 아내이다. 간혹 있는 1~4점 항목도 2~3개 이상 개선 계획을 만들어 실천하면 하나님 나라 아내가 될 것이다.
70~84점	현재 좋은 아내이긴 하나 20% 정도를 개선하고 수정하면 더 좋은 아내가 되겠다. 1~4점 항목을 2~3개 이상 개선 계획을 만들어 실천하자.
60~69점	현재 보통인 아내이다. 대략 40% 정도는 변화하도록 노력해야 한다. 1~3점 항목을 2~3개 이상 개선 계획을 만들어 실천하자.
50~59점	현재 조금 부족한 아내이다. 50% 정도는 변화하도록 노력해야 한다. 1~3점 항목을 2~3개 이상 개선 계획을 만들어 실천하자.
49점 이하	현재 매우 미숙한 아내이다. 조속히 전문가의 상담이나 도움을 받아서 60% 이상 변화하도록 노력해야 한다. 1~2점 항목을 우선 2~3개 이상 개선점을 만들어 실천하자.

| 아내의 20가지 설루션(Solution) |

※ 아내(아내 될 미혼 여성은 앞으로 각오)들은 문항마다 실천하는 상태를 체크하자. 그리고 부족한 항목은 구체적으로 실천 계획을 세워서 결심하며 남편에게 말해 보자.

[○ - 그렇게 하겠다. □ - 대체로 노력해 보겠다. △ - 글쎄, × - 그렇게는 못 하겠다.]

1) 가정을 안전하고 휴식하고 편안한 곳으로 만들라.(　)

2) 남편을 있는 모습 그대로 인정하고 수용하라. 칭찬을 찾아서 구체적으로 자주 하라.(　)

3) 남편의 단점이나 실수를 수용하라.(　)

4) 남편과 이야기하며 의논하라. 늘 남편이 최종 결정을 내리도록 하라.(　)

5) 아내로서의 위치와 역할, 환경에 만족하라(빌 4:6~13, 히 13:5, 16).(　)

6) 꼭 필요할 때는 사랑스럽고 예의 바른 태도로 남편에게 의견을 제시하고, 명령보다 청유형으로 부드럽게 충고하라.(　)

7) 자신을 아름답게 가꾸라. 물론 속 사람은 더욱 아름답게 가꾸라(벧전 3:3~5).(　)

8) 늘 성령 충만하며 영적 생활을 열심히 하라. 남편과 자녀를 위해 늘 중보기도 하라.(　)

9) 자녀 양육에 남편과 협의하여 부부가 같은 훈육을 하라. 특히 양육은 엄마가 70%, 훈육은 아빠가 70%일 때 자녀가 가장 안정감을 느끼는 경향이 있다.(　)

10) 남편에게 늘 여러 가지 방법(창조적이고 기존 관념을 깨는)으로 감사하라.(　)

11) 남편 출퇴근을 기분 좋게 하라. 남편은 존경받고 있다고 느끼게 된다.(　)

12) 남편의 자리를 잘 정돈하라. 남편의 자리가 어지럽혀 있어도 묵인하고 치워 주라.(　)

13) 남편의 고충을 이해하고 편을 들어 주라. 남편은 자기편을 들어 줄 사람을 찾아 매일

아내가 기다리는 가정을 찾아온다는 것을 잊지 말라.(   )

14) 남편과의 성관계를 피하지 말고, 정기적으로 만족하도록 하라.(   )

15) 남편이 좋아하는 음식을 자주 하라.(   )

16) 남편 보기에 아름답게 외모를 유지하라. 운동도 하며 신체적 매력을 유지하라.(   )

17) 남편에게 짜증스러운 목소리로 바가지 긁는 잔소리를 하지 말라.(   )

18) 남편을 아이들 앞에서 높여 주며 칭찬해 주어라. 아이들 앞에서 남편을 비난하거나 흉보는 것은 자녀 교육에 좋지 않다. 자녀가 아버지께 충성과 존경과 경외심을 갖도록 하라.(   )

19) 자녀 교육과 가정생활에 관한 좋은 책을 읽거나 교육을 자주 받는 등 배움이나 상담을 적극적으로 해서 가정생활에 잘 적용하라.(   )

20) 시댁 부모와 형제들을 잘 대하고, 칭찬과 인정의 말을 자주 하라.(   )

chapter 1. 아내 플랫폼 - 핵심 포인트

1. '얼음'에서 '난로'로 환승하라
남편이 잘하는 것이 없어도 앞으로 3년간 집중적으로 칭찬하고 인정하자. 존경하자. 칭찬과 인정할 것을 찾아서 매일 2~3가지를 칭찬해서 '얼음'이 아닌 '난로'로 환승하자. 충고나 단점은 대부분 그냥 넘어가자. 어쩔 수 없이 충고할 때는 4가지 정도 칭찬과 인정을 하고 부드러운 태도로, 명령형이 아닌 청유형으로 하자.
성령 충만으로 "전하, 무수리이옵니다"라고 자주 고백하자. 아내 역할을 기꺼이 즐겁게 감당하자.

2. '아이'에서 '어른'으로 환승하라
먼저 아내가 '아이', 성인 아이에서 온전히 성숙한 '어른'이 되자. 남편과 자녀에게 의존하지 말고 홀로 행복하도록 하자.
남편의 아이를 어른으로 환승하도록 잘 도우라.
첫째, 시어머니에게 죄책감까지 느끼며 잘하는 남편을 이해하고, 시댁 식구들에게 잘하자.
둘째, 관계의 미숙함을 일로 해결하는 남편을 수용하고 이해하자. 집에서 많은 것을 요구하거나 기대하지 말자.
셋째, 인정에 목마른 남편을 엄마처럼 인정하고 모든 것을 토닥거리며 응원을 잘해주는 아내가 되자.
넷째, 집에서 아내가 해 주는 밥에 존재감과 행복을 유난히 느낀다는 것을 알고, 먹는 것을 잘 챙겨 주자.
다섯째, 행동과 해결로 할 말의 대부분을 이미 말한 것을 이해해 주자. 짧고 작은 남편의 말에도 충분히 만족하고 헤아려 주자.

3. '그늘 성'에서 '눈부신 성'으로 환승하라
부부의 성은 '쾌락 그 이상'으로, 아내도 밝고 신비하고 놀라운 것을 누리자. 어둡게 여기지 말자. 남편과 함께 성의 즐거움을 위해 노력하자. 남편의 제1 욕구가 성이기에 남편의 욕구를 최소한 80% 이상은 들어 주자. 결핍된 소속감, 자율성을 만족한 성생활로 채우는 남편을 이해하자. 숙제하듯 하지 말자.

4. '목마름'에서 '자유로움'으로 환승하라

아내가 홀로 목마르지 않고, 의존성을 벗고 자유를 누리자. 남편과 자녀에게 의존하지 말고, 혼자서도 행복하도록 애쓰자. 남편과 자녀가 아닌 예수님을 의존하자. 사명을 잘 감당하자. 의미 있는 삶을 살자.

남편을 잘 이해하고 인정해 주자. 남편의 늙어감과 폐경기도 이해해 주자.

하나님의 아들이 남편이라고 여겨 남편을 하나님처럼 존중하자. 천국의 며느리가 될 것이다. 좋은 아내가 누리는 자유와 풍성한 은혜를 늘 기억하자.

chapter 1. 아내 플랫폼 - 나눔과 적용

1. 좋은 아내가 누리는 자유를 3가지 적어 보고, 자신은 어떤지 나누어 보자.

2. 아내 플랫폼 4가지 내용에 자신의 현 상황 2가지와 개선 방법 2개 정도를 적고 나누어 보자.

1) 성관계를 숙제하듯 하지 않기.
   - ➔ 현 상황:
   - ➔ 개선 방법:

2) "전하, 무수리이옵니다."
   - ➔ 현 상황:
   - ➔ 개선 방법:

3) 결혼 후 3년만 칭찬하고 인정하라.
   - ➔ 현 상황:
   - ➔ 개선 방법:

4) 남편과 자녀 의존을 내려놓고 혼자서도 성숙하고 행복하기.
   - ➔ 현 상황:
   - ➔ 개선 방법:

3. 적용하기.
   남편에게 대하는 방법을 두 가지 체크리스트로 확인하자.
   - ➔ 아내 플랫폼 환승 티켓 4장 - 좋은 아내 20가지 체크리스트
   - ➔ 아내의 20가지 설루션(Solution)

1) 특별히 잘하는 것 2가지를 적고 나누어 보자.

2) 부족한 것 3가지를 적고, 더 개선할 내용을 적고 나누어 보자.

2장
남편 플랫폼

MARRIED COUPLE PLATFORM

MARRIED COUPLE PLATFORM

부부 임상심리학자인 '윌라드 할리'(Willard F. Harley Jr.)가 미국에서 1,000명의 아내에게 조사한 결과를 발표했다. 결혼 후 아내의 욕구 1~5위에 관한 내용이다. 1위는 애정 표현하는 남편, 2위는 말 상대해 주는 남편, 3위는 정직하고 투명하게 마음을 나누는 남편, 4위는 경제적 필요를 잘 공급해 주는 남편, 5위는 자녀에게 관심 갖는 남편이었다.

한국의 아내들이 남편에게 바라는 욕구는 무엇일까? 33년간 상담한 사례와 부부 세미나 경험을 바탕으로 1~5위를 정리해 보았다.

1위는 이해를 잘해 주고 공감을 잘해 주는 남편이다. 성경에서 "남편들아! 아내를 귀하게 여겨라"라고 하나님이 명령하신 것은 아내를 잘 이해하고 잘 공감해 주라는 것이다. 아내가 관심이 많은 처가댁에도 친절하게 헌신하면 아내를 잘 공감하는 것이다.

결국, 한국의 남편들은 아내에 대한 이해와 공감이 부족했다는 것이다. 한국의 특성상 남편들은 더 많이 일하고 치열하게 살기 위해서 감정이 퇴화했다. 많은 남편이 유아와 어린 시절에 고착이 되었다. 아내를 잘 이해하고 공감하는 것은 많이 배우고 많이 훈련하지 않으면 되지 않는 부분이다. 아내 1위의 소원을 들어주지 못하면 남편들이 실컷 아내에게 노력해도 결국 좋지 않은 남편이 되고 만다.

2위는 친절하고 친밀하게 대하는 남편이다. 이것은 아내의 말을 끝까지 들어 주기, 아내의 말귀를 잘 알아 주기, 대화를 자주 많이 해 주기, 아내 편을 잘 들어 주기 등등을 말한다.

3위는 정직하고 투명한 남편, 마음을 솔직하게 잘 나누는 남편이다. 남편이 정직하고 개방적일 때 아내들이 참 만족해 한다. 자주 아내와 의견을 나누고 협의하는 것을 말하기도 한다. 거짓말이나 자기방어를 하거나 회피하는 남편에게 아내는 매우 불만이다. 고집이 세고, 자기 마음대로 하는 경향의 남편 때문에 아내는 힘들어한다.

4위는 경제적 필요를 잘 채워 주고 공급하고 해결하는 남편이다. 가족을 위해 경제적인 책임을 힘써 잘 감당하는 남편을 아내는 좋은 리더십이 있는 남편으로 존중한다. 가정에서도 더욱 안정감을 느낀다. 경제적인 책임을 지지 않고 아내에게 더 의지하려는 남편을 아내들이 존경하게 될 가능성은 크지 않다. 아내의 건강을 잘 챙겨 주는 것도 책임지는 남편의 중요한 역할이다.

5위는 자녀에게 좋은 아버지가 되어 주는 남편이다. 좋은 아버지가 되어 주는 남편을 아내는 소원한다. 아내는 육아와 자녀 양육을 나누어서 잘 감당하는 남편을 바란다. 특히 자녀들이 어릴 때는 잘 놀아 주고 4세부터는 자녀 훈육을 아내보다 2배 정도는 더 많이 하는 남편이 좋은 남편이다.

또한, 사회와 직장과 교회에서 사명을 잘 감당하는 의미 있는 삶을 사는 남편, 영적으로 리더십 있는 남편이 자녀에게 좋은 아버지로 아내들이 소원하는 남편이다.

아래 〈그림 2〉 '남편 플랫폼(H.P, Husband platform)의 구성 요소'는 남편이 4가지로 환승을 하면 좋은 남편이 되는 방법을 한눈에 보여 주는 그림이다.

부족한 남편	남편 플랫폼(H.P)		좋은 남편
⇨⇨　⇨⇨　⇨⇨	(H.P1)	➡➡➡　　➡➡➡	
무심함 (아내가 수단, 감정 표현 부족, 폭력적 말·행동, 처가 소홀)	1번 환승 통로	소중함 (아내 1순위, 아내 기쁨과 힘듦에 민감, 끝까지 듣기, 친절)	
⇨⇨　⇨⇨　⇨⇨	(H.P2)	➡➡➡　　➡➡➡	
내 중심 (미성숙, 자기 필요 중심, 화 잘 냄, 감정 기복 심함)	2번 환승 통로	아내 중심 (아내 공감·이해 잘함, 소원 잘 도움, 섬김, 성적 요구 배려)	하나님 나라
⇨⇨　⇨⇨　⇨⇨	(H.P3)	➡➡➡　　➡➡➡	
무책임 (아내가 독박육아와 양육, 운동 부족, 처가 무관심, 중독됨, 경제 책임 부족, 자기관리 부족)	3번 환승 통로	좋은 리더 (자녀 훈육 주도, 처가 섬김, 남편 역할 잘함, 경제 책임, 섬기는 리더십, 정직, 자기관리 좋음, 차별 없음, 긍휼 많음)	
⇨⇨　⇨⇨　⇨⇨	(H.P4)	➡➡➡　　➡➡➡	
결핍 (낮은 자존감, 상처 미해결, 바른 복음 부족, 말씀 부족, 대인관계 부족)	4번 환승 통로	풍성함 (사명자로 삶, 바른 복음 충만, 말씀과 성령 충만, 대인관계 좋음, 감격의 예배, 작은 자 섬김)	
내 나라 / 이미 하나님 나라 공존과 갈등	지금 임하는 하나님 나라		완성될 하나님 나라

〈그림 2〉 남편 플랫폼의 구성 요소

1. '무심함'에서 '소중함'으로 환승하라

> **상담 사례**
>
> "아내는 육아할 때 내가 직장 일로 잘 도와주지 못한 일을 한참이 지난 지금도 부부싸움이 일어나면 꺼냅니다. 사과를 아마 10번도 넘게 했는데도 왜 자꾸 제 아내는 그 이야기를 꺼낼까요? 답답합니다."

아내들이 정말 상처를 많이 받는 것은 남편의 실수나 잘못보다 다른 문제 때문일 때가 더 많다. 그 다른 문제는 아마 사과하는 한 가지 잘못보다 더 크거나, 더 자주 다른 문제로 상처를 받거나 힘들어하다가, 육아에 함께하지 못한 내용으로 감정을 쏟아 내기 때문에 남편으로서는 이해하지 못한 것일 수 있다. 남편은 사과할 때 아내에게 맞는 방법으로 해야 한다.

아내는 육아할 때 일방적으로, 독박으로 감당하게 한 남편에게 버림받았다고 느낄 정도로 상처를 받았다. 자신이 천한 대우를 받았다고 여긴다. 아마 최소 10년은 넘도록 자주, 계속해서 사과하고, 행동으로도 잘 헌신하고 섬기고 봉사해야 겨우 없어질 것이다.

아내 감정은 나선형과 방사선이다. 남자는 직선형이다. 쉽게 말해 아내는 감정이 덩어리이다. 그러니 남편에게 받은 상처로 감정 전체가 멍이 든다. 그래서 사과해도, 속이 좁아서가 아니라 사과한 그 작은 일부만 치유된다. 대부분은 다양한 방법으로 자주 사과해야 전체적으로 감정이 치유된다. 그래야 사과가 온전히 받아들여진다.

남편들이 사과를 제대로 못 하는 이유도 있다.

남자는 성취 중심이고 승패 위주의 사고를 한다. 그러다 보니 사과하는 것을 '졌다.', '내가 더 무능하다'라고 생각하는 경향이 있다. 그래서 '남자가 무릎을 꿇다니…'라는 무의식이 깔려있다.

남자는 감정 단어 자체가 여자보다 많이 부족하다. 일 중심, 해결 중심, 정보 중심으로 사는 것만 강화된 까닭이다. 그러다 보니 아내에게 사과하려면 감정 단어를 충분히 써야 하는데, 그게 힘든 것이다. 그래서 아내에게 사과를 대강 한다. 구체적이지 않다. 얼버무린다. 한 번만 사과한다.

남자들은 상대의 아픔을 깊이 공감하는 것에 부족하다. 사과하더라도 아내에게 충분히 공감하며 사과하지 않는다. 신앙 성숙의 부족도 사과하지 못하는 이유의 하나이다. 십자가에서 예수님이 자기를 용서한 크기와 은혜가 어떠함을 알지 못하기 때문이다. 내가 받은 용서의 크기를 알면 아내에게 용서를 비는 건 쉽다.

아내보다 자신이 훨씬 낫다는 교만이 있으면 사과하기가 어렵다. 아내가 나보다 낫다고 여기거나 최소한 나와 동등하다고만 생각해도 잘못이나 실수는 사과한다.

사과해도 아내의 마음이 풀어지지 않는 이유는, 사과나 용서에 맞는 대가를 제대로 지급하지 않았기 때문이다. 100만 원 손실을 주었는데 1만 원을 주면서 사과하면 더 열 받는 법이다. 아내가 상처받은 정도에 따라 사과의 강도를 높이고, 실제 행동이나 선물이나 봉사나 섬김으로 아내에게 충분히 여러 번 갚아야 한다.

레위기의 5대 제사에서 속건제는 남에게 피해 준 것을 보상하며 하나님과 피해 준 사람에게 죄를 회개하는 것이다. 그것도 피해 금액의 원금과 20% 추가금을 더 내면서 보상해야 한다.

아내가 사과를 받아 주기를 원한다면 구체적으로 무엇을 잘못했다고 정확히 말해 주어야 한다. 그리고 다시는 반복하지 않아야 한다. 그리고 잘못이 클수록 한 번이 아니라 여러 번 사과해야 한다.

| **아내가 자신을 소중하게 여기는 것을 가장 중요하게 여기는 이유는?** |

아내는 소속감이 만족해야 행복하기 때문이다.

　수많은 상담 사례에서 아내가 상처받는 대부분은 남편이 자신을 무심하게 여길 때이다. 소중하게 여기지 않아서이다. 아내가 최우선 순위가 아닐 때이다. '소속감'(belonging)이라는 '하와 DNA'가 아내에게는 가득 차 있다. 하와가 선악과를 따 먹은 후에도 가장 중요하게 여기는 소속감에 상처를 입었다(창 3:16).

　아기가 밤에 울어도 아버지보다 어머니가 월등히 뇌가 강하게 반응하며 잘 깨어난다. 자녀에게 집중과 신경이 모두 쏟아져 있기 때문이다. 여자가 대부분 자녀와의 소속감을 훨씬 더 중요하게 여긴다. 자녀가 학교 부적응이 되거나 언어가 늦거나 장애가 되거나 사고가 나거나 다치거나 아프거나 하면 아버지보다 어머니가 훨씬 더 불안해하고 염려한다. 심한 스트레스를 받는다. 자녀와의 깊은 소속감 때문에 유난히 더 아픈 것이다.

　또 하나, 여자가 받은 소속감의 상처는 남편과의 관계에서 만족하지 못하는 고통이다. 아내는 남편을 원(사모)하지만, 남편은 아내를 다스린다. 여자가 남자보다 부부의 친밀함(소속감)을 더 중요하게 여긴다. 그래서 일반적으로 남편과의 친밀한 관계를 남편보다는 더 신경 쓰고 애쓴다. 창세기 3장에 "남편을 사모하라"는 말씀이 이루어지는 것이다.

　하지만 일 중심과 해결 중심인 남자는 아내의 기대만큼 친밀감을 위한 좋은 관계력을 유지하지 못한다. 남자는 감정 단어와 공감력이 부족하다. 그러다 보니 아내의 감정에 적절히 반응하지 못한다. 그래서 아내 편에서는 남편이 함부로 자신을 다스리는 자기중심적인 남자로 느껴진다. 대부분 집회와 상담에서 실제 질문을 통해 90% 정도의 아내들이 남편을 중딩(?) 같다고 한 것이 그것을 반증한다.

이렇듯 여자는 '소속감'(belonging)이 삶과 정서에 핵심 코드이다. 여자는 소속을 잘하기 위해 '관계 중심'이고 '필요 중심'이다. '현실적'이다. '감성 지향적'이다. '언어 중심적'이다. '과정'을 결과보다 더 중요하게 여긴다. 여자가 남자보다 잘 웃고 잘 울며, 감정 단어도 더 잘 사용한다. 이는 할아버지보다 할머니가 대체로 대인관계를 더 잘하는 것으로도 쉽게 증명이 된다. 남자 많은 곳에 여자는 혼자 당당하게 있을 수 있지만, 여자가 많은 곳에 남자 혼자 있는 것을 힘들어하는 것도 이런 이유이다.

그러다 보니 아내는 남편이 자신을 가장 귀하게 여긴다고 느낄 때 비로소 사랑받는다고 느낀다. 잘 소속한 것으로 강한 행복감을 느낀다. 그래서 남자가 여자를 정말 귀하게 여긴다면, 무엇을 해 주고 해결하기보다 아내를 잘 이해해 주어야 한다.

아내를 소중히 여기는 것으로 남편의 믿음이 바르다고 믿기 때문이다.

예수님을 경외하는 남편은 아내에게도 복종한다(엡 5:22). 남편은 아내를 위해 죽기까지 헌신해야 한다. 어느 정도로 헌신해야 하는가 하면 예수님이 우리를 위해 십자가에서 죽으신 것처럼 해야 한다. 생명을 걸고 사랑하고 헌신하라는 것이다(엡 5:25). 남편들은 자기 몸을 아끼는 만큼이라도 아내를 사랑하라고 했다. 이것이 결국 남편 자신이 더 행복하게 되는 비결이다(엡 5:28). 아내가 자기와 한 몸이기 때문이다. 남편은 아내를 소중하게 여겨야 비로소 바른 신앙인이다(벧전 3:7).

남편들이여! 아내를 부디 가장 소중하게 여기자. 남편은 아내를 '돕는' 배필이 되어야 한다. 남편이 아내에게 '바라는' 배필이 되면 미숙하고 이기적인 것이다. 신앙도 매우 결핍된 것이다. 남편들이여, 아내 가슴에 부디 쓰리고 아픈 고춧가루를 뿌리지 말자. 아내를 외롭게 좀 하지 말자.

"여보! 나를 1순위로 여겨줘서 고마워."

아내에게 이런 말을 듣는 남편은 예수님에게도 다음과 같은 말을 듣게 된다.

"좋은 남편아! 보이는 아내를 찐으로 사랑하니 보이지 않는 나를 진정 사랑하는 것으로 알겠다. 그런 너의 바른 신앙고백을 내가 받으마."

남편이 아내를 함부로 대하거나 무심하게 여기는 것은 바른 사랑이 아니다. 바른 믿음도 아니다. 그런 남편은 미숙한 남편이다. 하나님도 이런 남편의 행동을 기뻐하지 않으신다. "네 이놈! 보이는 아내를 함부로 여기는 네가 보이지 않는 나를 어찌 경외한다고 하느냐?", "남편들아! 네가 대하는 아내는 한 여자 정도가 아니라 내 딸이다. 함부로 하지 말거라"라고 하시는 천둥 같은 야단을 하나님의 음성으로 들어야 한다. 그렇다. 아내를 무심하게, 소홀하게 여기는 것은 하나님을 함부로 대하고 소홀하게 여기는 죄다.

"남편들아! 아내를 귀하게 여기라"라고 베드로를 통해서 하나님은 명령하셨다(벧전 3:7). 아내를 귀하게 여기지 않는 남편의 신앙은 모두 가짜라서, 그런 남편의 기도를 응답하지 않겠다고 겁박(?)까지 해야 할 정도로 중요한 내용이다. 또한, 바울을 통해 이렇게 명령하셨다. "남편들아! 아내를 제발 괴롭게 하지 마라. 좋은 말 할 때(?)"(골 3:19).

남편들이 아내를 소중하게 여기지 않는 이유는 뭘까?

자기의 유익이나 즐거움을 위해 아내를 수단으로 대하기 때문이다. 아내보다 감정 표현이 너무 부족해 공감을 제대로 못 한다. 감정이 다양하고 풍부한 아내의 마음은 중딩(?) 같은 남편의 언행에 상처받는다. 그래서 언어나 행동이 아내에게 폭력인 경우가 많다.

아내를 귀하고 소중하게 여기는 것은 남편의 제일 중요한 아내 사랑의 모습이다. 남편이 시어머니와 자녀와 일보다 아내를 1순위로, 제일 중요하게 우선시하는 것이다. 그렇게 한다고들 남편은 핏대를 세우고 주장한다. 하지만 상대인 아내가 그것을 충분히 느끼지 못한다면 아내를 1순위로 하지 못한 것이다.

지혜로운 남편은 처가댁을 귀하고 소중하게 대하고 섬김으로써 아내를 소중히 여김을 증명한다. 남편은 아내의 기쁨과 소원에 민감하며 잘 알아야 한다. 아내의 힘듦과 슬픔과 억울함과 지침과 외로움과 아픔과 미안함 등에 민감하게 반응해야 한다. 아내는 남편이 무엇을 잘 해결하는 것보다 끝까지 들어 주고 이해하고 공감하는 것을 가장 큰 해결로 받아들인다. 남편들은 타인에게 하는 것보다 오히려 아내에게 더 친절하고 예의 바르게 대해야 한다.

아내에게 무심하게 대하면 어떤 부작용이 생길까?

아내에게 무심하게 대하면 아내가 어머니의 역할을 잘하지 못하게 된다. 이렇게 되면 자녀가 불안 속에 자라게 되고, 이는 곧 분노로 표출된다. 자녀가 반항하거나 학교 부적응이 되며 스마트폰 중독이나 그 외에 각종 중독으로 회피하게 만드는 현상이 생긴다.

어머니에게 잘 대하는 아버지를 자녀는 존경하고 신뢰한다. 그 결과는 자녀가 사회생활에도 잘 적응하고 공부도 잘하며 자신을 잘 관리하는 것으로 나타난다. 반대로 어머니의 불행이 아버지 때문이라고 자녀가 알거나 목격하면 아버지에게 가장 큰 상처를 받으며 분노를 쌓게 된다.

아내에게 무심하게 대하면 부부의 대화가 단절되어 피차 가정생활에 행복이 없어지게 된다. 부부의 성관계를 아내가 거절하거나, 성관계를 하더라도 매우 싫어하게 된다. 결국, 남편도 성적으로 불만과 어려움(?)을 겪는 피해를 보게 된다.

아내를 무심하게 대하는 남편은 신앙적으로도 바른 예배를 드리지 못하게 되며 신앙이 성장하기도 어렵다. 신앙은 좋은데 아내를 함부로 대하거나 무심하게 대하는 남편은 본 적이 없다.

아내에게 무심하게 대하면 아내의 건강이 많이 상하게 된다. 아내의 신체에 증세가 나타난다. 불면이 생긴다. 소화불량이 생긴다. 두통이 생기고 몸에 면역이 급격히 떨어진다. 피부가 거칠어진다. 골다공증이 가속화되고, 당뇨와 고혈압이 더 빨리 온다. 심하면 암이 발생하거나 심장에도 문제가 생기며 특이 질환이 많이 오게 된다.

아내에게 정신질환이 생길 가능성도 매우 커진다. 남편과 자녀로 인해 여자는 정서의 상처를 남자보다 더 많이, 더 깊이 받는다. 그래서 여자는 마음이 병든 경우가 남자보다 더 많다.

'화병', '억울함', '종교중독', '이단이나 사이비에 현혹됨', '건강한 신앙생활이 어려움', '공동의존 현상으로 자존감이 낮아지고 정체성이 결여됨', '관계중독', '우울증', '불안장애', '결벽증', '완전주의 경향' 등이 많이 생길 우려가 크다. 실제로 남편에게 공감받지 못하고 무시당할 때 이런 질환이 가장 많이 생긴다.

| **아내를 소중히 여기는 방법은 무엇일까?** |

아내에게 주는 보석 하나, "마님! 돌쇠이옵니다."

"내가 니 시다바리(부리는 아랫 사람을 일본식으로 하는 말)가?" 이 말은 경상도에서 흔히 사용하는 말이다. "내가 당신 종은 아니다"라는 뜻으로, 기분 나쁨을 표현하는 말이다. 지금도 대부분의 불행한 부부나 부부 갈등의 배경 속에는 "내가 니 시다바리가?" 하는 남편의 이기심과 고집과 미성숙이 똬리를 틀고 있다.

남편들이여, 이제 아내를 '마님'으로 제일 소중하게 여기자. 귀하게 여기자. 남편 스스로 돌쇠로 낮아져서 섬기는 최고의 남편이 되자.

> "내가 니 시다바리 맞다. 마이 해 줄게, 니 시다바리!"

이 말을 표준말(?)로 하면 "마님 돌쇠이옵니다"라는 말이 된다.

이재운이 쓴 《우리말 1,000가지》에서는 '마누라'라는 말은 우리 조상들이 '마님'에 가장 가깝게 사용했던 말이라고 했다. 조선 시대에는 '대비 마노라', '대전 마노라'처럼 '마마'와 같이 쓰이던 극존칭어다. 지금 와서는 남편들이 아내를 허물없이 부르는 표현이 되었다.

숙종실록에 "우리 말루하주(抹樓下主－우리 마노라 주인님)는 태평하시고 태평하시며, 중전(인현왕후) 말루하주는 마땅히 승하하소서"라고 하였다. 여기서 '우리 말루하주'는 '장희빈'을 말한다. 빈으로 비록 강등되었어도 이전에 중선이었기에 중전급으로 예우하여 '마누라'라는 극존칭을 사용한 깃이다.

이렇게 '마누라'는 원래 왕족의 성별에 상관없이 '마마'와 동급인 극존칭으로 쓰였다. 국왕에서 후궁에 이르기까지 '마노라', '말루하'라고도 칭하였다. 《삼강행실도》에는 '주인'의 의미로도 쓰였다. 1,600년 계축일기에 '마노라'라 하여 상전을 의미하거나 중년 여인을 칭하는 말로도 등장한다. 국립국어원에는 '모전분전말루하(毛廛粉廛抹樓下)'라 하여, '마누라'와 같은 말인 '말루하'가 '여주인'을 뜻한다고 기록되어 있다.

《이재난고》에는 상검이라는 사람이 정순왕후 김 씨를 '김 씨 마노라'(대비)라고 말했다는 기록도 있다. 《경종실록 8권》에는 임금을 '상감 마노라', '대전 마노라'라고도 불렀다고 했다.

이처럼 남편들이 '마누라'라 부르는 진정 좋은 말의 의미를 다시 회복해야 한다. 성경에서도 "아내를 귀하게 여기라!"라고 했다(벧전 3:7). '마누라'를 '마님'으로 여기는 것은 이처럼 성경적으로 옳다. 남편의 바른 신앙에도 걸맞다.

"마님 돌쇠이옵니다"라고 남편이 직접 말하지는 않더라도 그런 자세로 아내를 대하자는 것이다. 남편이 머슴인 돌쇠의 자세로 아내를 마님으로 소중하게 대하자. 성숙한 남편, 특히 성령 충만한 남편은 아내를 귀하게 대한다. 바로 '마누라'의 진짜 뜻인 '마님'으로 대접하고 섬긴다.

남편들이여, 가수 '바이브'가 부르는 '마누라' 노래를 이제 한 번쯤 아내에게 온몸으로 불러 주자. 아니면 남편 고백으로 말해 보자.

> "내가 당신에게 바라는 것은 오직 이거 하나뿐이라오. 지난 세월 그대 아프게 한 날 용서해 주오. 오직 이거 하나뿐이라오. 내가 당신에게 원하는 것은 오직 이거 하나뿐이라오. … 마누라, 마누라 평생 고생 많았소. 미우나 고우나 나는 당신뿐이오. 죽어도 살아도 평생 함께하겠소. 마누라, 마누라, 내 마누라…"

남편 스스로 돌쇠로 낮아져서 섬기는 최고의 멋진 남편이 되자. 예수님이 물개 박수로 이런 남편을 기뻐하실 것이다.

> "마님 돌쇠이옵니다."

아내에게 주는 보석 둘, 아내를 온몸으로 공감하라.

아내가 아프다고 하면 해결로 접근하지 말고, 같이 걱정을 해 주자. "어떻게 하냐?", "많이 힘들지?", "에고 걱정이 많이 되겠네. 속상하겠다"라고 적극적으로, 온몸으로 공감해 주자. 아내가 외롭다고 하고 불안하고 걱정된다고 하면, 같이 공감하고 걱정하며 안심을 시키며, 해결보다 가슴을 먼저 빌려주자. 품을 빌려주거나 눈물까지 같이 흘려 주면 더 좋다.

"당신이 너무 고생해서 그러니, 부디 이젠 당신을 위해서 더 살아 줘!";
"당신은 충분히 수고했다."
"그래서 당신이 힘들었구나."
"여보, 많이 외롭고 걱정했구나."
"여보, 고생했습니다."
"여보, 그동안 애쓰셨습니다."
"여보, 많이 불안하고 외로웠지?"
"여보, 내 가슴에 얼굴을 파묻고 그냥 우세요. 불쌍한 당신!"
"여보, 나랑 살아줘서 고맙습니다."
"여보, 내 아내가 되어 주셔서 우리 아이들의 좋은 엄마가 되어 주셔서 고맙습니다."

아마 남편의 이런 말이 아내들은 더운 날 시원한 '아이스 아메리카노'가 될 것이다. '팥빙수'가 될 것이다.

아내에게 주는 보석 셋, 아내를 1순위로 사랑하라.

남편들이 아내를 최우선 순위로 사랑하자. 시어머니와 자녀와 일보다 더 중요한 1순위로 아내를 예우하라. 가장 귀하게 자신을 대우한다고 아내가 느낄 때까지 하자. 안타깝게도 남편들이 효도한다는 명목으로 아내를 첩으로 대우하여 모독감을 주는 경우가 매우 많다. 왜냐하면, 시어머니를 본처로 대하는 느낌을 아내에게 주기 때문이다.

"남편들아 부모를 떠나 아내와 한 몸을 이루라"라는 말씀에는 시어머니나 시아버지보다 아내를 1순위로 하라는 뜻이 분명히 있다. 하나님을 부모로 의지하고 순종하라. 경제적 독립을 하라는 뜻도 물론 있다. 하지만 이젠 아내를 가장 소중하게 여기라는 뜻이 가장 많이 강조되어야 하는 부분이다. 물론 양가 부모님도 자녀를 떠나보내야 한다.

부모를 떠나 아내를 가장 중요한 1순위로 대하는 지혜롭고 현명한 남편은 가장 행복한 아내를 보게 될 것이다. 활짝 핀 장미보다 더 크게 핀 아내를 볼 것이다. 동시에 남편 당신도 가장 행복해질 것이다. 가장 멋진 젠틀맨이 될 것이다. 특히 자녀가 아버지의 그런 모습을 보고 존경하게 될 것이다.

아내에게 주는 보석 넷, 아내를 배려하고 친절하게 대하라.

아내가 하는 말이 결론이 잘 없고 감정 중심인 말이라도 잘 들어 주면 된다. 아내가 자동차를 탈 때 문을 열어 주라. 차 안에서 하나님 나라가 이루어질 것이다. 아내를 자기나 시부모님이나 자녀보다 항상 먼저 걱정해 주어라. 분명 아내의 눈망울에 눈물이 맺히고 입꼬리가 올라갈 것이다.

아내의 소원을 정기적으로 자주 물어보고 그것을 이루어 주려고 애를 써라. 아내의 건강을 정기적으로 점검하고 작은 이상이라도 애써서 치료하고 돌보라. 아내의 사소한 말까지도 온몸으로, 온 얼굴로, 목소리로 모두 잘 반응해 주라. 하던 일을 중단하고 몸과 눈을 아내에게만 고정하고 반응해 주라. 아내는 진정한 대화의 고수를 만났다고 감동할 것이다.

아내의 충고나 잔소리를 하나님의 음성처럼 관심을 가지고 중요하게 여기며 고치려고 애를 써라. 결혼기념일과 생일 같은 것을 잘 챙기고, 다양한 이벤트를 하라. 정성을 들인 선물도 자주 사 주라. 아늑하고 따스한 분위기를 가정에서도, 안방에서도 잘 만들라. 아내는 자신을 소중히 여긴다고 감동할 것이다.

부부 결혼기념일을 남자보다 여자가 더 중요하게 여기는 이유도 "당신이 나를 소중하게 여기는구나"를 아내가 확인하기 때문이다.

아내에게 주는 보석 다섯, 3~5년만 아내 군대(?)에 다시 입대하라.

남편들은 결혼 후에 3~5년만 죽었다고 생각하고 군대에 다시 입대하라. 그것도 아내가 대대장으로 있는 '아내 군대'에 말이다. 아내를 남편이 3년 정도 집중적으로 대대장으로 대하자. 그렇게 아내를 귀하게 여기고 울어 주며 기뻐해 주는 것이 이후 평생 존경받는 남편이 되는 지름길이다. 특히 자녀에게 최고의 아빠라고 존경받게 된다. 자녀들의 소원 2위가 자기에게 잘해 주는 아빠이다. 자녀 소원 1위는 엄마 아빠가 행복하고 잘사는 것이다. 그것을 위해 아빠가 엄마에게 잘해 주면 자녀는 아빠를 존경하고 권위를 알아준다.

부부상담을 하면서 발견한 공통점은, 아내들이 결혼 후 3~5년 정도 기간에 남편에게 섭섭함을 느끼고 상처를 받은 것이 거의 평생 남편 꼬라지(?)를 보고 싶지 않게 만든다는 것이다. 너무 일찍 아내에게 남편들이 감정 부도를 낸 것이다.

남편들이여! 아내에게 3~5년을 특히 더 집중적으로 헌신해 주자. 그 3~5년 적금한 원금은 좋은 적금보다 이익이 크다. 이후 세월이 흘러 이자만으로도 풍요롭게 아내에게 받으며 살아가는 부요함(?)을 남편은 누리게 될 것이다.

반대로 결혼 후 3~5년간 남편이 힘든 아내에게 미숙하고 자기중심적으로 처신하면 아내의 감정은행에 부도가 난다. 그러면 평생 못 갚을 빚(?)을 아내에게 지게 된다. 그러면 남은 30~60년을 아내에게 죄인처럼 살아가는 어리석은 남편이 될 것이다. 잊지 말자. 가장 좋은 노후 자금은 아내가 남편에게 만족하게 해 주는 것이다.

아내는 결혼과 동시에 양가에 남편보다 너무 힘겨운 눈치살이를 한다. 시댁에 가면 아무래도 심사위원에게 면접 보는 수험생이나 입사생 같은 어려움과 불편이 있다. 시어머니나 시누이가 한 번씩 말이나 행동으로 냉기를 뿜으면 아내의 마음은 서글픔과 상처로 시베리아나 북극이 된다.

이때 중간에서 남편이 아내를 위해 울어 주거나 웃어 주는 헌신을 하지 않으면 그 상처는 메가톤급으로 몰아친다. 평생 남편이 섭섭하고 싫어질 가능성이 커지게 된다. 더욱 안타까운 것은, 아내는 친정에도 마음대로 힘든 말을 못 하는 것이다. 부모님께 죄송하기 때문이다.

그에 반해서 남편은 결혼해도 친가에 자유롭다. 심리적 에너지 방전이나 스트레스가 거의 없다. 자기 집이니까 그렇다. 처가댁에 가도 백년손님으로 대접받는다. 크게 스트레스를 받지 않는다. 물론 요즈음 장모 스트레스를 제법 받는 사위들이 늘어나는 추세이긴 하지만 말이다.

아내는 결혼과 동시에 업무량도 폭주한다. 양가 집안에 더 많이 참석해야 하고, 생일, 가족 행사의 소소한 일을 남편보다는 아내가 대부분 챙긴다. 아내의 업무량이 훨씬 늘어난 것이다.

아내는 임신 후 태교는 물론, 아기를 낳으면서도 남편과는 비교가 되지 않는 육아로 어려움을 겪는다. 육아를 남편이 아무리 도와주어도 대부분 육아의 특성상 아내가 더 많이 감당한다. 아기가 밤에 울어서 많은 엄마는 불면의 밤을 보낸다. 아빠는 대부분 아기의 울음소리에도 깨지 않고 잘 잔다. 나도 두 아들 육아하면서 너무 잔다고 아내에게 발길질(?)을 당한 적이 있다.

자녀 양육과 교육도 대부분 아내가 담당하는 경우가 많다. 상담한 사례에 의하면 자녀 양육과 훈육에 대한 스트레스나 책임감도 아내가 남편의 10배는 넘는다. 아내는 경력도 단절된다. 몸매도 많이 망가진다. 육아 스트레스와 일의 양은 남편이 생각하는 것보다 훨씬 많다.

이런 시기에 남편이 전적으로 아내를 대대장으로 모시며 3~5년은 집중적으로 군대에 재입대해서 생활하면 좋다. 이렇게 3~5년을 집중적으로 헌신한 남편은 평생 귀한 남편으로 존경받을 것이다. 아내가 가장 힘들 때 남편에게 느낀 배신감과 외로움과 억울함은 회복되기 매우 어렵다.

남편들이여! 결혼 후 3~5년은 죽었다고 생각하고 아내 군대에 재입대하자. 대대장으로 아내에게 "받들어총!", "마누라 대대장님께 대하여 충성!"이라고 하자. 더럽고 아니꼽다(?)고 여기지 말고, 기쁘고 즐겁게 최선을 다해 아내를 섬겨 주자. 아내 편을 적극적으로 들어 주고 아내를 위해 헌신하자. 제정신으로는 안 되니 새 술인 성령에 취해서 하자.

이렇게 아내에게 가장 비싼 보석 5개를 바친 남편은 아내에게 가장 멋진 남자로, 가장 좋은 남편으로 존경을 받게 된다.

2. '내 중심'에서 '아내 중심'으로 환승하라

> **상담 사례**
>
> 아내는 너무 잔소리가 많습니다. 나에게 집착이 너무 강합니다. 간섭도 너무 많습니다. 아내가 요구하는 것을 나름대로 노력했는데 칭찬이나 인정은 없고, 여전히 부족한 것만 지적합니다. 만족을 잘 못 합니다. 물론 남편이 잘되라고 잔소리하는 것은 알지만, 너무 과합니다. 이젠 지쳤습니다. 아내에게서 도망가고 싶은 마음마저 듭니다. 아내가 왜 이러는지, 제가 아내에게 어찌하면 될지를 도와주세요.

부부 각자가 쌍방 과실이다. 남편과 아내가 각자 동시에 노력해야 해결된다.

먼저, 남편은 아내의 잔소리를 너무 기분 나쁘게 여기지 말자. 아내가 남편을 사랑하지 않으면 기대도 없다. 기대가 없으면 잔소리도 하지 않는다. 남편이 더 멋지고 성숙하고 훌륭한 사람이 되길 바라는 아내의 사랑이 잔소리로 나온다.

그러니 잔소리로 생각하지 말고, 굵은 소리, 사랑의 소리로 알고 스스로가 변화하기 위해서 노력하자. 자신의 미성숙을 점검하여 고치고 훈련하자. 남편이 먼저 성숙하자. 자기 필요에서 아내가 필요한 것을 더 신경 쓰고 배려해 보자. 사실 잔소리하는 방법의 문제이지 아내의 잔소리는 대부분 맞는 말이다. 그러므로 아내 요구의 70~80%는 그대로 하려고 노력하고, 20~30%의 요구에는 협의하거나 자신의 사정과 제3의 다른 대안을 제시하는 방식으로 반응해 보자.

아내도 변해야 한다. 아내도 남편에게 충고나 지적은 10% 이하로 하고, 90% 이상은 잘하는 것을 격려하고 칭찬하고 인정하자. 남편의 가장 강한 욕구가 성취감과 인정욕구이기 때문이다. 그래서 칭찬과 인정으로만 변화하는 남편의 특성을 이해하고 맞추는 프로 아내가 되자.

아내 본인은 관계와 감성 능력이 좋아 칭찬과 인정이 아니어도 헌신과 노력을 더 쉽게 한다. 그러다 보니 남편도 그럴 것이라고 여겨 충고나 지적을 하면 남편은 자신이 실패하고 무능력하다는 좌절을 먼저 느낀다. 노력하기보다는 도리어 기가 죽고 자신감을 더 잃는다.

미숙하게 보이는 것, 부족한 것, 잘못된 것을 고쳐야 할 때는 칭찬과 인정을 4배 이상으로 먼저 하자. 그 후 부드러운 목소리와 청유형으로 한 가지만 충고한다면 잔소리가 아니라 굵은 소리로 남편은 듣게 된다. 그러면 분명 남편은 놀랍게도 아내의 말대로 노력하고 변화할 것이다. 최소한 시도는 자주 할 것이다.

| 남편들이여! 가정에서 자기중심이 되는 것을 넘어서야 무지개가 뜬다 |

남편은 사회와 교회와 직장에서와 달리 가정에서는 너무 쉽게 자기중심이 된다. 당연히 이런 남편의 이중성은 아내를 힘들게 한다. 화나게도 한다. 남편은 아담 이후로 '내 중심', '자기중심'이 되었다. 무엇을 선택할 때 아내보다 자기 위주로 결정하고 선택하는 성향이 있다. 이것은 소속과 감정이 중요한 아내에게는 가장 큰 상처를 준다.

선악과 먹은 걸 추궁하시는 하나님께 아내가 꼬셔서 먹었다고 할 때부터 남자에게는 이런 경향이 생겼다. 남편은 성취욕과 생존 기능이 강화되고 발달하다 보니 유난히 자존심이 강하다. 상대를 공감하는 감정 기능은 약화되었다. 이로 인해 밖에서 사회와 직장과 교회에서 생존의 핵심인 해결과 일로 살다가, 조금 남아 있는 감정 기능과 상대 배려 기능이 대부분

소진되었다. 그 상태에서 집에 오면 감정 기능과 대인관계 기능은 모두 소실된 상태가 된다. 그러다 보니 집에서 아내와의 대화나 감정에 대응할 힘도, 능력도 없다. 이런 상태에서는 바로 에너지 충전 모드(mode)로 들어가면서 자기중심성이 강하게 드러난다.

생존 중심, 일 중심으로 사는 것이 익숙한 남편에게 아내의 잔소리는 가장 중요한 인정 욕구에 상처가 된다. 그러니 아내에게 충고나 조언을 들으면 실패했다고 느낀다. 자존심에도 상처를 받는다. 잘못을 지적받으면 남편은 더욱 고집이 세어지고, 변명이나 회피나 공격으로 방어하게 된다. 자기가 원하는 것을 하지 못하면 분노하고 잘 삐치게도 된다.

그러니 남편들은 다음 4가지를 아내 중심으로 노력한다면 아내로부터 환하게 무지개를 보게 될 것이다.

아내 중심 하나, 남편이 먼저 성숙하라

아내를 우선순위로 섬기거나 귀하게 여기는 것이 힘든 까닭은 아내의 부족함보다 남편 본인의 미성숙 때문이다. 남편이 먼저 성숙하면 아내를 만족하게 하고 본인도 힘들지 않다. 비행기 사고나 배 사고가 나면 보호자가 먼저 산소마스크를 착용하고, 어린아이들에게 산소마스크를 씌우고 구출해야 한다. 물에 빠진 사람을 구하는 기본은 자신의 안전부터 조치하고, 그다음에 구하는 것이다. 그래야 같이 산다. 남편 본인이 미성숙해서 아내를 돕거나 사랑하지 못하는 경우가 아내가 미숙해서 부부가 힘 드는 경우보다 월등히 많다.

성품이 인생을 행복하게 한다. 더 정확히 말하면 성숙함이 인생을 행복하게 한다. 성숙의 최고 열매는 좋은 성품이기 때문이다. 이혼하는 이유 1위가 성격 차이라고 한다. 어느 부분은 맞는 말이지만, 정확하게 보면 이는 틀린 말이다. 성격 차이가 없는 부부는 없다. 행복한 부부도 성격 차이는 있다. 이혼하는 진짜 이유는 성품이 나쁘기 때문이다. 미성숙하기 때문이다.

기질은 타고나는 것이다. 하지만 출생 후 환경이나 성장 방식에 따라 기질과 결합하면서 성격이 형성된다. 성격은 타고난 기질과 후천적인 환경과 성장 방식과 훈련에 따라 형성된다. 기질과 성격 모두를 잘 품고 인격이 성숙하게 좋아진 것을 성품이라고 한다. 성품은 결국 기질, 성격을 잘 통합하고 수용하면서 성숙해진 상태를 말한다.

미성숙을 극복하려면 배워야 한다. 훈련되어야 한다. 행복한 사람은 호기심이 있고, 배움에 갈증이 있다. 성숙한 사람은 남의 충고를 잘 수용하고 잘 이해한다. 불행한 사람은 배우지 못해서보다는 배우려고 하지 않아서 불행하다. 배우지 않으니 훈련되지도 않고, 훈련되지 않으니 미성숙한 것이다. 이런 남편은 아내를 매우 힘들게 한다.

결국, 성격 차이로 이혼하는 것은 스스로가 미숙하다는 것을 나타낸다. 특히 이혼의 2/3 정도는 일방적으로 남편의 인격이 나빠서 이혼하는 경우이다. 성격 차이로 아내를 힘들게 하는 건 남편이 미숙하다는 것을 드러낸 것이다. 부끄러운 일이다. 남편들이 먼저 성숙해져야 한다.

아내중심 둘, 아내는 남편이 전부인 것을 공감하고 배려하라

일 중심 남편의 소원 40%는 성취와 성공이다. 성취와 성공이 남편의 욕구 1순위이다. 아내의 공간은 20% 정도뿐이다. 또 다른 20%는 자녀의 공간이다. 남편의 소원 20%는 어머니(좋은 아버지는 같은 비율이고, 미성숙한 아버지는 거의 없다)의 공간이다. 그러다 보니 남편은 아내를 자신의 일부분으로 여긴다. 아내를 전부로 여기기는 어렵다.

반면에, 남편은 아내 소원의 70~80% 정도를 차지하거나, 더 높은 1순위로 여겨지는 경우가 많다. 사실상 남편이 아내의 전부이다. 그래서 아내는 엄청 목마르다. 삶에 갈등이 심하다. 남편에게 자주 불만이 생긴다.

남편들은 아내가 허전하지 않게 1순위로 대해야 한다. 그런 아내를 공감하고 배려해 주어야 한다. 특히 관계와 선택에서 언제나 시어머니보다, 일보다, 자녀보다, 자신의 성공보다 1순위로 아내를 대하자. 아내는 남편에게 자신이 1순위인 것을 누리며 목마름이 어느 정도 해결될 것이다.

물론, 아내의 목마름이 완전히 해결되는 것은 영적으로 영원한 참 남편이신 예수님으로만 될 수 있다. 하지만 이 땅에서 남편이 할 일은, 예수님처럼 온전히 아내를 최우선으로 귀하게 여기고 사랑하여 외롭지 않게 하는 것이다. 이것이 최고로 성숙한 남자의 모습이다. 그런 남편을 하나님은 사용하신다. 바른 신앙을 가진 남편이라고도 하신다.

아내중심 셋, 결론 없는 말을 끝까지 잘 들어 주라

아내 중심성으로 하는 것, 결론 없는 아내의 말을 끝까지 잘 들어 주는 것이다. 아내의 이야기를 결론이나 해결 위주로 들어서는 안 된다. 아내 말과 감정에 공감하라. 적극적으로 해결하려 하기보다 이해와 공감을 더 많이, 자주 해 주라.

아내와 대화할 때 하면 안 되는 말들이 있다.

"그래서 결론이 뭔데?"

사실, 아내는 결론이 없다. 그냥 자신을, 감정을 풀어내는 모든 것이 아내의 결론이다. 그래서 아내는 남편의 이런 말을 당신과 말하기 싫다는 뜻으로 해석한다.

"내 보고 어떻게 하라고?"

아내는 남편이 어떻게 하라고 하는 것이 아니다. 그저 나를 이해해 달라고 말하는 것이다. 남편의 이런 반응에 아내는 남편이 자기와 삶을 함께하기 싫어서 도망가려 한다고 느낀다. 급격히 외로워진다. 서운해한다.

중간에 아내의 말을 끊거나 말꼬투리를 잡고, 아닌 것을 바르게 하려고 해서는 안 된다. 일단은 아내의 말을 끝까지 잘 듣는 것이 매우 중요하다. 아내는 관계 중심, 소속 중심이기에 남편이 아내의 말을 잘 듣고 공감하는 것을 사랑으로 안다. 특히 아내의 소원이나 기쁨, 발전에 민감하게 반응하며 지지해 주는 남편을 존경하고 고마워한다. 남편들은 갈등 대화법을 배워서 지혜롭게, 상처를 주지 않고 갈등을 해결하여야 한다.

무엇을 선택하는 부분에서 아내의 의견을 적극적으로 반영하는 것이 중요하다. 남편이 자신을 귀하게 여긴다고 느끼게 하는 것이 아내 중심성이다. 결론 없는 아내의 말을 끝까지 잘 들어 주어 남편 때문에 속이 시원하다는 기쁨을 주자.

아내 중심 넷, 성관계에서 아내를 특히 배려하라

상담 사례

"남편은 내가 싫은데도 성관계를 자주 요구합니다. 성관계를 하고 나면, 자기만 만족(?)하고는 돌아누워 금방 쿨쿨 잡니다. 성폭력 당한 것 같이 모욕적인 느낌도 듭니다. 아주 이 인간이 미워 죽겠습니다. 남편과 살아온 50년 동안, 이것이 제일 괴롭습니다."

50년 넘게 부부로 지낸 노(老)부부 갈등을 상담하는 중에 할머니가 탄식하며 하신 말씀이다.
"박필순 할머니! 남편의 무엇 때문에 가장 힘든지 말씀해 주시겠습니까?"라고 여쭈었다. 할머니께서는 토하듯 한숨을 섞어서 말씀하셨다.
"우리 할아범은 제게 50년 동안 성관계 때문에 고통을 주었당께. 아이고, 내가 못 살아. 선상님 보이소. 지는 부부 성관계에서 남편이 하는 방법이 하나도 좋지 않아요. 그저 아프기만 혀요! 기분도 더럽구요. 에이, 남편은 지만 즐기다 볼일(?) 끝내고는 바로 뒤돌아서 꿀꿀 잔다 말입니다.
상담 선상님요, 기가 막히지요? (한숨) 그러고 나면 내는 고마 기분이 나빠 잠도 오지 않는기라요. 이리 뒤척, 저리 뒤척 하다가 겨우 잡니다. 기가 맥힙니다, 기가. 내 팔자가 그렇지 뭐! 어이구 이 인간아(남편 어르신을 꼬집는다). 그렇게 살기를 세상에 50년이나 되었네요. 진짜 지긋지긋합니더 (흑흑)…."
"김종대 어르신, 대부분 여자는 그런 방법으로 밤에 역사를 치르면 너무 힘들어합니다. 남편과 달리 흥분도 되지 않습니다. 오히려 상처와 수치심과 모멸감까지 생깁니다"라고 남편 할아버지에게 말씀드렸다.
할아버지는 할머니에게 "당신 그게 참말이가? 마누라가 그리 힘든지 나는 몰랐네! 세상에나, 만상에나! 이 바보 할망구야, 진작 말을 하지. 나는 당신도 그렇게 하면 좋은 줄 알았제. 50년이나 그렇게 당신을 괴롭히며 살았네. 아이고 기가 맥히네. 기가 맥혀. 내는 그것도 모르고 마누라가 성 불감증인가 보다. 나를 개무시하나? 그리 생각하면서 나도 마누라 때문에 기분이 별로였제. 진작 알았어야 했는데…,"
할아버지의 한탄에 할머니가 한 방 더 날린다.
"이 몹쓸 영감탱이야! 언제 밤에 할 때 당신은 뭐가 싫고, 뭐가 좋냐고 물어는 봤냐? 어이!"
인생에서 정말 큰 불행은 이렇게 다른 것을 나쁘다고 오해하며 사는 것이다. 그러면 안 받아도 될 스트레스를 받으며 힘을 방전하게 된다. 참 허무하게 사는 어리석음이다. 반대로, 나쁜 것을 괜찮은 것인 줄 알고 사는 것도 어리석고 불행하다. 이 부부처럼 말이다.

엄청나게 높은 산을 힘들게 다 올라가서는 "이런, 이 산이 아닌가 봐!" 하는 일이 있어서는 안 되겠다. 평생 살고는 "어, 잘못 살았네!", "내가 몰랐네!" 하는 부부는 되지 말아야 한다. 서로 다름을 이해하지 못해서 서로 나쁘다고 싸우지는 말아야 한다.

산이야 잘못 올라갔더라도 다시 다른 산으로 가면 된다. 어느 정도 운동도 되니 작은 유익이라도 있다. 하지만 수십 년 산 부부가 "잘못 알았네. 잘못 살았네" 하게 되면 정말 큰 일이다. 다시 기회도 없다. 작은 유익조차도 없다. 사랑하는 사람에게 아픔을 주며 낭비한 삶이 된다.

통계청이 2023년에 조사, 발표한 '혼인·이혼 통계'에 따르면 50~60대의 황혼이혼 건수는 전체 이혼에서 43%나 된다. 이전에는 신혼 시기가 끝난 결혼 5~9년 차의 이혼이 가장 많았는데, 지금은 황혼이혼 비율이 늘어서 1위를 차지하고 있다. 60대의 이혼도 가파르게 증가하고 있다.

황혼이혼은 대부분 위의 노부부처럼 젊어서 서로 상처를 주는지도 모르고 살아온 것이 원인이다. 이런 상처와 스트레스가 누적되어 이제 자식들이 독립할 나이가 되니 부부가 갈라서는 것이다. 여기에 이혼은 하지 않지만 죽지 못해 평생 사는 가이혼(假離婚) 부부까지 합치면 정말 불행한 부부가 너무 많다.

　남편이 아내와 성관계할 때 아내가 여성임을 먼저 이해하고 배려하는 것이 특히 중요하다. 부부상담에서 아내들은 성관계에서 남편에게 상처를 많이 받으며 무척 괴롭다는 것을 공통으로 호소했다.

　성관계에서도 아내가 좋아하는 것을 잘 알아 섬겨야 한다. 아내가 힘들어하는 부분은 본인이 좋더라도 절제하거나 피해야 한다. 성의 친밀감을 위해 자세하고 깊은 대화를 해야 한다. 아내에게 무엇이 즐거운지, 무엇이 힘든지, 무엇을 원하는지, 어떻게 해 주면 더 좋은지… 자세히 성 대화를 하며 노력해야 한다. 전문가에게 부부 성 상담이나 부부 성교육을 받아서 배우고 알아야 한다. 잘못된 상식을 가지고 있으면서 잘 안다고 생각하며 살면 평생 아내를 괴롭히는 가장 어리석은 남편이 된다. 또한, 최근 부부 상담에는 아내의 잘못된 성 인식으로 인해 남편들도 상처와 억울함과 불만을 호소하는 경우가 늘고 있다.

　아내는 감정과 정서가 남편의 깊은 이해와 배려로 먼저 만족해야 몸이 열린다. 아내가 평소에 힘들고 어려워하는 것과 스트레스가 있는 부분을 잘 해결해야 한다. 아내들은 대체로 처가댁에 대하여 마음을 많이 쓴다. 따라서 처가댁을 잘 섬기면 아내들의 마음이 남편에게 호감으로 바뀐다. 남편이 성관계에서 아내가 남자와 많이 다른 것을 알고 적극적으로 배려하는 것이 상대 중심이다. 아내는 감정과 정서에서 남편이 나를 귀하게 여긴다고 느껴야 몸이 열려 성관계를 누리게 됨을 남편들은 잘 알고 배려하자.

상담 사례

아내는 제가 성관계를 하자고 하면 "내가 짐승이가? 피곤하다", "하고 싶지 않다"라고 합니다. 간혹 하더라도 "빨리 끝내라"라고 하고, 성관계 몰입하는 중에도 "내일 도배할 곳은 알아봤나?", "내일 카드값 내야 한다"라는 식으로 다른 이야기를 해서 나의 기분을 망칩니다.

이 고민은 부부 상담에서 매우 많이 접하는 갈등 중 하나이다. 어느 한쪽만의 잘못이 아니라 부부 쌍방이 노력해야 해결되는 문제이다. 남편이 노력할 것은, 성관계하기 전과 성관계하는 중에 먼저 아내를 이해하고 배려하는 것이다.

첫째는, 아내는 마음과 정서가 편안하고, 특히 남편에게서 진정한 사랑을 많이 느끼고 나서야 몸이 성적으로 열린다. 그러니 평상시에 남편은 충분히 아내를 사랑하고 귀하게 여겨야 한다. 자신을 귀하게 여긴다고 느끼지 못하는데 남편이 먼저 아내에게 성적 욕구를 풀려고 시도하면 안 된다. 그렇게 되면 아내는 성적 학대나 정서적 학대, 모독감과 수치감까지 느낀다. 곧바로 아내의 몸이 차갑게 닫히게 한다. 그러면 당연히 거절하게 된다. 어쩔 수 없이 하더라도 "빨리 끝내라"라고 차갑게 말하게 된다.

둘째로, 사실 아내는 너무 피곤하고 지쳐 있다. 육아나 가정의 일, 밖에 일, 시댁의 일…. 모두 대체로 남편보다 지친 경우가 많다. 심지어 아플 때도 많다. 그런 아내를 충분히 공감하고 배려하지 못하고 자기 욕구만 풀려고 한다는 느낌을 주면, 아내는 성관계에 너무 거부감이 들게 된다.

셋째, 아내는 성적 욕구가 남편보다 낮은 경향이 많다. 아내들의 90% 정도는 남편보다 1/4~1/10 정도로 성의 욕구가 적다. 그래서 성관계를 자주 하면 아내가 남편보다 힘들어한다는 것을 배려해야 한다.

넷째, 여자는 뇌량(腦梁, corpus callosum)이 남자보다 20% 더 크다. 그래서 동시에 여러 가지를 할 수 있는 멀티(Multi) 기능이 가능하다. 그래서 아내는 성관계 중에 다른 주제를 말하거나 즐겁지 않은 표정을 짓는 것이 가능하다. 남편과 성관계가 좋아도 동시에 다른 관심사를 드러내는 것이다.

아내들도 남편의 건강한 성 욕구를 자기 입장이 아니라 남편의 입장이나 특징에 맞게 배려하여야 한다.

첫째, 남편은 성적 욕구가 먼저 채워지면 대체로 정서적, 감성적으로 풀리는 특징이 있다. 그래서, 잘못하거나 부족한 것이 있어도 성적으로 만족하게 해 주면 아내가 바라는 섬김과 희생과 공감도 많아지는 남편이 된다.

둘째, 남편은 감정 표현능력이 부족하다. 그래서 남편이 성적인 요구를 하는 것은 아내를 사랑하는 마음을 가장 많이 표현하는 방법이라는 것을 아내들은 이해하자. 도리어 고마워하자.

셋째, 남편의 남성 호르몬과 성취나 해결 중심의 특징으로 인해 남편의 90% 정도는 아내보다 성관계 욕구가 4~10배 정도로 더 많다. 따라서, 성관계를 아내가 거부하거나 즐기지 못한다고 느끼면 아내보다 4~10배로 더 힘들고 기분이 나빠진다. 인격 모독이나 존재 자체를 거부당했다고 느낀다.

넷째, 남자는 뇌량이 여자보다 20% 작다. 그래서 멀티(Multi) 기능이 되지 않는다. 한 번에 한 가지만 가능하다. 한 가지에 집중해서 쭉 잘하는 것은 뛰어나나, 여러 가지를 동시에 하는 것은 대체로 힘들다. 여자는 무려 5~7가지도 동시에 가능하다. 그런 남편에게 성관계 중에 다른 주제를 말하거나 즐겁지 않은 표정을 짓는 것은 남편의 성적인 흥분을 깨트리는 나쁜 결과를 가져온다.

3. '무책임'에서 '좋은 리더'로 환승하라

> **상담 사례**
>
> 아내는 걱정과 염려가 많습니다. 걱정해도 소용도 없을 것까지 너무 걱정이 많고, 불안 정도도 높습니다. 특히 자녀에게 유난히 집착합니다. 아내가 불안하고 걱정할 때 도와주려고 "여보, … 해라"라고 해결 방법을 알려도 줬습니다. 그러면 아내는 고맙다고 하기는 고사하고 자기 마음도 이해하지 못한다고 섭섭해합니다.
>
> 해결해 주려고 애를 써도 만족하지 못하는 아내가 이해가 안 됩니다. 이젠 아내가 불안이나 걱정을 털어놓으면 스트레스가 더 됩니다. '뭘 어떻게 해야 하나?' 하며 끝없는 터널을 지나는 것만 같습니다. 도와주세요.

좋은 리더인 남편이라면 걱정과 염려를 많이 하는 아내를 먼저 적극적으로 공감해 준다. 아내가 하는 걱정과 불평, 잔소리는 모두 지금 아내가 힘들다는 아우성이다. 아내가 많이 지쳤다는 것을 말한다. 특히나 불안해한다는 것이다.

강아지가 유독 세게 짖는 것은 자기가 상대보다 약하고 불안하다고 느끼기 때문이다. 아내가 유난히 걱정을 많이 하거나 불평을 말한다면 지금 아내가 매우 불안하고 힘들다는 것이다. 이것을 먼저 잘 공감해 주는 것이 좋은 남편의 리더십을 발휘하는 것이다. 아내가 걱정과 염려, 불평, 잔소리 등을 하는 것을 표독스럽거나 강하다고 생각하지 말자. 반대로 아내가 지금 힘들고 불안해한다는 것을 잘 알아주며 공감해 준다면 프로 남편이다. 반대로 아내의 걱정과 화와 잔소리를 회피하거나 비판하고 공격한다면 아마추어 남편이다.

아내는 보호받고 싶고 이해와 위로를 받고 싶어서 남편에게 걱정을 말했다. 그렇지만 남편에게 너무 기대했는데 공감을 못 받으니 속상하고 힘들어서 불안을 드러내는 것을 수용하자.

아내가 지나치게 착한 것, 일방적으로 헌신한 것으로 인해 억울함을 호소하는 것이 소극적으로는 걱정이다. 적극적으로는 불안과 잔소리이다. 아내는 타인에게는 착하게 희생하고 양보만 하지만, 가장 가까운 남편에게는 편하게 자신의 힘듦을 표현하는 것이다. 게다가 아내들은 완벽주의와 강박적 경향까지 합쳐서 반응하는 경향이 있다. 아내들은 그래도 남편이 내 편이라고 믿기 때문에 그렇게 한다. 걱정과 불안과 실망과 불평을 자주 표현한다.

이렇게 여러 번 시도해도 남편이 적극적으로 공감하지 않으면 더 힘들어지면서 먼저는 수동적 공격으로 전환한다. 남편들이 겉으로 폭력성이 드러난다면, 아내들은 속으로 폭력성이 드러나는 수동적 공격을 남편에게 한다. 지연, 유보, 무응답, 포기, 무반응, 무력함, 우울함, 거절, 자기 몸이 아픔, 불면, 소화불량, 거친 피부, 어두운 얼굴, 성의 거절… 등이다. 그다음으로는 적극적으로 욕과 비난과 폭력성을 드러내고 남편 자체를 거절하게 된다.

좋은 리더십의 남편은 아내의 걱정과 불안에 비판이나 회피를 내려놓고, 해답을 먼저 제시하는 것도 내려놓고 다음과 같이 솜이불 같은 수용을 한다.
"여보, 화내도 괜찮아."
"여보, 울어도 괜찮아."
"힘들면 힘들다고 해!"
"못 하겠으면 못 한다고 해."
"당신이 하던 것 중에 힘든 것 부탁해도 돼."
"당신 속상한 것 맘껏 이야기해도 돼."

남편은 남자의 특징인 책임감을 잘 감당할 때 더 행복하도록 창조되었다. "아담아! 에덴을 잘 관리하라"라고 하나님이 아담에게 말씀하셨다. 그 후손인 남편도 책임을 잘 감당하고 존경까지 받으면 행복해진다.

그래서 남편은 대체로 직장에서는 그 뛰어난 책임성이 너무 심할 만큼 잘 발휘가 된다. 그러나 어찌 된 영문인지 집에서 아내에게는 너무 '무책임'해지는 남편들이 많다. '좋은 리더'가 아닌 남편들이 많다. 남편이 집에서도 책임감을 잘 발휘해야 한다. 좋은 리더인 '책임감 있는 남편 되기' 5가지를 소개한다.

| 좋은 리더 하나, 좋은 아버지가 돼라 |

남편이 좋은 아버지가 되는 것이 아내들의 큰 소원 중 하나이다. 아내를 향한 사랑과 똑같은 사랑으로 좋은 아버지가 되는 남편을 좋아한다. 집안일 여러 가지를 돕는 것보다 자녀에게 좋은 아버지 되기를 애쓰는 것을 더 좋아한다는 것을 33년간 아내들을 상담하면서 발견했다.

아내들은 자녀에 대한 불안이 남편보다 10배 가까이 높았다. 그런 아내에게 남편이 자녀 훈육을 잘하고 종종 자녀 양육도 일부 해 준다면, 아내는 남편이 집안일 해 주는 것보다 짐을 더 크게 덜어 주었다고 생각한다. 자녀 양육은 사실 아내가 좀 더 탁월하다. 그래서 남편이 열심히 도와주는 구조가 조금 더 효과적이다.

하지만 자녀를 훈육하고 놀아 주는 것은 남편이 아내보다 더 주도적으로 하면 좋다. 자녀 양육과 집안일을 반반씩 하려고 애쓰기보다는, 일 특성상 더 잘하는 사람이 더 많이 하는 것이 좀 더 효율적이고, 각자도 덜 힘들다. 대표적으로 자녀 훈육, 놀아 주기 쪽은 엄마보다 아버지가 더 담당하면 효과가 좋다. 엄마는 자녀 양육과 수용하기, 공감해 주기를 더 하면 좋다. 중요한 것은, 서로를 위해 헌신하고 더 많이 하려고 하는 마음의 동기이다. 적게 하기 위한 몸부림이라면 이미 사랑이 아니다.

심리학자와 교육학자들의 연구에 따르면 아버지를 존경하는 아이들은 중독에서도 자유롭다. 학교 적응도 잘한다. 일반적으로 학습 능력도 더 뛰어나다고 발견되었다. 자존감도 더 높다. 대인관계도 더 뛰어나다. 훈육은 어머니보다 아버지가 하는 것이 효과가 더 높다고 교육학자들은 말한다.

유대인 중에 선한 영향력을 끼치는 인물이 많이 배출되는 현상의 배후에는 아버지의 좋은 교육이 자리하고 있다. 유대인은 아버지가 자녀 교육의 중심에 서서 신앙 교육을 한다. 아버지가 주도하는 가정예배가 중심에 있다. 아버지가 물려주는 신앙 유산이 있다. 유대인 아버지는 밥상머리 교육을 한다. 성경책과 다른 좋은 책을 아버지가 많이 읽어 준다. 자녀와 깊은 대화를 아버지가 많이 한다. 현용수의 말에 따르면 유대인들은 하브루타식 교육으로, 질의·토의·협의를 위주로 아버지가 주도적으로 교육한다. 아울러 아버지를 좋아하게 되면 논리력과 집중력과 자기 관리력이 늘어나 학습 능력이 뛰어나며 지능도 높아진다고 했다.[1]

남편이 좋은 아버지가 되어 주니 아내의 자녀 훈육에서 많은 불안과 염려가 해결된다. 그렇게 되면 얼마나 남편이 고맙고 존경스럽겠는가? 남편

---

[1] 현용수, 《하브루타 유대인 아버지의 IQ 교육》(서울: 쉐마, 2022), 63, 101, 109, 163, 208-211.

이 집안일을 많이 하는 것도 고맙다. 하지만 자녀에게 좋은 아버지가 되어 준다면 집안일에 부족해도 불만이 없는 아내가 대부분일 것이다.

자녀에게 좋은 아버지는 엄마와 친밀하게 잘 지내는 것을 보여 주는 아버지이다. 3살부터 초등학교 3학년까지 집중적으로 자녀와 놀아 주어 자율성을 높이는 것이 좋은 아버지이다. 초등학교 4학년부터 중학교까지 대화를 많이 하고, 같이 체험이나 여행을 많이 해 주는 아버지가 좋은 아버지이다.

남편이 좋은 리더십을 드러내어 사명을 잘 감당해야 좋은 아버지가 된다. 사회와 나라에 의미 있는 봉사를 하고 헌신하는 아버지의 삶을 자녀에게 보여 주는 것이다. 그러면 자녀도 의미 있고 사명 감당하는 삶을 살게 될 것이다. 또한, 남편은 아버지로서 신앙적으로도 모델이 되어 주어야 한다. 아버지 본인이 먼저 하나님의 좋은 아들로 살아가는 성숙한 모습을 보여 주어야 한다. 좋은 아버지가 되어 주는 남편을 아내들은 존경하고 사랑한다.

| 좋은 리더 둘, 지구를 구하는 사람이 돼라 |

남편은 보통 사람인데 지구를 구하는 사람이 되라는 것은 '슈퍼맨'이 되라는 말인가? 그 말이 아니다. 아내와 자녀에게 돈벌이를 위해서만 직장생활을 하는 사람이 되지 말라는 것이다. 즉, 돈의 노예, 쾌락과 즐거움만 쫓아다니는 허무하고 작은 사람의 인식을 주지 말라는 것이다. 사람을 돕고 세상에 선한 영향력을 끼치는 큰 사람으로 살아가라는 것이다. 자연과 세상에 좋은 영향력을 끼치라는 것이다. 그러면 좋은 리더로 존경과 인정을 받는다. 이것이 지구를 구하는 진정한 슈퍼맨이 아니고 무엇인가? 좋은 남편과 좋은 아버지의 큰 요소는 바로 지구를 구하는 멋진 삶을 사는 것이다.

첫째는, 돈보다 큰 사람이 되자. 직업이나 하는 일로 사람을 돕고 자연을 살리고 잘 관리하자. 그래서 세상을 구하는 사명을 감당하는 사람으로 살자. 그러면 아내와 자녀가 인정하게 된다. "돈 벌고 올게"라는 평범한 말 대신 "지구를 구하고 올게"라고 멋지게 말하자.

둘째는, 좋은 사회인이 되자. 직장과 사회에서도 존성받고 헌신하는 책임 있는 사람이 되자. 자연도 잘 돌보고 이웃을 잘 섬기는 선한 영향력을 끼치자. 그러면 하나님 나라를 세상에서도 이루는 큰 사람이 된다. 이런 삶은 분명 자녀와 아내에게 지구를 구하는 슈퍼맨 같은 큰 존재로 인정받게 한다. 가정에서도 든든히 지붕이 되는 남편과 아버지가 된다. 자연스럽게 아내와 자녀에게 비바람을 막아 주는, 존경받는 리더가 된다.

셋째는, 대인관계를 잘하는 사람이 되자. 대인관계 잘하는 남자를 자녀와 아내가 존경한다. 그렇게 하려면 성품과 인품이 매력적이며 예수님을 닮아야 한다. 대인관계에서 차별이 없으며 약속을 잘 지키는 사람이 되자. 친절하고 성실하고 긍휼이 많은 사람이 되자.

아내와 자녀는 의미 있게 살아가고 좋은 사회인으로 살아가는 이런 남편과 아버지를 뜨겁게 존경한다. 아버지가 사회와 직장, 교회에서 자기 역할을 하지 않으면서 자녀에게 바른 훈육을 한다고 나서면 안 된다. 아내에게 인정해 달라고 할 수 없다. 그런 남편과 아버지의 말에는 능력도 없고 권위도 없다. 효과도 없다. 자녀는 속으로 '아버지나 잘 사세요' 하고, 아내는 '너나 잘하세요'라고 생각하게 된다. 특히 자녀가 사춘기가 지나면 더욱 이런 아버지의 말은 듣지 않게 되고 불순종하게 된다.

남편은 사명을 감당하며 지구와 사회와 나라와 자연과 사람을 두루 구하는 사람이 되어야 한다. 큰 삶을 살아야 한다. 이렇게 남편이 좋은 사회인이 되어 살아가면 가정에 좋은 리더로 자연스럽게 자리를 잡는다. 아내와 자녀는 든든한 지붕 아래 있는 안정감으로 남편과 아빠를 저절로 존경하게 될 것이다. 가정에서도 하나님 나라를 이루어 내는 신앙의 성공자인 남편으로 만족하게 될 것이다.

"느그 아버지 뭐 하시니?"라고 물을 때 "예, 지구를 구하고 있습니다"라고 말하게 하자. "너희 남편은 뭐 하는데?"라고 아내 지인들이 물어 올 때 "예, 우리 남편은 하나님의 나라를 이루고 확장하고 있습니다. 지구를 구하고 있습니다"라고 말하게 하자. 지구를 구하는 남편이 좋은 리더이다.

| **좋은 리더 셋, 책임감으로 빛나라** |

좋은 리더는 햇빛 때문이 아니라 책임감으로 빛이 난다. 책임감이 좋은

남편은 다른 사람보다 아내를 가장 좋은 친구로 대한다. 친밀하게 대한다. 결혼할 때 한 언약을 책임지며 이루어 낸다.

하지만, 남편이 남들에게는 잘하는데 자기 아내에게는 나쁜 친구가 되어 있는 경우가 너무 많다. 이것은 바른 책임감이 아니다. 비겁한 배반이다. 결혼 때 책임지기로 한 '부부 언약'과 '결혼 언약'을 소홀히 하는 것이다.

아내가 독박으로 육아와 양육을 하게 하는 것은 대표적인 무책임이다. 본가에는 신경을 많이 쓰면서 처가댁에는 무관심한 것이 무책임이다. 이 2가지는 아내를 매우 외롭게 한다. 상처받게 한다. 무시당하는 느낌을 준다.

좋은 남편은 아버지로서 자녀 훈육에 적극적으로 가담한다. 70% 정도의 주 훈육을 감당해야 아버지의 책임을 지는 것이다. 많은 남편이 자녀 교육, 특히 훈육 부분을 너무 아내에게만 맡긴다. 아내가 자녀 양육과 훈육 두 가지 모두 감당하게 하여 너무 지치게 한다. 참으로 무책임한 남편이다. 남편이 자녀 훈육을 많이 감당해 주면, 아내가 엄마로서 양육과 돌봄을 더 잘 감당하게 된다.

아내의 건강과 정신적인 힘듦을 잘 헤아려서 살피고 해결해 주어야 한다. 정기 건강검진을 통해 수시로 아내의 건강을 관리해 주는 것이 좋다. 아내가 아프거나 힘들어할 때 바로 점검하고 해결해 주자. 아내가 집안일이 너무 많고 힘든 것, 자녀 육아가 너무 힘든 것, 직장생활에서 너무 힘든 문제는 잘 협의하여 적극적인 공감을 넘어서 해결도 해 주는 책임감을 가져야 한다.

경제적으로도 남편이 아내보다 더 적극적으로 감당하려고 애써야 한다. 양가 부모에게 돈을 의지해서는 안 된다. 아내에게도 될 수 있으면 의지하지 말아야 한다.

영적으로도 남편이 리더가 되어야 한다. 남편은 가정의 제사장이다. 그러니 말씀과 섬김과 기도로 잘 훈련받고 이끌어가는 책임을 져야 한다. 남편이 이런 종류의 책임감으로 빛나게 되면 햇빛보다 더 밝은 좋은 리더가 된다.

| 좋은 리더 넷, 거울 같은 남자가 돼라 |

남편은 거울 같은 남자가 되어야 한다. 거울 같은 남자는 아내가 볼 때 속이 시원한 남자를 말한다. 거울 남편의 실천 방법을 몇 가지 말해 본다.

남편은 아내에게 정직하고 솔직한 내면을 보여 주어야 한다. 도피나 회피, 얼버무리기, 핑계, 거짓말, 과장, 왜곡 등을 하지 않아야 한다. 아내들은 남편과 솔직하게 깊은 속마음을 잘 나눌 때 더 행복하다. 전문가들이 조사한 아내의 소원 3위가 정직한 남편이라는 것이 이것을 반영한다. 아내들은 정직하고 투명한 남편을 좋아하고 존경한다. 남편은 아내에게 잘못한 것이 있으면 투명하고 솔직하게 사과해야 한다. 자녀에게도 사과하기를 망설이지 말아야 한다.

남편은 감정이 투명해야 한다. 그러기 위해서는 아내에게 바라는 것을 비폭력 대화로 잘 요구하는 젠틀맨이 되어야 한다. 아내의 인격을 모독하거나 비판하고 정죄하지 않으면서도 자기 입장으로 잘 요구할 수 있어야 한다. 변명하거나 회피하지 않고 자기 문제를 정직하게 직면하는 남편이 좋은 리더이다.

남편은 감정이 투명하기 위해 노력해야 한다. 감정 표현을 다양하고 깊게, 정확하게 하자. 아내 감정도 잘 이해하고 공감하자. 평소에도 '감정 카드'를 이용하여 대화하며, 감정 단어를 많이 익히고 많아지게 하자. 인문학 책을 많이 읽어 감정 표현에 달인이 되자. 다양한 문화 활동과 묵상과 명상을 통해 통찰력이 깊은 감정 단어를 잘 익히고 사용하자.

특히 성령으로 충만하라. 하나님 나라의 언어로 감정을 더욱 생기있게 표현하고 누리게 될 것이다. 이런 노력은 남편들에게 분명 감정 단어를 많이 알고 사용하게 한다. 그래서 감정이 투명하고 풍성한, 거울 같은 좋은 남편이 되게 한다.

| 좋은 리더 다섯, 자기 관리력이 좋아지게 하라 |

남편은 자기 관리력이 좋아야 좋은 리더이다. 성숙한 사람의 특징은 자기관리를 잘한다는 것이다. 자기 행동, 감정, 생각을 기복 없이 잘 통제하고 절제한다. 우선순위를 잘 정하고 그렇게 살아간다. 시간과 물질도 잘 관리한다. 사명 선언문도 잘 수립하고, 그것에 맞게 잘 계획하여 의미 있

는 삶을 살아간다. 가정에서도 아빠의 책임, 남편의 책임을 위해 자신을 잘 관리한다.

자기 감정과 자기가 사용하는 말을 잘 관리하는 좋은 남편이 좋은 리더이다. 욕이나 거친 말을 함부로 하면 미성숙한 사람이다. 또한 자기 관리력이 부족한 사람이다. 감정 기복이 많은 것, 쉽게 상처받는 것, 지나치게 분노하는 것, 지나치게 좌절하는 것은 모두 자기 관리력의 부족을 드러낸다. 자기관리를 잘하는 남편을 아내와 자녀는 존경한다. 좋은 리더로 여긴다.

남편은 유혹에서도 자기를 잘 관리해야 한다. 스마트폰이나 성적 유혹, 돈의 유혹, 술과 담배, 도박, 낭비 등의 유혹을 물리쳐야 한다. 그래야 자녀들도 자기조절을 잘하는 자녀로 자랄 것이다. 스마트폰 중독, 성중독, 도박중독, 마약중독이 지금 시대에는 너무나 많다. 특히 청소년 중독자들이 빠르게 늘어나고 있다.

상담 사례 중에 자기 조절력이 많이 결핍된 청소년들이 놀랍게도 모두 아버지를 존경하지 않는다는 공통점이 있었다. 그렇다. 자녀는 아버지가 자기 관리력이 좋을 때 바른 리더십을 쉽게 배운다. 자기 관리력도 좋아진다. 결국, 아버지를 존경하는 자녀, 자기 관리력이 좋은 아버지에게 영향을 받은 자녀가 학교 적응 능력과 대인관계, 공부에 대한 집중력도 더 좋은 경향을 보였다.

이렇게 자기 관리력이 매우 중요하다. 좋은 리더인 남편, 좋은 리더인 아버지는 반드시 자기 관리력이 좋아야 한다.

여보 '내'가 다 잘못입니다

— 서상복

당신 지적하며 본 손가락 네 개가
'내'가 잘못이라 자백합니다.

여보 '내'가 다 잘못입니다.
당신 다 이해하지 못한 것
당신을 주님처럼 사랑하지 못한 것
당신 눈물 온전히 울어 주지 못한 것
당신 웃음에 춤춰 주지 못한 것
당신 피곤하게 살게 한 것
당신 말한 것 반도 잘 바꾸지 못한 것.

다만, 예수님만 전부 옳습니다.
자신을 내게 주신 놀라운 은혜
나를 싫어하신 적 없으신 하늘 사랑
예수님만 전부 옳습니다.

여보, 당신도 한 가지는 잘못했구려
딱 한 가지 잘못하긴 했구려
저를 선택하고 사랑한 것.

2023. 6. 2. 아내가 잘 바뀌지 않는 나를 힘들어하는 걸 보면서 쓰다.

4. '결핍'에서 '풍성함'으로 환승하라

> **상담 사례**
> 아내는 친정에서도 다른 사람들에게 착한 여자이고 좋은 사람입니다. 하지만 유난히 시댁 가족을 힘들어합니다. 제가 볼 때 별것 아닌 일로도 예민하고 힘들어합니다. 특히 내가 어머니께 효도하는 것을 제일 불편해합니다. 무슨 불효를 하는 아들이기를 바라는 것도 아닐 텐데, 아내가 왜 이럴까요? 저는 이제 부모님 집에 가면 아내 눈치를 자주 보게 되었습니다. 저는 어떻게 처신하면 될까요?

부부상담에서 남편의 이런 불만을 자주 확인한다. 아내가 남편의 효도를 불편해하는 이유는 무엇일까?

하나, 평소에 남편이 아내를 최우선 순위에 두지 않았기 때문이다. 아내는 남편이 평소에 아내인 자기를 제일 소중하게 여기지 않아 섭섭했다. 그러다가 시댁에 가서 시부모를 소중히 대하는 남편의 행동에 아내인 자기를 가볍게 여기는 느낌이 들어 초라한 마음이 든다. 불편해진다. 남편이 시어머니나 시아버지, 또 형제자매를 아내인 자기보다 더 중요하게 여기는 것이 섭섭한 것이다. 남편의 효도가 섭섭한 것은 아니다. 아내의 힘듦, 어려움, 기쁨, 소원 등은 배려하지 않으면서 시댁에 효도를 강요하는 것으로 느껴지기 때문이다. 그러면 아내는 자신이 남편에게 제일 중요한 사람으로 여겨지지 않고 시부모나 자기 형제를 위하는 역할로만 강요당한다고 여겨져 마음이 힘들게 된다.

둘, 시어머니가 며느리(아내)를 잘 배려하고 귀히 여기지 않기 때문이다. 딸이라면 시키지 않을 일을 며느리라고 요구한다면 며느리는 당연히 불편할 것이다. 특히 아들을 더 챙기고 이해하면서 며느리는 홀대하고 함부로 대한다면 더욱 시댁이 불편해진다.

셋, 남편 스스로가 행복하지 않고 불행하기 때문이다. 남편 스스로 영적 결핍으로 생긴 불만과 스트레스를 아내에게 지나치게 의존하여 해결하려 할 때 아내는 힘겨워진다. 이런 상태에서 아내는 시댁은 물론 남편 자체를 불편하게 느끼게 된다.

| 좋은 신앙으로 풍성하라 |

좋은 신앙을 남편이 풍성하게 누리면 아내와 자녀들은 안정이 된다. 가정의 지붕이 든든하다고 여기기 때문이다. 그러면 하나님 나라 복을 온 가정이 누리게 된다. 남편은 낮은 자존감과 과거의 상처 받은 것의 미해결을 다른 것이나 다른 사람이 아닌 십자가 복음으로 먼저 충분히 채워야 한다. 쾌락, 오락, 성공, 아내와 자녀로는 채울 수가 없다.

하나님이 맡기신 사명으로 만족하자. 그러면 아내를 믿거나 의지하기보다는 섬기고, 돕고, 사랑만 여유 있게 하는 좋은 남편이 된다. 아내에게도 기대하지 말고 사랑만 하자. 남편이 먼저 말씀으로 충만하고 성령으로 충만하여 행복한 사람이 되자. 그러면 아내와 자녀에게 리더십 있고 건강한 권위가 있는, 좋은 남편과 아빠가 될 것이다.

남편이 영적 결핍에서 좋은 신앙으로 풍성해지면 아내와 자녀에게 예수님처럼 존경받게 된다.

사명으로 풍성하라

남편들이여! 존경받는 삶을 살자. 사명을 풍성하게 감당하며 의미 있게 사는 남편이 되자. 그렇게 하면 아내는 그 남편 날개에 깃들 것이다. 사명을 풍성하게 살아내는 남편만이 아내의 사명도 찾아 주는 여유 있고 좋은 남편이 된다.

고혜경에 따르면 '선녀와 나무꾼' 이야기에서 나무꾼 신랑은 못난 남편이었다[1]. 무능력하여 사명감 없이 살았다. 먹고 사는 것에만 몰두해서 나무만 하며 의미 없이 견디는 삶을 살았다. 무책임한 삶이다. 선녀의 수준에 맞게 남편 자신이 발전하려고 노력하지 않았다. 아내인 선녀를 가정부로만 대했다. 아내가 선녀의 정체성을 가지고 자기 적성에 맞게 살도록 돕지 않았다. 아마 그래서 선녀는 날개옷을 찾으려고 애썼고, 이 땅의 삶이 만족스럽지 않아 하늘로 올라갔을 것이다. 아내는 삶이 지긋지긋했을 것이다. 지금도 선녀와 나무꾼 같은 부부가 너무 많다.

남편들이여, 아내가 지금 날개옷을 찾고 있지는 않은지 살펴보자. 훌훌 날아가지 않도록, 이 땅의 삶에도 만족하도록 남편이 잘해 줘야 한다. 날개옷을 찾더라도, 남편이 좋아서 입고 날아가지 않도록 하자. "당신이 있는 곳이 하늘이야"라는 말이 나오게 하자. 그렇게 하려면 남편은 존경받는 삶을 살아야 한다.

남편이 사명을 잘 감당하는 삶을 살아야 아내에게 존경받는다. 아내는

---

[1] 고혜경, 《선녀는 왜 나무꾼을 떠났을까?: 옛이야기를 통해서 본 여성성의 재발견》(서울: 한겨레출판사, 2006), 131–137.

하나님 나라를 구하고 하나님께 영광 돌리는 남편을 존경한다. 공동체와 사회와 나라를 위해 헌신하고 기여하는 남편을 존경한다. 가정은 물론이고 교회나 사회, 직장에서 봉사와 헌신의 삶을 사는 아버지를 자녀는 존경한다.

감정 표현이 다양하고 풍부한 남편이 되자. 친절하고 배려심이 많으며 유머가 풍부하고 긍정적인 남편이 되자. 음악이나 악기를 다루는 풍부한 감성도 개발하자. 감정 카드로 감정 단어를 다양하고 폭넓게 많이 사용하는 좋은 대화를 하자.

남편은 자기중심성을 내려놓자. 아내 중심적으로 이타적인 마음으로 살아가자. 아내가 기꺼이 존경할 것이다. 남편을 존경할 때 아내 자신도 가장 행복하다.

| 아내에게서 하나님 모습을 풍성히 보라 – 아내를 하나님의 딸로 대하라 |

사위들은 연애할 때 장인어른에게 잘 보이려고 세상에서 가장 젠틀(gentle)해진다. 가장 친절하고 공손해진다. 결혼할 예비 신부에게도 순교의 각오로 잘한다.

놀랍게도 하나님이 남편에게 이렇게 부탁한 것을 알아야 한다.

"사위! 너의 아내는 내 딸이다. 그러니 귀하게 여겨 다오. 괴롭히거나 상처 주지 말아라. 나 여호와를 대하듯 귀하고 친절하게 잘 대해 주게나."

이것이 남편이 결혼한 아내의 실체이다. 하나님은 당신의 딸인 아내를 남편이 잘 대해 달라고 장인처럼 부탁하신다. 하나님의 딸인 아내를 하나님처럼 존귀하게 여기고 최우선으로 대하는 것은 당연한 영적 원리이다. 아내에게서 하나님의 모습을 풍성히 보라는 것이다. 이는 남편에게도 영적 성장과 영적 유익을 가져온다.

남편들이여, 그대의 직분 중에 하나님의 딸을 사랑하고 섬긴다는 영광스러움이 있는가? 부족한 아내여도 귀하게 여기고 최대로 아끼고 위해야 하는 이유가 하나님의 딸이기 때문이라는 것을 아는가?

바울은 독신임에도 결혼의 놀라운 진수를 가르쳤다.

"그리스도께서 교회를 위하는 것과 같이 남편들아 아내를 사랑하라!"
"남편들이여! 그리스도께서 십자가에서 아내를 딸로 구원하고 끝까지 사랑하시는 것과 같이 이제 남편 당신도 아내에게 그렇게 하십시오!"

이제 장인어른처럼 하나님께서 가장 아끼는 딸을 아내로 주었다. 그러니 남편인 당신이 아끼고 귀하게 여길 차례이다. 남편 여러분이 이제 아내를 하나님의 딸로 여기고 하나님의 사위 같은 역할도 잘하자. 그런 자부심으로 살자. 부부의 생활이 달라질 것이다.

아내의 잠자는 모습을 보면서 나는 참으로 큰 은혜를 누린다.

"하나님의 딸이 자고 있네. 아내를 더 귀하게, 하나님처럼 여겨야겠다."

| 예수님을 대하듯이 아내를 풍성하게 대하라 |

　예수님을 대하듯이 남편이 아내를 대하는 것에 풍성해지자. 그러면 많은 문제가 해결된다. 이것은 부부가 서로 존중하고 귀하게 여기는 일에 매우 중요한 원리이다.

　성령이 충만하면 예수님의 따스한 하나님 나라 시선으로 아내를 보게 된다. 그러면 아내가 예수님의 영적 신부라는 것을 알게 된다. 예수님의 신부인 아내를 존귀하게 여기는 것은 당연한 일이다. 결국, 나도 예수님의 신부가 되지만 동시에 아내도 예수님의 영광스러운 신부임을 믿게 되니, 예수님을 대하듯 아내를 대하게 된다. 아내를 함부로 대하는 것은 예수님의 신부를 함부로 대하는 것이다. 그것은 예수님을 거부하고 싫어하는 것과 같은 큰 잘못이다. 예수님을 사랑하는 만큼 예수님의 신부인 아내를 예수님처럼 대하고, 예수님처럼 아끼게 된다.

　남편이 아내에게 머리로 대우받는 방법이 있다. 먼저 아내를 예수님 대하듯 존중하고 귀하게 여기는 것이 풍성해야 한다. "남자는 하나님의 영광이니"(고전 11:7)라고 했다. 남편이 하나님의 영광이라는 것은 아내에게 자랑하고 잘난척하라는 말이 아니다. 도리어 남편은 예수님의 선하심, 인품, 조건 없는 사랑, 자비, 친절을 아내에게 부지런히 드러내라는 것이다. 그래서 아내가 남편을 예수님인 줄 착각하게 되어 하나님의 영광을 나타내라는 것이다.

　아버지로서 매일 자녀의 머리에 손을 얹고 기도를 해 주자. 기도 후 이마에 뽀뽀나 포옹도 자주 해 주자. 남편으로서 매일 아내를 위해 저녁 잠자리에서 이불 기도를 해 주자. 고단한 아내의 삶을 덮어 주는 축복의 이불 기도를 해 주자. 가정예배를 솔선해서 잘 드리는 일에도 앞장서자. 아내와 자녀가 스스로 잘 살도록 용기를 주고 격려하며 사명과 기쁨이 넘치도록 해 주는 재(再)창조자가 바로 남편이다. 바로 아버지 역할을 하는 것이다.

남편은 예수님처럼 십자가를 묵묵히, 호들갑 떨지 않고 잘 감당하는 인내와 집중력과 책임감을 느끼자. 남편은 예수님이 '나사로'의 무덤 앞에서 '마르다'와 '마리아'를 위해 울어 주시는 그런 따스한 눈물을 아내와 자녀 앞에서 자주 흘리자. 한센병 환자를 보고 긍휼히 여겨 만져 주시는 예수님의 긍휼로 아내와 자녀들의 몸과 마음을 모두 만져 주어야 한다. 자녀들을 사랑하여 같이 놀아 주어야 한다. 봄보다 따스하게, 여름보다 뜨겁게 친절과 온유함을 자녀에게 나타내야 한다.

이렇게 예수님을 대하듯 아내를 대하면 틀림없이 부부에게 하나님 나라가 넉넉히 이루어질 것이다. 아내가 매우 행복해하는 것을 흐뭇하게 보게 되는 행복한 남편이 될 것이다.

"주 예수와 동행하니 그 어디나 하늘나라~"
"내 아내와 동행하니 그 어디나 하늘나라~"

| **좋은 남편이 누리는 자유** |

아내를 잘 섬기고 하나님을 잘 경외하는 남편이 누리는 혜택이 있다. 바로 남자에게 임한 저주를 풀고 온전한 자유를 누리게 되는 것이다. 창세기 3장에서 아담으로부터 시작된, 남자에게 내린 저주에서 남편은 자유롭게 된다.

하나님의 뜻을 따라 살아가는 남편의 가장 큰 복은 일과 돈보다 큰 남자가 되는 것이다. 진정한 성취감으로 만족하고, 인정을 받아 만족하게 된다. 아담 이후 남자인 남편은 땀 흘려서 일하는 고통에서도 어느 정도 자유롭게 된다. 사명으로 인해 돈과 직장보다 큰 초월성을 가지게 된다. 바울처럼 생명을 아끼지 않는 사명의 크기를 누리기 때문이다. 존재나 생명보다도 더 큰 남자가 된다. 사람을 살리는 사람, 하나님 나라를 드러내고 전하는, 엄청나게 크고 위대한 사람이 되는 것이다.

하나님의 뜻을 따라 살아가는 남편은 땅에서 엉겅퀴를 내는 힘듦에서도 자유롭게 된다. 60배, 100배의 열매를 거두며 성취감을 온전히 누리게 된다. 남자는 성취감과 해결 욕구와 인정 욕구로 산다. 하지만 하는 수고에 비해 엉겅퀴가 생기고, 망하거나 실패하는 경우가 많다. 남자는 이것이 불행이다. 남자들의 자살 원인 1위가 대인관계가 아니라, 부도나 망하거나 승진 실패나 지나친 빚에 쪼들리는 것이다. 하나님을 경외하며 좋은 남편으로 살아가는 남자들은 만족스럽지 않은 결과에서도 자유롭게 된다. 결과를 하나님께 맡기게 되는 여유가 생긴다. 또한, 결과가 선한 열매를 맺어서 좋은 경우도 늘어난다.

하나님의 뜻을 따라 살아가는 남편은 복의 통로가 되어 참 자유를 느끼게 된다. 아브라함에게 "복이 돼라!"라고 선언하신 것과 같다. 남편은 복의 통로, 복 자체가 되는 놀라운 자유와 풍요가 있게 된다. 하나님을 경외하며 좋은 남편으로 살아내면 선한 영향력을 끼쳐 하나님 나라를 흘리게 된다. 최고의 행복과 자유를 누리게 된다.

하나님을 경외하고 좋은 남편으로 살면 자연이 회복되는 자유도 누리게 된다. 땅이 저주받은 것도 해결된다. 자연과 문화를 잘 다스리는 선한 영향력을 발휘하게 된다.

영생을 얻고 '이미', '오늘' 하나님 나라를 풍성하게 누리는 것은 당연한 큰 은혜이다. 세상이 주지 못하는 평안도 이루어진다. 상처, 열등감, 불안, 죽음과 저주, 심판의 문제가 해결된다. 아내를 잘 섬기고 하나님을 잘 경외하는 남편에게는 온전한 자유가 있다.

5. 좋은 남편, 이렇게 하면 된다

| 남편 플랫폼 환승 티텟 4장 적용 – 좋은 남편의 20가지 체크리스트 |

남편 플랫폼 - 좋은 남편의 20가지 체크리스트 -

1: 전혀 아니다. 2: 대체로 아니다. 3: 보통이다. 4: 대체로 그렇다. 5: 매우 그렇다.

플랫폼	실천 내용	체크				
소중하게 대하라	① 나는 모든 것, 어머니, 자녀보다 아내를 1순위로 하고 있다.	1	2	3	4	5
	② 나는 아내를 중요한 날에 기쁘게 하려고 애를 쓴다.	1	2	3	4	5
	③ 나는 아내 말을 끝까지 듣고 공감한다.	1	2	3	4	5
	④ 나는 아내가 힘들어하는 일이나 바라는 소원을 잘 알고 해결해 주려고 애쓴다.	1	2	3	4	5
	⑤ 나는 아내의 충고나 부탁을 잘 수용하려고 한다.	1	2	3	4	5
	⑥ 나는 바깥에서 남을 대하는 것과 아내를 대하는 친절함에 차이가 없다.	1	2	3	4	5

아내 중심	⑦ 나는 아내 스스로 행복하다고 말하도록 노력한다.	1	2	3	4	5
	⑧ 나는 아내의 슬픔, 기쁨, 소원, 힘듦을 잘 이해하고, 필요하면 잘 돕는다.	1	2	3	4	5
	⑨ 나는 성관계할 때 아내가 만족하도록 노력한다. 협의하고 동의해서 둘 다 만족한 성관계를 하며, 규칙적으로 자주 한다.	1	2	3	4	5
	⑩ 나는 아내가 몸이 아프거나 마음이 힘들면 바로 잘 이해하고 도와주고 해결해 준다.	1	2	3	4	5
	⑪ 나는 아내와 약속을 잘 지킨다.	1	2	3	4	5
좋은 리더	⑫ 나는 자녀 훈육은 70%, 자녀 양육은 30% 정도를 감당한다.	1	2	3	4	5
	⑬ 나는 처가댁과 가족을 잘 섬기고, 자주 찾아뵙는다.	1	2	3	4	5
	⑭ 나는 경제적인 책임을 아내보다 더 많이 진다.	1	2	3	4	5
	⑮ 나는 아내와 자녀에게 정직하다.	1	2	3	4	5
	⑯ 나는 자기 관리력과 대인관계 능력이 좋아 아내에게 생활 부분에서는 잔소리를 듣지 않는다.	1	2	3	4	5
먼저 풍성하라	⑰ 나는 나의 사명을 알고 잘 감당한다. 의미 있는 삶에 만족한다.	1	2	3	4	5
	⑱ 나는 십자가 복음에 자주 감격하고 자주 묵상한다.	1	2	3	4	5
	⑲ 나는 너무 행복하다. 중독되거나 나쁜 버릇이 없다.	1	2	3	4	5
	⑳ 나는 말씀을 날마다 묵상하고 성령 충만하며 예배에 은혜를 잘 받는다.	1	2	3	4	5

○ 총점 : _____ 점

85점 이상	현재 확실히 좋은 남편이다. 간혹 있는 1~4점 항목도 2개 이상 개선 계획을 만들어 실천하시면 하나님 나라 남편이 될 것이다.
70~84점	현재 좋은 남편이시긴 하나 20% 정도 개선하고 수정하시면 더 좋은 남편이 되겠다. 1~4점 항목을 2개 이상 개선 계획을 세워 실천하자.
60~69점	현재 보통인 남편이다. 대략 40% 정도는 변화하도록 노력해야 한다. 1~3점 항목을 2개 이상 개선 계획을 만들어 실천하자.
50~59점	현재 조금 부족한 남편이다. 50% 정도는 변화하도록 노력해야 한다. 1~3점 항목을 2개 이상 개선 계획을 만들어 실천하자.
49점 이하	현재 매우 미숙한 남편이다. 전문가의 상담이나 도움을 받아서 60% 이상 변화하도록 노력해야 한다. 1~2점 항목을 우선 2개 이상 개선 계획을 만들어 실천하자.

| 남편의 30가지 설루션(Solution) |

※ 남편(남편 될 미혼 남성은 앞으로 각오)들은 30개의 항목을 잘 실천하기로 하자. 자신이 실천하는 것을 정직하게 표시하자. 그리고 부족한 것은 새롭게 개선하도록 결심을 구체적으로 세우고 아내에게 고백하자.

[O: 그렇게 하겠다. ▢: 대체로 노력해 보겠다. △: 글쎄, 잘 모르겠다. ×: 그렇게는 못 하겠다.]

1) 가정에서 도덕성을 인정받아야 한다.(   )

2) 영적으로 하나님의 뜻을 따르는 모범이 되어 영적 권위를 가져야 한다. 영적 수준이 높은 사람이 낮은 사람을 섬긴다.(   )

3) 진정으로 수준 높은 행복은 섬길 때 온다는 것을 알아야 한다.(   )

4) 자기 이기심과 자존심을 죽여야 바른 자기희생이다.(   )

5) 하기 싫은 일은 남편이 먼저 해야 한다. 남편은 넓은 아량이 있어야 한다.(   )

6) 사랑과 칭찬과 감사의 말을 매일 하라.(   )

> (벧전 3:7) 남편 된 자들아 이와 같이 지식을 따라 너희 아내와 동거하고 저는 더 연약한 그릇이요 또 생명의 은혜를 유업으로 함께 받을 자로 알아 귀히 여기라 이는 너희 기도가 막히지 아니하게 하려 함이라
> (잠 31:28) 그의 자식들은 일어나 감사하며 그의 남편은 칭찬하기를

7) 아내의 욕구를 충족시켜 주라.(   )

8) 아내를 보호하라. 육체를 보호하라. 아내가 감당하기 힘든 분량을 막거나 보호하거나 덜어 주라.(   )

9) 아내의 집안일들이나 맡겨진 책임을 감당할 수 있도록 도와주라.(   )

10) 아내를 위해 헌신하라. 피곤해도 집안일을 돕는다. 아내 이야기가 결론이 없어도 끝까지 잘 공감하고, 중간에 끼어들지 않고 들어 준다.(   )

> (엡 5:25) 남편들아 아내 사랑하기를 그리스도께서 교회를 사랑하시고 위하여 자신을 주심 같이 하라
> (빌 2:5) 너희 안에 이 마음을 품으라 곧 그리스도 예수의 마음이니
> (빌 2:6) 그는 근본 하나님의 본체시나 하나님과 동등 됨을 취할 것으로 여기지 아니하시고

11) 남편의 삶, 낮에 있던 일, 했던 사역을 3~10분 정도 아내와 나누라.(   )

12) 아내를 다른 사람, 특히 다른 여자와 좋지 않게 비교하지 말라.(   )

13) 예수님을 제외하고는 아내가 인생에서 가장 중요하다는 것을 나타내 보여라. 남편은 본인의 어머니나 자녀나 일이나 친구보다 아내를 더 소중히 여겨야 한다. 아내가 그것을 느끼고 그렇게 생각하도록 해야 한다. 아내에게 물어 보라. "여보 내가 당신을 가장 소중하게 생각하고 가장 소중히 여겨서 행동하고 있나요?" 아내가 그렇다고 인정하면 된다. 아니라고 하면 무엇 때문에 아닌지를 물어보고 그것을 고치면 된다.(   )

14) 아내에게 아주 부드럽고 존경하는 마음으로, 예의 바르게 대하라.(   )

15) 창조적이고 진취적인 사랑을 하라.(   )

16) 아내 말 자상하게 끝까지 듣기('결론을 말하라', '짧게 하라'라고 하지 않기).(   )

17) 가족 사이 갈등을 잘 조정하라. '난 완전히 당신 편'이라는 것을 확인시켜 주라. 특히 시어머니보다도 확실하게 사랑과 인정을 받고 있다고 느끼게 하라. 아내는 남편이 자기 편이라는 확신이 있으면 자연히 시댁 식구들에게 잘하게 된다.(   )

18) 수시로 말이나 신체적인 접촉으로 애정을 표현하라.(   )

19) 다른 여성의 매력을 아내와 비교하지 말라.(   )

20) 남 앞에서 아내를 모욕하는 말이나 태도는 하지 말라.(   )

21) 남편 허락 없이 마음대로 쓸 돈을 아내에게 따로 주라.(   )

22) 아내의 연약함과 살림살이의 고충을 알아주고 적극적으로 도우라.(   )

23) 아내의 생일과 결혼기념일에는 아내가 좋아하는 선물을 반드시 해 주라.(   )

24) 아이들에게 관심을 가지고 함께 놀아 주라. 좋은 아버지가 돼라.(   )

25) 성관계 때는 일방적이지 않고 아내에게 매너 있게 대하며 만족을 주라.(   )

26) 쉬는 날에는 아내에게 시간을 집중하라.(   )

27) 아내에게 사랑하고 있다는 표현(선물 등)을 다양하게 하라.(   )

28) 아내가 친정을 늘 걱정함을 헤아려 아내의 친정 가족 모두에게 잘해 주라(돈으로, 물질

로, 자주 방문함, 안부 전화, 따스하게 대하기). 아내의 걱정을 잘 수용하라.(   )

29) 아내의 건강을 정기적으로 확인, 정기 점검받도록 돕기. 아플 때 잘 챙겨 주라.(   )

30) 아내의 자기 발전과 소원에 관심을 보이고, 적극적으로 지지하며 후원하라.(   )

chapter 2. 남편 플랫폼 - 핵심 포인트

1. '소홀함'에서 '귀함'으로 환승하라

아내를 소홀하게 대하는 것, 귀하게 여기지 못하는 것은 남편의 자기중심성과 미숙함에서 비롯된 것이다. 아내에게 주는 귀함이라는 보석은 다음과 같다. "마님! 돌쇠이옵니다"라며 가장 귀하게 아내를 대우하자. 어머니, 자녀, 일보다 아내를 최우선으로 대하자. 3년만 아내 군대(?)에 다시 입대하자. 아내가 가정에 남편보다 헌신과 수고가 훨씬 많고, 더 불안하고 스트레스도 많음을 배려하여 집중적으로 아내를 섬기자. 3년이 넘도록 헌신하면 아내의 정서가 남편으로 1차 만족이 된다. 그 뒤로 남편은 아내의 많은 보석에서 나오는 이자를 받아 누리는 여유를 갖게 된다. 아내에게 존경받으며 살게 된다. 특히 신앙적인 성숙이 큰 유익이다.

2. '내 중심'에서 '아내 중심'으로 환승하라

남편이 먼저 성숙해서 아내 중심으로 선택하자. 배려하자. 아내는 남편이 전부이기에 남편이 자기중심성이나 이기심을 드러내면 상처와 외로움이 크다. 아내의 결론 없는 말을 끝까지 잘 들어 주자. 아내에게 이해와 공감을 적극 온몸으로 노력하여 표현하자. 성관계에서도 아내가 여성임을 먼저 배우라. 전문가의 도움을 받아서 제대로 아내 입장에서 성을 배려하자. 자주 아내의 기쁨이나 힘든 것, 소원을 물어서 남편 본인의 소원보다 먼저 잘 해결해 주자.

3. '무책임'에서 '좋은 리더'로 환승하라

좋은 아버지가 되기 위해 시간과 마음을 내자. 지구를 구하는 사람이 되자. 돈이나 쾌락보다 큰 사명을 감당하는 사람이 되자. 아내와 자녀는 자랑스러워하고 존경할 것이다. 좋은 사회인이 되고, 대인관계를 넓고 깊게 잘하자. 직장에서도 덕을 끼치고 전문성과 선한 영향력을 끼치자. 남편이 책임감 느끼고 남편과 아버지로 잘 감당하자. 잘못을 잘 시인하고 바로 개선하자. 투명하고 정직하자. 자기 관리력이 좋아서 아내가 한심하게 여기는 일이 없도록 하자. 아내가 걱정을 많이 하거나 남편에게 잔소리하게 하는 일이 사전에 없게 하자.

4. '결핍'에서 '풍성함'으로 환승하라

개인의 좋은 신앙을 잘 유지하자. 영적으로도 아내와 자녀에게 본이 되자. 사명을 감당하여 자녀와 아내에게 도전과 존경을 받으며 살자. 아내가 하나님의 딸임을 기억하고 아내를 하나님 대하듯 대하자. 좋은 남편이 누리는 자유와 풍성함이 큰 것을 잘 기억하고 즐겁고 기쁘게 남편 역할을 잘 감당하자.

chapter 2. 남편 플랫폼 - 나눔과 적용

1. 좋은 남편이 누리는 자유가 무엇인지 적어 보고, 남편 자신은 어떤지 적고 나누자.

2. 남편 플랫폼 핵심 4가지에 자신의 현 상황 두 가지와 개선 방법 두 개 정도를 적고 나누어 보자.

1) 아내를 '소홀함'아 아니라 '귀함'으로 대하기
  ➔ 현 상황:
  ➔ 개선 방법:

2) '자기중심'보다 '아내 중심'으로 대하기
  ➔ 현 상황:
  ➔ 개선 방법:

3) '무책임'에서 책임을 잘 감당하는 '좋은 리더'인 남편 되기
  ➔ 현 상황:
  ➔ 개선 방법:

4) '결핍'에서 '풍성함'을 누리는 남편 되기
  ➔ 현 상황:
  ➔ 개선 방법:

3. 적용하기

아내에게 대하는 방법을 두 가지 체크리스트로 확인하자.
  ➔ 남편 플랫폼 환승 티켓 4장 적용 - 좋은 남편의 20가지 체크리스트
  ➔ 남편의 30가지 설루션(Solution):

1) 특별히 잘하는 것 2가지를 적고 나누어 보자.

2) 부족한 것 3가지를 적고, 더 개선할 내용을 적고 나누어 보자.

3장
아내 레시피

MARRIED COUPLE PLATFORM

1. 남편을 존경하기 (1번 '난로' 환승)

아내들이여! 남편을 얼게 하는 것을 이젠 그만 하자. 남편 전용 '마음 난로'를 다음과 같이 갖추자. 그래서 남편을 늘 따스하게 만들어 주자. 신앙이 급속도로 성숙할 것이다. 특히 하나님 나라를 가정에서 이루고 누리는 신비를 발견하게 될 것이다. 아내 자신도 성숙하고 남편의 사랑을 누리게 될 것이다.

| 아름다운(?) 잔소리 비법 4가지 |

아내들이 잔소리가 아니라 굵은 소리(남편이 아내 충고를 잘 수용하도록 말하는 법)로 말하는 4가지 비법을 소개한다. 얼음이 아니라 난로가 되어 주는 방법의 실천이다.

'황금 액자 대화'로 말하자

'황금 액자 대화'는 존재적 말이나 잘하는 것에 대한 칭찬을 3~4가지 먼저 하는 대화이다. 황금은 남편이 듣고 싶은 좋은 말이다. 존재적이거나 잘하는 인정의 말이다. 이런 말 3~4개를 액자 테두리처럼 먼저 하자. 그 후 충고나 부탁은 끝에 황금 액자 가운데 넣어서 말하는 것이다. 먼저 남편의 마음과 기분을 좋게 만들라는 것이다. 그러면 남편은 기분이 붕 뜨게 된다. 그때 부탁이나 충고를 명령형이 아니라 청유형으로 하면 된다. 남편은 충고인 줄도 모르고 쉽게 아내의 요구를 들어준다. 마치 쓴 약을 캡슐에 싸서 쉽게 먹는 원리와 같다.

"아무리 생각해도 나는 시집을 잘 온 것 같습니다. 오늘도 낮에 커피 마실 때 당신 생각이 나더라고요. 거기다가 당신이 자주 쓰레기 분리수거를 잘해 주어서 고맙습니다. 오늘도 당신이 분리수거하고 오시면 어떨까요? 저는 다른 거 하고 있을게요."

영웅으로 대접하며 말하자

남자가 군대 이야기를 하는 이유는 특히 아내에게 잘나 보이고 싶어서이다. 남편은 자기가 좋은 남자, 능력 있는 남자임을 말하고 싶다. 그런데 아내가 먼저 남편이 잘한다고, 멋지다고, 영웅으로 대접하여 말하면 남편을 변하게 하는 효과를 가져온다. 남편이 슈퍼맨이 되어 빛의 속도로 아내를 도와주게 한다. 그러니 남편의 자존심을 세워 주며 말하자.

바람 난 남편들은 대부분 아내보다 부족한(?) 여자와 바람을 피우는 경향이 있다. 그 여자가 자기를 영웅 대접해 주기 때문이다. 남편은 자신을 영웅으로 대하는 여자에게 약하다. 남편은 집에서 아내에게 못난이, 찌질이(?) 취급을 받다가 자신을 영웅 대접하는 다른 여자에게 정신이 혼미해지며 넘어간다. 남자는 영웅이 되고 싶은 본능이 성욕과 식욕만큼 강하다. 아내들이여, 다른 여자에게 남편을 넘기기 전에 남편을 영웅 대접하라. 남편이 아내의 불만을 잘 해결해 주는 진짜 영웅이 될 것이다.

칭찬은 고래만 춤추게 하는 것이 아니라 남편도 춤추게 한다. 칭찬은 남편을 영웅으로 만든다. 남편이 춤추는 그때 살짝 충고와 부탁을 하자. 남편은 분명 목숨 걸고(?) 자기를 영웅 대접하는 아내를 구해 줄 것이다. 마법의 성에 갇혀 있는 공주를 탈출시키는 영웅이 되어 줄 것이다.

"여보! 나, 이거 잘 안되네. 당신이 이런 것들을 너무 잘하던데, 좀 도와주면 고맙겠습니다."

"우와 대단하다. 어떻게 그런 것을 잘하게 되었어?"

이자를 사용하자

평상시에 남편에게 충분히 잘 대한 후 어느 정도 '남편 마음 은행'에 빚이 쌓였다고 느낄 때 부탁하거나 충고하자. 은행에 원금을 많이 넣어둔 사람이 늘어난 이자를 쓰면 마음이 든든하다. 마찬가지로 '남편 마음 은행'에 평상시에 '아내가 참 나를 사랑한다', '나를 인정하고 칭찬도 잘해 준다'라는 생각이 들어가야 한다. 원금이 커지고 이자가 많이 생기는 것이다.

이렇게 원금이 남편의 마음 은행에 넉넉히 쌓여 이자가 많을 때 아내가 충고하면 남편이 비교적 잘 수용한다. 아내가 남편에게 충고나 부탁을 하거나 본인이 힘든 것을 말해도, 그동안 쌓인 넉넉한 이자가 있으면 남편은 잘 수용한다. 잘 공감해 준다. 남편도 고치려고 애쓰게 된다. 남편도 아내에게 좋은 남편이 되고 싶다는 소원이 강하기 때문이다. 배부른 후 기분이 좋고 여유가 많듯이, 마음과 정서가 아내에게 만족하니 아내의 부탁이나 충고도 잘 수용하게 된다.

반대로 평상시에 원금을 까먹고 부도 직전인데 충고나 부탁을 하면 바로 부도가 난다. 바로 공격 모드(mode)로 바뀐다. 남편에게 원금을 까먹는 대표적인 원인은 평상시 칭찬이 부족하거나 없는 것이다. 존경도 부족하거나 없는 것이다. 남편에게 먹는 것을 잘 챙겨주지 않는 것이다. 시댁에 관심이 없고 친절히 대하지 않는 것이다. 남편의 성적인 필요를 채워 주지 않거나 아내 본인도 만족하지 않는 것이다. 아내가 남편에게 '대리 엄마'를 잘해 주지 않는 것이다. 반대로 나쁜 '사감 선생님', '엄한 교도관' 역할을 하는 것이다. 이는 남편에게 원금이 줄어 부도 직전의 상태로 가게 한다. 이때 충고하면 바로 스파크(Spark)가 일고 부부 전쟁이 일어난다.

햇볕 언어를 사용하자

남편이 더 잘되라고 하는 말도 자연 언어가 아니라 햇볕 언어를 사용하자. 자연 언어는 그냥 떠오르는 생각과 감정으로 자연스럽게 나오는 말을 하는 것이다. 걸림이 없는 이 자연 언어는 비록 맞는 말이라도 상대에게 비수로 꽂힌다. 옳은 말이나 논리적인 말이 힘 있는 것이 아니다. 햇볕 언어가 힘이 있다. 나그네의 외투를 태풍도 벗기지 못하나 햇볕이 벗긴 것과 같다. 남편의 고집, 철없고 자기중심적인 말과 행동은 아내의 햇볕 언어로만 벗겨진다. 남편의 얼음장 마음은 햇볕에 녹아 부드러운 마음으로 변할 것이다. 남편의 고집이 풀어지고 아내 중심의 행동과 정서를 갖게 될 것이다.

햇볕 언어는 상대를 아내 자신보다 더 챙기고 더 사랑하는 의도임을 말하는 따스한 언어이다. 남편을 더 배려하고 잘해 주려는 의도를 먼저 말하는 것이다. 남편에게 그동안의 수고와 애씀에 대해 충분히 먼저 말한다. 그 후 남편 마음이 무장 해제할 때 충고나 부탁을 하는 것이다. 남편은 회피나 비판, 공격이라는 방어기제를 사용하지 않고 쉽게 아내의 충고나 부탁을 들어줄 것이다. 그 혜택(?)은 아내가 오롯이 누리게 된다. 지혜로운 여인은 바른말보다는 따스한 햇볕 언어로 남편을 다룬다.

"이런, 어떻게 하지? 여보! 부탁 하나 해도 될까요? 지금 음식물 쓰레기 버리는 시간인데, 당신이 문 앞에 있는 쓰레기 버리고 와 주실래요. 그동안 맛있는 거 준비하고 있을게요. 고마워 여봉…"

남편이 가정의 지붕이 되게 하라

남편의 수고를 자주, 넉넉히 알아주자. 자녀들도 아버지를 존경하도록 애쓰자. 그래서 남편이 가정의 지붕이 되게 하자. 지붕이라는 것을 자주 확인시켜 주자.

요즘 이사 갈 때 남편이 강아지를 꼭 안고 있다는 슬픈 유머가 있다. 아내가 남편은 버릴 수 있어도 강아지는 버리지 않으니, 강아지를 데려가면서 안고 있는 남편도 함께 데려간다는 것이다. 이런 집은 지붕이 없는 집이다.

남편이 비록 잘못하더라도 아내는 5가지 실수를 범하면 안 된다. 다음은 남편을 지붕으로 잘 세우지 못하는 아내의, 지붕을 뚫어 버리는 5가지 잘못된 말이다.

하나, 처녀 때 부족한 식견과 미숙한 판단력으로 나쁜 남자를 선택한 자기 잘못을 인정하지 않는 것이다.

둘, 그런 남자를 선택했으면 어른답게 책임을 져야 하는데, 하나님께 책임지는 어른의 모습을 자녀에게 보이지 않는 것이다. 평강공주가 바보 온달을 좋은 장군으로 만들 듯 남편을 치유하고 품어 주고 회복하며 성숙하여야 자녀에게도 엄마다운 것이다. 상담받거나 교육을 받아서 남편을 바로 길들이는 법(?)을 알고 실천해야 한다.

셋, "엄마는 너만 보고 산다"라며 자녀를 1순위로 두는 것이다. 자녀를 남편보다 더 중요하게 여기는 것도 우상숭배이다. 하나님보다 다른 무언가를 더 사랑하는 것이 원래 우상숭배이다. 하지만 남편의 자리에 자녀를 올리는 것도 우상숭배의 한 형태이다. 그렇게 되면 자녀가 오롯이 지붕 없는 집에서 비바람을 다 맞게 된다. 어리석은 엄마의 말과 행동이다. 그렇게 되면 자녀는 어머니를 괴롭힌 아버지를 싫어하거나 그런 아버지에게 분노를 느끼게 된다.

자녀가 가진 아버지에 대한 분노는 학교 선생님, 직장 상사, 교회 장로님과 목사 등 권위자에 대한 분노로 바뀐다. 이를 '분노적 동일시'라고 한다. 이렇게 되면 자녀는 결국 대인관계가 어렵게 된다. 학교 부적응 아이가 된다. 욕을 많이 하게 되고 쉽게 중독에도 빠진다. 품행 장애가 될 위험도 있다. 아버지를 존경하는 아이의 공부 능력이 그렇지 않은 아이보다 더 뛰어나다는 연구 결과도 있다.

넷, 자녀도 자신을 너무 의존하는 엄마가 부담스럽다. 죄책감에 눌려 살게 된다. 부모를 떠나야 바른 결혼을 할 수 있는데, 자녀가 엄마를 못 떠나게 된다. 자녀의 행복한 연애와 결혼을 엄마가 막는 꼴이 된다. 자녀가 진정한 자기만의 삶을 잘 사는 것을 막게 된다. 한국에서 지나친 효자 아들이 아내를 힘들게 하는 원리이다. 이것은 그 아들을 너무 의존한 엄마의 잘못이다. 이런 엄마를 만든 것은 역시 엄마를 잘 사랑하지 못한 아버지이다.

다섯, 남편을 지붕으로 잘 세울 때 아내도 그 지붕 아래서 쉬고 누리게 된다. 본인 노후도 더 복되고 풍성할 것이다. 신앙 유익도 매우 크다. 남편이 가정의 지붕이 되게 하는 좋은 아내가 되자. 아내 본인도 그 지붕 아래에서 쉬게 된다.

지붕으로 남편을 작정하고 세워 주자. 한 달에 하루를 정해서 '가장의 날'을 만들면 좋다. 아내가 먼저 남편에게 그동안의 수고와 고생을 인정하고 칭찬하자. 구체적으로 몇 가지를 감사하자. 자녀들이 아빠의 고마운 점을 자세하게 감사하게 하자. 아빠의 잘한 점, 좋은 점을 칭찬하고 인정하자. 가족 전체가 아빠를 위한 잔치가 되게 하자. 아빠는 자녀들에게 선물을 준비해서 주자. 이때 한 달 용돈을 아빠가 주자. 남편을 아버지로 존중하며 세워 주는 것은 자녀 교육에서 매우 효과적이다. 가장의 날을 만들어서라도 남편을 세워 주자. 자녀와 아내가 지붕 아래에 깃들 것이다.

남편을 특별 대우하면 가정에 유익이 많다. 남편 전용 수저도 준비하자. 특별한 재료, 특별한 가격의 귀한 수저를 준비하자. 남편 전용 밥그릇과 국그릇도 준비하자. 남편 전용의 좋은 잠옷을 준비하자. 남편 전용의 좋은 베개를 갖게 해 주자. 자녀들 앞에서 남편에게 칭찬과 인정만 하자. 혹 충고나 부탁할 것이 있으면 아이들이 없을 때만 하자. 남편이 원하는 음식을 잘 대접하자.

남편을 사랑하는 좋은 방법은 남편을 자랑하는 것이다. 아내는 자기를 귀하게 여기는 것으로 사랑을 확인하지만, 남편은 알아주고 인정하고 칭찬하는 것으로 확인하기 때문이다. 하루에 1~3가지는 칭찬과 인정을 하자. 자녀들은 최소한 1주일에 하나는 하게 하자. 그래서 남편과 아빠를 특별 대우하자. 자녀도 잘 자랄 것이다.

"역시 당신은 젠틀맨이다."

"당신은 베스트 드라이버(best driver)야."

"당신은 의리가 있다."

"당신과 결혼한 것은 세상에서 예수님 믿은 것 다음으로 잘한 일 같아."

"어떻게 이걸 다 했어? 대단하다!"

"당신이 있어서 이럴 때 든든하다."

"여보, 나는 조금 모자란가 봐. 다른 사람들이 남편 흉볼 때 나는 당신 자랑만 해. 흉볼 것이 없는 신랑인걸."

귀차니스트를 반대로 공략하라

남편의 귀차니스트(귀찬+ist, Lazism, Gwichanism)를 반대로 공략하면 효과가 좋다. 남편이 잘 먹고 잘 쉬고 멍때리고 집안일도 잘 나누어서 하지 않을 때, 잔소리하기보다는 도리어 적극적으로 그것을 잘하도록 멍석을 깔아 주자. 이때 '한심하다.', '짜증나고 더럽지만 봐 준다.', '내가 참는다'라는 마음으로 하면 역효과가 난다. 목소리에 콧소리를 섞어 애교까지 부리면서 말하라.

"밖에서 많이 힘들었지요? TV 보면서 쉬세요. 대신 몇 시에는 집안일 몇 가지 해 주세요."

"아무것도 신경 쓰지 말고 쉬세요."

"당신이 좋아하는 … 을 맛있게 만들어 줄게요. 쉬고 있어요."

"오늘 저녁에 … 을 잘해 줄게요."

남편은 처음에는 그냥 쉬고 즐기다가, 그렇게 해 주기 위해 수고하고 애쓰는 아내를 보고 감동한다. 빈둥거리며 놀고자 하는 욕구가 줄고, 아내를 도와주고 싶은 생각이 저절로 든다.

빅터 프랭클(V. Frankl)의 의미요법 중 하나인 '역설지향기법'(Paradoxical intention)이 바로 이 방법이다. 이 기법은 인간의 예기 불안(Anticipatory anxiety)을 없애는 방법이다. 남편이 두려워하는 바로 그 일을 하거나, 그 일이 일어나기를 바라도록 남편에게 용기를 주는 것이다. 증상을 더욱 부추기는 방법으로 증상을 개선하는 것이다.

의미요법 중에 또 하나는 '반성제거기법'(De-reflection, 사고중단법)이다. 이는 자기 관찰로 지나치게 기울어지는 것을 없애려는 방법이다. 인간의 자발성과 활동은 지나친 관찰 대상이 되면 그 능력이 방해받는다. 성적인 노이로제나 강박증이 그 예이다. 남성들이 성적인 성취감이나 성적 능력에 대한 집착으로 인해 본래의 능력을 발휘하지 못하는 경우가 이에 해당한다. 과도한 주의력은 확실히 노이로제의 원인이 된다.

쾌락이나 자아 만족 등은 집착을 통해 얻어지기보다는 오히려 타인을 사랑하거나 의미를 발견하는 삶을 통해 부산물로 얻어진다. 역설적 지향은 올바른 수동성과 잘못된 수동성을 알려 주게 된다. 반성제거는 올바른 적극성과 잘못된 적극성을 알려 준다. 둘 다 불안장애나 문제행동에 도움이 된다. 쉽게 말해, 잔소리할 만한 남편의 행동에 무관심하면 도리어 아내에게 더욱 잘하게 되는 역설이다. 하지 말라고 하니 더 하는 심리이다. 하라고 하니 덜하게 되는 심리이다.

그래도 안 될 때만 정확하게 부탁하며 '행동수정요법'으로 전략을 바꾸자. 미국의 심리학자인 윌리엄 글래서(William Glasser)는 '현실치료이론'(Reality Therapy)을 창시했다. 그는 '통제이론'에서, 잔소리할수록 잔소리를 듣는 사람은 잔소리하는 사람에게서 정서적으로 멀어진다고 주장했다. 잘못하는 일이 있어도 잔소리하지 않고 도리어 더 잘해 주면, 심리적으로 남편의 마음에 빚이 쌓여 아내에게 더 잘해 주게 된다는 것이다. 더 잘해 주면 더 좋은 쪽으로 행동이 변하게 된다. 스마트폰 중독 치료도 이런 원리로 하면 좋다.

남편의 귀차니스트를 반대로 공략하면 효과가 좋다. 남편은 아내에게 더 충성(?)하게 되는 놀라운 반전이 일어난다.

도가니로 은을, 풀무로 금을, 칭찬으로 사람을 단련하느니라(잠 27:21)

"당신이 최고입니다", 당신이 제일 중요합니다", "하나밖에 없는 존재입니다", "아주 특별한 … 능력을 지닌 사람입니다", "우와", "와우", "대박", "원더풀", "굿", "대단합니다", "이럴 수가…", "당신, 정말 잘한다", "여보 대단하다", "어떻게 그렇게 잘해?", "당신이 없었으면 큰일 날 뻔했다.", "당신 능력 있다", "그 복잡한 것을 단번에 해결했네", "존경합니다", "멋있습니다", "잘생겼다", "도와주어서 고맙다", "당신 덕분에 잘 해결되었다"라고 칭찬해 보라.

"잘한 것이 뭣이 있어야 남편을 칭찬하고 인정하지요?"

부부상담 때 남편을 칭찬해 주라고 권하면 아내들이 하는 말이다. 이해할 만하다. 남자는 분절적 사고를 한다. 서론, 본론, 결론이라는 직선 사고를 한다. 하지만 여자는 나선형 사고, 방사선 사고를 한다. 그래서 남편은 어제는 이미 지났으니 거의 새 버전으로 아내를 대한다. 그러나 아내는 어제의 영향이 아직도 계속되고 있다.

부부싸움에서 여자가 지나간 이야기를 들먹이는 것은 속이 좁아서가 아니라 아직 감정의 덩어리가 전체적으로 아프기 때문이다. 제대로 사과를 받지 않았고 제대로 이해를 받지 못해 여전히 힘든 것이다. 하지만 남편은 "미안하다고 했잖아", "지나간 일이잖아", "나보고 어떻게 하라고?", "지나간 이야기를 왜 또 하냐고?", "왜 과거 이야기를 아직도 들먹거려?", "잘한 것도 많은데 왜 못한 것만 말하는 거야?"라고 말한다. 이런 말은 아직 감정 덩어리가 아픈 아내를 더 아프게 한다. 남편은 아내에게 부당한 대우를 받았다고 느낀다. 속 좁은 아내라고 느끼면서….

아내는 감정과 사고가 덩어리이며 연쇄적이라 남편이 전체적으로 모두 잘해야 행복하고 만족한다. 일부 실수하거나 잘못하면 그것이 유난히 정확하게 보인다. 그래서, "꼴랑", "겨우 그거 해 놓고…", "기껏", "에게", "그것밖에 못하나?", "다른 거는?", "뭘 잘못했다는 말인데?", "미안하기는 한 거야?"라는 불만을 쏟아 낸다. 이런 아내의 불만은 해결 중심인 남편에게는 실패한 인간, 못난 찌질이라는 낙인으로 들린다. 그래서 더욱 아내가 싫어진다. 아내에게 신경을 쓰지 않게 된다. 심하면 아내에게 폭력적 언어를 쓰게 된다.

남편에게는 조금 잘한 것도 매우 중요하다. 많이 잘못한 것도 가볍게 사과하거나 하루 자고 나면 잊어버린다. 거기다가 아내가 조금만 칭찬해 주어도 아내가 엄청나게 좋아진다. 아내의 칭찬과 인정은 남편에게 산삼 한

뿌리보다 힘이 나게 한다.

동굴을 만들어 주자

남자의 동굴은 'Man's Cave'(맨스 케이브) 라고 한다. '남자의 아지트'라는 뜻이다. 좋은 아내는 남편에게 남자만의 공간, 남자만의 시간, 남자만의 취미, 남자만의 집중할 것을 갖게 해 준다. 자동차, 스포츠(조기 축구회, 탁구 동아리, 골프·등반 모임….), TV나 영화 보기, 소파에 빈둥거리기의 4개가 대표적인 남자의 동굴 빌보드 차트 상위권 목록이다.

다음으로 순위가 높은 것이 커피, 낚시, 성인 레고, 카메라, 아이패드, 컴퓨터, 스마트폰, 드론, 등산, 하이킹, 몸만들기, 자기만의 방 꾸며서 지내기 등이다.

남자의 동굴은 전부 말이 별로 없는 것들이다. 대인관계가 아니다. 혼자만의 시간이라는 공통점이 있다. 대부분 아내는 관심 두기가 쉽지 않은 것이 남편에게는 힘이 나는 동굴의 내용이다. 남편은 생존 본능을 쓰지 않고도 편한 곳이 쉬는 곳인데, 그것이 남편의 집이고 동굴이다. 이기거나 성공하거나 책임지지 않아도 되는 것들이 남편의 동굴이다. 남편은 이런 동굴에서 쉼과 스트레스가 빨리 해결된다.

그런 동굴 시간이 어느 정도 지나고 나면 배려해 준 아내에게 남편의 마음 은행에 고마움과 감사가 큰 원금으로 쌓인다. 남편은 스트레스가 잘 해소된 맑고 싱싱한 상태가 된다. 이 칭찬과 인정, 동굴 시간을 만족할 때 남편은 감정이 풍성해진다. 아내에게도 잘 대하는 힘이 생긴다. 아내와 즐겁게 지내는 시간을 늘리려고 연구하고 노력하게도 된다.

아내도 3~5년 남편에게 엄마 역할로 제대로 투자하면 30~50년 동안 남편에게 귀하게 대접받는다. 아내 본인도 다듬어지고 성숙한 사람이 된다. 영적으로도 풍성한 유익이 있게 된다.

아내들이여 이 정도면 괜찮은 장사(?)이다. 남편에게 에너지 충전을 잘 해 주어라. 잘 키워서 잡아먹자(?). 강제로 남편을 잡아당기다 도리어 망가뜨리지 말자.

자녀를 1순위에 두지 말라

아내가 자녀를 1순위에 두는 것은 좋지 않다. 그러면 자녀도 도리어 방종하게 된다. 자녀가 아버지를 무시하면서 삶이 무너진다. 자녀가 아니라 남편을 1순위로 두는 것이 자녀 교육에도 좋다. 자녀에게 좋은 영향을 준다.

현직 교사로 근무하던 2010년도에 있었던 일이다. 학교에서 생활부장, 인성부장을 하며 상담을 전공하다 보니 상담을 많이 하게 되었다. 그런데 상담하고 간 아이 엄마가 갑자기 전화하거나 찾아와서 심하게 항의하는 일이 많았다. 전체 상담의 대략 50% 이상에서 이런 일이 생긴다.

"선생님 누가 우리 아이 상담하라고 했어요? 우리 애가 미쳤단 말입니까? 멀쩡한 우리 애를 왜 상담하세요? 우리가 알아서 하니 하지 마세요."

아버지나 어머니가 술 마시고 나를 찾아와서 멱살을 잡아 흔든 적도 있다. 자기 자녀를 상담했다고 말이다. 자기 자녀에게 무료상담으로 도움을 주었는데도 어머니와 아버지들은 제법 많이 이런 짓(?)을 했다. 그 이유는 심리적 경계선이 부족하기 때문이다. 부모들의 자존감도 낮은 까닭이다.

아이 상담만으로도 고래고래 소리치고 화를 내며 기분 나빠하시는 엄마와 아빠들은 미분화된 어린아이 심리 상태이다. 상담으로 도움을 받아 좋아지는 자녀를 진정으로 생각하지 못하는 것이다. 자녀의 상담을 기분 나빠하는 이유는 아이의 부족함을 자기와 동일시하기 때문이다. 자기 자녀가 상담받은 것을 부모 자신의 수치가 드러났다고 생각하는 것이다. 자기가 수치스럽고, 자기가 잘못 양육했다는 것을 감당하지 못하는 것이다.

이런 부모는 자식을 바르게 양육하고 훈육하는 것보다 부모 자신의 수치를 가리는 것이 더 중요한, 유아적·아동기적 상태에 머문 미숙한 부모이다. 자식을 사랑하는 부모 같지만, 알고 보면 자기를 더 사랑하는 병든 '집착'이다. 그로 인해 엄마(엄마들보다는 적으나 아빠도 있다)가 자식을 가장 망치게 되는, 너무 슬프고 어리석은 일이다. 이런 부모들은 자녀가 1순위이다. 결국, 자녀는 안하무인이 되고 자기 조절력이 없어지고 책임감도 없게 자란다.

부모가 잘해도 아이는 잘못할 수 있다. 선생님이나 상담가의 도움을 받아서라도 자녀를 잘 도와주면 자녀는 더 좋아진다는 것이 바른 부모 생각이다.

엄마는 아이를 사랑해야 한다. 하지만 자녀를 믿고 의지하는 것은 바르지 않다. 자녀가 1순위가 되었기 때문이다. 이는 관계중독이며 집착이다. 자녀중독이다. 많은 상담사례에서 아마도 60% 정도는 엄마의 자녀중독, 공동의존증이 문제였다. 반대로 약 20%는 너무 자기만 생각하는 이기적이고 개인주의적인 엄마의 문제였다. 자기가 혼자 건강하고 행복해서 자녀와 남편에게 적절한 거리를 두는, 성숙하고 건강한 아내와 엄마는 대략 20%밖에 되지 않았다.

아내는 건강하게 자신도 사랑해야 한다. 엄밀히 들여다보면 아내가 자녀를 사랑하는 것이 아니라 자기의 비어 있는 공간과 결핍을 자녀로 대신 채운 것이다. 이렇게 되면 자녀도 정서적으로 독립하지 못하게 된다. 나중에 자녀가 열등감과 무기력함에 빠지고 책임감이 부족한 성인이 되게 한다. 자녀는 엄마의 기대만큼 해 주지 못한 것에 대한 미안함, 지나치게 희생한 엄마에 대한 죄책감과 수치심이 핵심 감정이 된다. 행복하지 않게 된다.

아내는 자녀를 제발 1순위에 두지 말라. 0순위는 하나님이다. 1순위가 남편과 자기 자신이다. 자녀는 2순위에 두라. 그것이 제일 건강한 엄마이다. 잊지 말자. 남편을 1순위로 하는 것이 자녀 교육에도 매우 바람직하다.

2. 홀로 성숙하기(2번 '어른' 환승)

아내들이여! 먼저 성숙한 어른이 되자. 아내 혼자서도 행복을 누리자. 하나님과 자기 성숙과 의미 있는 삶으로도 충분히 행복해지자. 남편으로 인해 어린아이의 결핍과 부족을 드러내지 않으며 살자. 남편도 어른이 더 잘될 것이다. 다음과 같이 아내의 성숙함을 드러내는 레시피를 소개한다.

| 거짓말 탐지기를 버려라 |

아내는 남편에게 거짓말 탐지기를 작동하지 말고 무조건 믿어 주는 것이 현명하다. 아내는 직관이 발달해서 남편이 바람피우는 것을 한눈에 알아차린다. 남편이 지금 거짓말한다는 것도 단번에 알아차린다. 육감도 남편보다 더 발달했다. 남편의 말과 행동의 거짓말을 탐지견처럼 정확히 알 아내는 놀라운 성능의 거짓말 탐지기가 있다.

신체적으로도 아내는 남자보다 더 우수한 거짓말 탐지기를 탑재하고 있다. 여자의 시야 반경은 남자의 두 배나 된다. 남자는 시야가 90도인데, 여자는 시야가 거의 180도에 육박한다. 그래서 남자가 보지 못하는 것도 여자는 전체적으로 잘 본다. 옷장의 옷도 더 잘 찾는다. 냉장고 속 음식도 더 잘 찾는다.

그런 넓은 시야와 예민한 촉으로 남자를 투시한다. 그러니 아내에게 남편은 자주 한심하고 '모지리'로 보인다. 어찌 제정신으로 남편이 존경이나 칭찬이 되겠는가? 그래서 바울도 베드로도 예수님도 아내들에게 남편을 존경하라고, 부탁이 아니라 명령을 한 것이다.

여자의 뇌량은 남자보다 20% 정도 더 크다고 한다. 뇌량은 좌뇌와 우뇌를 연결하는 부분에 있다. 컴퓨터로 말하면 CPU 기능을 한다. 인터넷의 광통신망과 같다. 좌우뇌의 모든 정보를 빠르고 정확하게 통합한다. 여자는 멀티(Mult) 기능으로, 남자와 달리 5~7가지 과제를 동시에 수행한다. 좌우뇌도 잘 통합하여 정보를 빠르게 통합한다. 그래서 사기나 보이스 피싱(voice phishing)도 남자보다 잘 방어한다. 보증도 잘 서지 않는다.

그런 아내가 남편의 말과 행동을 거짓말 탐지기로 탐지하면서 즉시 따지고, 증거를 요구하고, 충고하면 남편은 더 감정 표현이 없어진다. 그런 아내를 둔 남편은 집에 오면 그냥 거의 대인기피 수준의 행동을 하게 된다.

그러니 아내들이여! 당신의 그 놀라운 거짓말 탐지기를 남편에게 집중하기를 멈추자. 남편의 과장, 허풍, 뻥, 거짓말이 탐지되더라도 모르는 척하자. '남편이 더 잘 설득하려고 저런다', '열정 있는 삶이어서 그렇다'라고 생각하고, 탐지기에 드러난 남자의 오류를 수정하려고 하지 말자. 그저 남편은 잘하려고, 능력 있게 보이려고, 잘 해결하려고, 효과 있으려고, 좋은 이미지를 보여 주고 싶어서 그런다고 생각하자. 거짓과 오류와 뻥을 부디 모르는 척해 주자. 공감까지 하면 더 좋다.

거짓을 참이라고 하거나 나쁜 것을 좋다고 하라는 것이 아니다. "그랬군요", "애썼습니다", "수고했습니다", "정말 그렇게 되었으면 좋겠다", "생각만 해도 좋다", "당신이 그렇게 말하는 걸 보니까 더 잘 되겠네"라고 반응해 주자.

남편의 거짓말이 나라를 망하게 하거나, 생명에 지장을 주거나, 100만 원 이상의 재산 손실을 낼 경우가 아니라면 그냥 속아 주자. 남편은 자기가 자랑한 말대로 될 것이다. 남자는 믿어 주는 크기만큼 커진다.

남자는 '코이(Koi) 잉어'와 같다. 코이 잉어는 비단잉어의 일종으로, 일본 사람들이 '헤엄치는 보석'이라고 부르며 잘 키우는 관상어이다. 코이 잉어는 작은 어항에서 키우면 5~8cm가 되고, 큰 수족관과 연못에서는 15~25cm로 자란다. 하지만 강에서 키우면 90~120cm가 넘게 자란다. 코이 잉어가 환경과 수용하는 크기에 따라 성장하는 크기가 달라지듯이 사람도 환경에 비례해 능력이 달라진다는 법칙이 '코이의 법칙'(긴교바치오 호우소쿠, 어항의 법칙)이다.

마찬가지로 '아내의 수용 법칙'이 있다. 남편은 아내의 어항 수용력, 큰 수족관의 수용력, 강의 수용력에 맞추어 변화된다. 성경에도 '아내의 수용 법칙'을 이룬 예가 있다. 사라와 아브라함 부부이다. 남편 아브라함이 믿음의 조상이 되고 열국의 아비가 된 것은 거대한 수용력을 발휘한 아내 사라가 있었기 때문이다.

아내를 누이라 속이며 비참한 짓거리(?)를 시키는 너무 작은 남편 아브라함은 5cm의 작은 코이 잉어이다. 이후에 후손과 아내를 사랑하면서 자녀를 기다리는 평범한 아버지 아브라함은 15cm의 코이 잉어이다. 노년에 아브라함은 가장 소중한 이삭을 바치며, 부활시킬 하나님을 신뢰하였다. 또한, 인류를 살릴 대속자 예수님을 준비하시는 십자가 복음을 믿었다. 하나님이 아브라함에게 하신 언약의 완성이 십자가 대속의 새 언약이다. 전 인류가 살아나는 복의 통로이다. 아브라함이 자신이 복 자체가 되는 120cm의 코이 잉어가 된 것이다. 아내 사라가 거짓말 탐지기를 남편 아브라함에게 작동하지 않고 믿어준 결과이다.

"어이구 이 인간아, 차라리 같이 죽자. 마누라 몸 팔아서 지 살겠다는 그게 남편이가?", "어이구 … 을 떼어 내라. 내가 못 살아. 거기 서류 다 써 두었으니 도장만 찍으면 돼"라고 하는 것이 자연스러운 순간에 사라는 다르게 반응했다. 세상에서 가장 큰 엄마 가슴으로 부족한 남편(아브라함)을 품었다. 사라는 결국 열국의 어미가 되었다. 이것을 베드로가 강조했다.

"아내들이여, 사라가 아브라함을 주라 부른 것 같이 여러분 아내들은 그렇게 하세요. 그러면 동일하게 하나님 나라의 귀한 딸이 될 것입니다. 작기만 한 부족한 남편도 하나님 나라를 이루는 큰 사람이 될 것입니다"(벧전 3:5 참고).

아내들이여 꼭 남편 말에서 MSG(Monosodium glutamate, 거짓, 과장)를 수정하거나 빼야 할 경우라면 다음과 같이 하자. 일단 남편의 과장된 말이라도 그 자리에서는 공감을 먼저 하라. 수용을 먼저 하라. 그런 후에 다른 사람이 없는 자리에서 부드럽게 수정해 주자. 남편이 말하자마자 바로 아내의 최신 정밀 탐지기를 작동하지 말아라.

특히, 다른 사람이나 자녀 앞에서 탐지기를 작동하면 더 심각하게 부작용이 생긴다. 남편은 그 순간 아마도 히틀러보다 아내가 더 싫어질 것이다. 망했다고, 실패했다고 생각하기 때문이다. 아내의 의도대로 남편이 수정되고 성숙해지고 발전하기 전에 남편이 먼저 파괴되고 내려앉아 버린다. 남편은 어린아이 감정을 여전히 가지고 있기 때문이다.

엄마가 하고 싶은 말을 사춘기 아들에게 다 하면, 아들은 자신을 고치기 전에 먼저 집을 나가서 들어오지 않는다. '남편은 어른이니까 따져도 괜찮을 거다'라고 생각하는 것은 아내가 가장 많이 하는 실수이다.

어쩌랴! 불쌍하게도 남편은 감정이 사춘기에 머물러 있는 것을…. 아내는 남편에게 초능력으로 작동하는 거짓말 탐지기를 작동하지 말고 그저 믿어 주자.

| 감정 표현이 힘든 것을 도와주라 |

남편은 감정 표현이 아내보다 매우 부족하다. 나의 아버지는 어머니께 화를 자주 내셨다. 그중에 50%는 어머니께 "여보! 미안합니다"라고 사과할 타이밍에 대신 화를 내셨다.

한 번은 나도 TV를 3시간 넘게 볼 때 아내가 "그만 보고 주무세요. 피곤하다면서…."라고 말했다. 엄청 미안했다. "너무 많이 봐서 미안합니다. 좀 게으른 것이 맞습니다. 다음에는 줄일게요"라고 말하며 TV를 껐다면, 그리고 충고해 준 아내의 사랑에 감동과 고마움을 표현했다면 얼마나 좋았겠는가?

하지만 나는 "내가 자살 상담하고 머리를 식히는 중이야. 이런 정도도 내가 못 한다면…."이라고 말하며 섭섭하게 여겼다. 나는 삐쳤다. 훈련된 나도 감정 표현이 이토록 부족하다. 온전히 다 성숙하기가 이토록 어렵다.

남편은 바깥에서 직장이나 친구·동창 모임이나 교회에서는 말을 잘한다. 친절까지 하다. 그러다가 집에 들어오는 순간 말 수가 너무 없어진다. 마누라나 자녀에게 바깥에서만큼 친절하지 않다. 아내는 이런 남편 때문에 속이 천불(?)이 난다.

남편은 생존 능력, 일 중심, 성취 중심으로 사는 슈퍼맨 역할로 살아간다. 실제로 능력이 있다. 하지만 그 반사적인 단점이 대인관계에서는 거의 사춘기에 머물러 있는 것이다. 슈퍼맨이 감정 표현을 다양하게 못 하는 것과 비슷하다. 간혹 유아기, 아동기 상태도 한 번씩 드러낸다.

남편의 힘든 감정 표현을 도와주는 7가지를 소개한다.

남편이 화낼 때는 너무 예민하지 말자.

남편은 아내에게 미안해서, 부끄러워서, 사과하면 진 것 같아서, 뭐라고 말할지 몰라서 그렇게 화를 낸다. 남편이 화낼 때는 너무 예민하지 말자. 욕하는 것도 아내가 욕하는 것과 다르다. 다른 말을 그렇게 하는 경우가 70~80%는 된다.

중학생 아들이 친절하게 어머니에게 사과하기보다 "엄마! 내가 이런 것도 맘대로 못 하나?"라고 화내는 원리와 같다. 중딩 아들도 사실 엄마에게 미안한 것이다. 이런 것을 이해하고 살아야 아내가 화병이 생기지 않고 우울증도 사전에 차단이 된다.

감정카드를 이용해서 남편과 아내, 자녀와 대화하는 훈련을 하자.

공감감정카드를 인터넷서점에서 구입하자. 그래서 감정 단어를 많이 쓰는 훈련을 하자. 상대의 감정을 이해하고 공감하는 훈련을 하자. 내 마음이 어떤지 감정카드를 뽑아서 말하는 대화를 부부가 서로 많이 하자. 자녀와도 최소한 한 달에 한 번은 가족이 모두 둘러앉아 감정카드로 자신의 감정을 말하자. 잘 들어 주고 공감하는 시간을 갖자. 더 나아가 가족 서로의 감정을 감정카드로 맞추는 대화는 더 유익하다. 아니면 당사자가 자신의 바른 감정을 나타내는 감정카드를 잡으면서 수정하여 말해 주자.

애정결핍으로 목마른 남편에게 자주 아내의 젖(수용, 모성애)을 물려 주자.

칭찬과 인정을 남편에게 충분히 해 주는 것이다. 남편의 허풍과 뻥을 잘 들어 주고 잘 반응해 주는 것이다. 아들이 크면서 엄마에게는 큰소리를 많이 친다. 잘난 척도 많이 한다. 작게라도 이긴 것이나 잘한 것이 있으면 엄마에게 자랑한다. 엄마는 박수를 무한정 보내 준다. 대단하다고, 잘했다고 잘 말해 준다. 그런 엄마의 바다에서 남자는 자신감과 용기를 키운다. 리더십도 키운다.

결혼한 남편은 이제는 엄마에게서처럼 아내에게 인정받고 싶다. 1,000명의 칭찬보다 아내의 칭찬이 제일 중요하다. 1,000명이 칭찬해도 아내가 별거 아니라고, 잘한 것이 아니라고 하면 남편들은 모두 기가 죽는다. 겸손해지기보다 용기를 잃는다. 더 노력하는 것이 아니라 좌절한다. 아들에게 엄마의 칭찬이 다른 사람 1,000명의 칭찬보다 중요한 것과 같다.

남편이 교만할까 봐 아내가 충고한다는 말은 90% 이상은 매우 잘못된 말이다. 충고하고 싶은 10번 중에 최소한 9번은 충고하지 말고, 잘했다고 구체적으로 칭찬해야 한다. 남편은 교만하지 않고 도리어 더 칭찬받으려고 죽을힘을 다해 노력할 것이다.

영웅 만들기 작업을 하자.

칭찬과 인정을 하며 영웅으로 대접하면서 자연스럽게 아내의 마음과 감정을 잘 드러내고 남편에게 이해시키자. 남편은 뻥(과장, 부풀림)을 치는 경향이 있다. 잘나고 싶고, 머리가 되고 싶다. 잘 해결하는 능력이 있다는 것을 강조하기 위해 뻥을 친다. 과장이 심하다. 남편의 과장과 뻥 치는 것도 아내는 잘 들어 주어라. 남자들이 동창회에 잘 가고 술친구를 좋아하는 이유는 서로 뻥 치는 것을 들어 주기 때문이다. 잘난 척하는 남편의 말을 잘 들어 주는 아내는 세상에서 가장 좋은 아내이다.

잔소리보다 긍정강화를 해서 남편의 가능성을 자극하자.

아내가 남편에게 찾아서라도 칭찬하면 남편은 나쁜 행동과 말은 줄어들고, 좋은 말과 행동은 늘어날 것이다. 이미 일어난 일은 좋은 쪽으로 믿어 주자. 격려하자. 남편은 아내에게만은 잘난 남자, 성공한 남자가 되고 싶어 한다. 그런 상황에서 아내의 충고는 남편에게 대체로 엄청난 부정적 결과를 가져온다.

"나는 실패했구나", "나는 못난 남자구나"라는 생각이 들게 된다. 이것은 곧바로 "노력해도 이미 못난 남자인 것을, 이미 망한 것을…. 에라, 나라도 편해야지"라고 생각하게 만든다.

"그걸 꼭 사야 하냐? 더 싸고 좋은 것이 있을 텐데…"
"당신은 그걸 사서 열심히 … 을 하고 싶구나. 잘할 거야. 당신은 성실하니까 말이야."

인디언들이 춤을 추면 꼭 비가 온다지? 아니다. 그건 비 올 때까지 춤추기 때문이다.

"좋은 남편을 만난 저런 아내는 복도 많지?"
"서 소장님의 사모님은 좋으시겠어요. 좋은 남편을 만나서…. 에고 저는 이번 생에는 틀렸나 봐요."

아니다. 그건 좋은 남편 될 때까지 아내가 춤춰 주었기 때문이다. 속아 주고, 품어 주고, 믿어 주었기 때문이다.

지적할 때는 정확하게 지적하자.

아내는 관계중독이나 공동의존성을 가지고 남편에게 의존하지 말아야 한다. 남편이 무섭다고 아예 말을 하지 않는 아내가 많다. 집이 시끄럽다고 그냥 아내가 일방적으로 참는 것은 자학이다. 남편에게도, 자녀에게도 이것은 좋지 않다. 이것은 '너무 착한 사람의 병'이다. '너무'를 떼어 내자. '좀 착한 아내'가 제일 좋다. 나중에 남편도 자녀도 이런 아내와 엄마를 더 좋아하게 된다.

아내들이여! 남편에게 잘 지적하는 법을 배우자. '나 전달법'으로 충고하자. 소리의 높이는 '솔' 음 정도로 말하자. 네 번 정도의 칭찬과 격려로 말의 액자를 치며 말하자. 그 가운데 한 가지만 충고를 넣어서 말하자. 마지막 끝말은 명령어가 아니라 청유형으로 하자. 부탁하는 식으로 하자. "… 좀 하세요"에서 "… 을 부탁해도 될까요?"라는 식으로 하자. 남편이 충고를 잘 안 듣는 것도 맞지만, 충고를 아무렇게나 성질대로 하는 아내의 방법도 수정이 필요하다.

아내의 정중하고 예의 바른 충고에 설사 남편이 바뀌지 않더라도, 아내 마음이라도 풀었지 않은가? 최소한 아내에게 화병이나 우울증은 생기지 않는다. 낙숫물에 돌이 뚫리듯 언젠가는 남편의 단단한 고집에 구멍이 생길 것이다. 부디 망치로 때려서 남편의 자존심을 깨지는 말자. 남편이 자라처럼 목을 집어넣고 빼지 않으면 아내만 더 답답해진다.

남편의 욕에 잘 대처하자.

남편이 다른 사람을 비난하거나 욕하면 "힘들었구나", "당신이 억울하다고 생각되겠다", "여보 날 믿고 나에게라도 화내며 힘들다고 해 줘서 고마워"라고 반응하자. 대신 아내와 자녀에게 욕하거나 제삼자에게 욕하면 다음의 두 가지로 잘 대처해야 한다.

소극적으로는 아내가 미리 선수를 치자. 욕이 나오기 전에 욕 정도는 아닌, 남편의 억울함과 화난 마음을 표현하는 말을 아내가 대신 미리 해 버리자. 남편이 욕을 안 해도 속이 좀 시원하게 해 주자. 그런 상황이 생기기 전에 남편을 영웅으로, 베스트 드라이버(Best driver)로, 좋은 해결자로, 교양과 지성이 있는 젠틀맨으로 몇 가지 칭찬과 인정을 해 주자. 남편은 이미 영웅이 되어 만족하기에 잘나야 하겠다는 목마름이 어느 정도 해소되었다. 그렇게 되면 불편한 상황에서도 과하게 화를 내거나 비난하지 않게 된다.

적극적으로는 아내가 '나 전달법'으로, 상처가 되어 아프다고 남편에게 말하자.

"욕을 들어서 제 마음이 너무 아픕니다."
"마음에 상처가 됩니다."
"여보, 욕이 너무 힘이 듭니다."
"당신 같은 좋은 분이 욕을 하다니 너무 슬퍼지고 안타깝습니다."
"욕을 들으면 나는 힘이 들어서 오늘 밤에 잠이 안 올 것 같습니다."

또 욕이나 비난이나 거친 말을 할 때마다, 비난이나 거친 말은 1,000원이나 2,000원, 욕은 3,000원이나 5,000원 정도의 벌금 납부 제도를 세워두자. 그 벌금이 어느 정도 모이면 어려운 사람을 돕는 데 기부하자.

남편이 아내에게나 자녀에게 욕을 하는데도 계속 참는 것은 좋지 않다. 그것은 자기학대이다. 남편이 인격장애자로 전락하는 데 방관자가 되는 것이다. 안타깝게도 나르시시즘(애착형 인격장애) 환자가 되는 이유는, 잘못하는데도 영웅이라고 박수를 보내는 잘못된 반응을 하는 사람이 곁에 있기 때문이다.

아내들이 감정 표현이 부족한 남편을 이렇게 7가지로 이해하고 수용해야 좋은 부부가 된다.

아내가 남편의 부분이라도 만족하라

일 중심인 남편에게 가장 중요한 1순위는 성취와 성공과 잘나고 싶은 것들이다. 그에 반해 아내는 남편에게 일부분일 뿐이다. 또 다른 일부는 자녀의 공간이다. 또 일부분은 어머니(좋은 아버지는 같은 비율이고 미성숙한 아버지는 거의 없다)의 공간이다. 그러다 보니 남편은 아내를 부분으로 여긴다. 아내를 전부로 여기기는 어렵다. 그런 한계를 아내가 인정해야 한다. 남편의 사랑은 일을 열심히 하는 것, 돈을 잘 벌어다 주는 것, 자기가 잘나고 자랑스럽다는 것으로 더 많이 나타난다.

대신 아내는 남편을 전부로, 1순위로 여기는 경우가 많다. 그래서 엄청 삶이 목마르고, 남편에게는 더욱 자주 불만이 생긴다. 하와에게 남편을 사모하는 것이 벌로 주어졌다는 것은, 원래 그전에도 남편을 사랑했지만 달라지는 점이 생겼음을 말한다. 이전에는 아담이 완벽하게 이타적이고 성숙하게 하와를 자기 몸과 같이 사랑하고 아껴 주었다. 하지만 죄가 들어오니 아내가 남편을 사모하고 기대해도, 남편이 자기중심이어서 아내의 기대에 부응하지 않는 것이다. 남편은 일 중심이어서, 관계 중심인 아내에게 만족을 주지 못하고 섭섭하게 하는 것이다.

아내들이여! 이것은 남편이 잘못하거나 사랑이 적거나 아내를 무시해서 그런 것이 아니다. 남편이 아내를 최선으로 사랑해도 아내는 남편의 일부분만을 차지한다. 그것을 서글퍼하거나 외로워하지 말고, 신앙과 섬김과 친구와 다양한 활동으로 나머지를 채워야 한다. "남편(자녀)이 나로 다 채워져야 해", "남편(자녀) 때문에 내가 불행해"라고 생각하고 말하는 것은 병든 상태이다. 이런 상태를 계속하면 관계중독, 남편중독, 자녀중독, 공동의존증이 된다. 남편 잘못보다 아내 스스로 낮은 자존감과 결핍된 애착으로 더 힘든 것이다. 영적으로는 남편이 우상이 되거나 자녀가 우상이 되는 잘못을 범하는 것이다.

어니. J. 젤린스키(Ernie J. Zelinski)는 《한 걸음 쉬어가는 길》에서 이렇게 말했다.

> "당신이 불행하다고 해서 남을 원망하느라 기운과 시간을 허비하지 말아라. 어느 누구도 당신 인생의 질에 영향을 미칠 수는 없다. 그럴 수 있는 사람은 오로지 당신뿐이다. 모든 것은 타인의 행동에 반응하는 자신의 생각과 태도에 달려 있다. 많은 사람들이 실제 자신과 다른, 뭔가 중요한 사람이 되고 싶어 한다. 그런 사람이 되지 말아라. 당신은 이미 중요한 사람이다. 당신은 당신이다. 자기 자신을 사랑한다는 것은 중요한 일이다. 다른 사람들이 당신에 대해서 뭐라고 말을 하든 어떻게 생각하든 개의치 말고, 심지어 어머니가 당신을 사랑하는 것보다도 더 자기 자신을 사랑해야 한다. 그러니 언제나 당신 자신과 연애하듯 삶을 살아라."[1]

아내가 먼저 신앙으로, 육체적 건강으로, 심리·정서적 건강으로, 다양한 대인관계로 잘 살아야 한다. 남편과 자녀 덕분에 행복과 불행이 결정된

---

[1] 어니. J. 젤린스키, 《한 걸음 쉬어가는 길》(파주: 청아출판사, 2013), 74.

다면 미숙한 아내이다. 낮은 자존감이 부른 슬픈 노래다. 일 중심 남편에게 아내가 부분인 것만으로 만족하자.

| 두 여인의 품에서 남자는 비로소 남자가 된다 |

부부학교를 수없이 많이 진행하면서 가장 뜨겁게, 자주 우는 순간이 있다.

"남편은 의자에 앉아 앞을 보세요. 아내가 서서 남편의 머리를 아내 가슴에 묻고 꼭 감싸세요. 그리고 한 손은 남편의 머리를 안아 주고, 다른 한 손으로는 남편의 어깨와 등을 한 손으로 두드려 주세요."
"그래서 당신이 힘들었구나."
"나의 큰 목소리가 어릴 때 아버지의 괴로워하는 것과 연결되는지 미처 몰랐어요."
"여보, 고생했습니다."
"그동안 애쓰셨습니다."
"여보 많이 불안하고 외로웠지?"
"내 가슴에 얼굴을 파묻고 그냥 우세요. 불쌍한 당신."
"나랑 살아 줘서 고맙습니다."
"내 남편 되어 주셔서 우리 아이들의 좋은 아버지가 되어 주셔서 고맙습니다."

이렇게 말하면 남편들이 펑펑 운다. 1/2 정도의 남편은 대성통곡까지 한다. 엄마를 잃었던 지난 어린 시절의 결핍과 외로움과 서러움이 아내 엄마를 찾아 가슴에 묻혀 회복되는 것이다. 스태프들도, 진행하는 나도 이 순간에 늘 많이 운다. 왜냐하면, 나도 아내 가슴에 얼굴을 묻고 어린 남자아이가 되어 맘껏 울고 싶기 때문이다. 그렇다. 남자는 어릴 때는 엄마 가슴에 안겨 성장하고, 결혼 후에는 아내 가슴에 안겨 진정한 사나이로 완성된다.

아내들이여, 남편을 품에 안아 주며 어깨와 등을 두드려 보라. 아마 많이 울 것이다. 춥고 미숙한, 상처받은 어린 남자아이가 엄마 품에서 울고 있을 것이다. 간혹 울지 않는다면, 우는 법도 모를 만큼 더 어리고, 더 많은 상처를 지닌 남편이다. 아내가 대성통곡하며 불쌍한 남편을 품고 울어야 한다.

"이 인간아! 니는 내가 안아줘도 눈물도 없나? 감정이나 감동도 없나?" 라고 하지 말자. 잃어버린 아들을 찾았는데 아들이 엄마를 안고도 울지 않는다면, 그것은 이미 피눈물이 여러 번 났기 때문이다.

아내들이여, 남편을 몇 번이나 안아 주는가? 밤에 말고 밝은 낮에 한 번씩 엄마로 안아줘 보자. 두 여인의 품에서 남편은 남자가 된다.

3. 밝은 성으로 누리기 (3번 '눈부신 성' 환승)

아내들이여! 성을 견디는 정도가 아니라 눈부신 성으로, 다음과 같이 적극적으로 누리자.

| 까짓것, 하자는 대로 좀 잘해 주라 |

아내들이여! 남편이 성관계하자는 횟수나 원하는 방법대로 좀 잘해 주자. 그 보상은, 본인의 건강에도 유익하고 둘의 관계에서도 신앙적인 유익을 주며, 자녀 양육과 훈육에도 좋은 결과를 가져온다. 대부분 남편이 원하는 아내 1위가 성적인 만족을 주는 아내이다. 이 부분에서 아내들은 대부분 불편한 느낌이 든다.

"뭐야, 남편에게 이렇게까지 해야 하나? 정말 잘하는 것도 부족한데…"

이런 반응에 동의도 하고, 인정도 하고, 공감도 한다. 그러나 옳지는 않다. 남편은 이런 것을 먼저 채워 주는 아내를 귀하게 여기고 감정도 나누며, 아끼고 헌신하는 것이 나중에 작동한다. 거절이나 충고를 하더라도, 반드시 먼저 친절하게 칭찬과 인정을 쏟아부어 정신을 잃게(붕 뜨게 됨, 영웅으로 착각함) 만들어 놓고 나서 부드럽게 거절해야 한다.

No라고 할 때도 부드럽게, 인격을 거절하지 않으나, 남편을 사랑하고 존경하나, 내가 이런 부분이 안되거나 힘들어서 곤란하다고 거절하는 아내가 지혜롭다. 남편의 감정이 유아와 어린이로 퇴화했기 때문이다. 남편의 생존 본능이 로보캅이기 때문이다. 부드러운 감정이나 따뜻함은 밥 말아 드신 상태이기 때문이다.

남자의 무의식에는 아내에게서 대리 엄마를 찾는 것이 강하다. 원하는 대로 다 해 주는 주는 착한 누이로서의 아내이기를, 모성애로 품어 주는 엄마 같은 아내이기를 바란다. 설운도의 노래 '누이'의 노랫말이 이를 대변한다.

"언제나 내겐 오랜 친구 같은, 사랑스런 누이가 있어요.
보면 볼수록 매력이 넘치는, 내가 제일 좋아하는 누이!
마음이 외로워 하소연할 때도 사랑으로 내게 다가와
예쁜 미소로, 예쁜 마음으로 내 마음을 감싸주던 누이!
나의 가슴에 그대 향한 마음은 언제나 사랑하고 있어요."

아내들이여! 남편들은 다 아내에게 이 노래를 부르고 싶어 한다. 하지만 현실에서 다음과 같은 노래가 되면 피차 고통스러워진다.

"언제나 내겐 매일 잔소리하는, 못된 아내가 있어요.
보면 볼수록 무서움이 넘치는, 내가 제일 힘이 드는 아내!
마음이 외로워 부탁을 하면 싸늘함으로 내게 다가와
독한 표정으로, 못된 여우로 내 마음을 난도질하던 아내!
나의 가슴에 그대 향한 마음은 언제나 짝사랑만 하고 있어요."

남편이 로보캅인 줄 알고 대해야 지혜로운 아내이다. 빠르면 3년, 늦어도 5년이 되면 남편이 철이 든다. 그때부터 아내들이 누리면 된다. 대신 먼저 이 놀라운 짓(대리 엄마 노릇)을 해 주어야 한다.

"저는 3년이나 5년까지 잘한 정도가 아니라 20년, 30년째 희생하고 잘하는데도 남편이 여전히 아들로 철이 없는데, 소장님 의견이 틀린 것 아닙니까? 혹시 남편이 큰 장애가 있는 게 아닐까요?"

실제로 아내가 희생을 잘하는데도 남편이 바뀌지 않았다면, 남편은 나르시시즘(자기애성 성격장애) 수준인 것이 맞다. 하지만 33년의 상담 경험에서 얻은 결론은, 아내가 잔소리하거나 남편을 무시하면 남편이 회복되고 성장하는 기간이 다시 연장된다는 것이다. 잔소리한 순간부터 다시 3~5년으로 연장된다.

남편 가라사대 "여보 당신은 나를 남자로, 영웅으로 대해 주었습니다.

나를 늘 존경하고 인정했습니다. 당신에게 상처받거나 불만이 없습니다"라는 말을 한다면 아내의 점수가 완전한 것이다. 신앙도, 인격도 성숙한 것이다.

아내들이여! 까짓것, 남편이 성관계하자는 방법과 횟수대로 좀 잘해주자.

| 사랑한다는 중요한 시그널이다 |

남편에게는 성관계를 원하고 즐거워하는 것이 아내를 사랑한다고 말하는 시그널(Signal, 신호, 부호, 표시)이다.

"너무 자주 요구해서 죽을 지경입니다"라는 아내의 불만을 부부상담에서 자주 접한다. 남자들은 일 중심이고 성취 중심이다. 그래서 뇌도, 신체도 늘 목표에 맞추어져 있다. 일하고 해결하는 것은 슈퍼맨급이다. 하지만 그 부작용도 있다. 유아나 아동기에 정서나 감정이 고착된 경우가 많다. 여자보다 남자가 특히 그런 경향이 많다. 이런 남편이 아내에게 친밀함과 사랑을 표현하는 방법은 부족하고 미숙하다. 이것은 중학생 아들이 엄마에게 사랑 표현, 친밀감 표현이 힘든 것과 유사하다.

여전도회 연합집회에서 강사로 갔을 때 여전도회 회원들에게 물어 보았다. "남편의 감정과 정서 연령이 몇 살 정도로 느껴집니까?" 이 질문에 무려 80%가 중학생이라고 대답했다. 심지어 10%는 초등학생이라고도 했다. 기가 막힌 것은, 5%는 유치원 수준이라고 말한 것이다. 헐! 어쩌면 좋은

가? 남편이 자기 나이로, 동급으로 느껴진다는 대답은 고작 5%에 지나지 않았다. 그나마 아내들이 큰 인심을 써서 생각한 것이다.

이런 남편이 아내에게 사랑을 표현하는 대표적인 방식이 성관계를 요구하는 것이다. 성관계를 하고 나면 남편은 '아내가 나와 친밀하다. 아내도 나를 사랑하는구나'라는 강한 친밀감을 느낀다. 그러면 한 2~3일은 아내가 계속 좋은 엄마처럼, 좋은 누이처럼 느껴져서 감정을 이전보다 훨씬 잘 나눌 수 있게 된다.

반대로 아내가 성관계 요구를 거절하면, 가뜩이나 다른 친밀함의 방법이 적은 상태에서 훨씬 더 움츠리고 아내와 정서적으로 멀어지게 된다. 아내가 자신의 존재를 거부한 것으로 남편은 느끼기 때문이다. '속 좁은 년(?)' 하며 남편은 아내에게서 정서적으로 멀어지게 된다.

남편은 화해하거나 잘해 보자고 하는 말을 신체 언어인 성적 친밀감을 사용해서 한다. 남자는 직선 사고를 한다. 서론·본론·결론의 사고 구조이다. 아내와 갈등을 일으키거나 싸웠으면 감정을 잘 풀려고 하기보다 행동으로 쉽게 해결하려는 경향이 있다. 선물을 준다든가 성관계를 요구한다든가 하는 것으로 말이다.

여자의 감정은 덩어리로 되어 있고 입체로 되어 있다. 전체적으로 상하고 아픈 아내의 감정은 간단하고 쉽게 해결되거나 풀리지 않는다. 시간도 필요하고, 다양하고 많은 방법으로 대화하고 공감을 받아야 풀린다. 그런 입체적인 감정을 덩어리로 가진 아내에게 오직 몸으로 화해를 요구하는 남편의 모습은 철이 없어 보인다. 속도 없어 보인다. 짜증이 나고 모멸감까지 느낀다. 정서 학대를 받는다는 생각까지 든다. 특히나 성관계를 마치고 바로 돌아누워 코를 골며 자는 남편을 보노라면 더욱 그렇다.

사실 남편은 성관계로 인해 아내와 화해하고 좋은 관계가 되었다는 생각에 더 평안해서 잠이 오는 것이다. 하지만 아내에게 남편의 이런 못된 행위(?)는 나쁘게 보면 짐승과 같다. 자기밖에 모른다고 느낀다. 욕정에 목마른 색정도착증이나 성중독, 이상 성욕자인 성변태 같다고 느껴지기도 한다. 그래서 혐오에 치를 떨기까지 한다.

그런데 놀랍게도, 정말 아내가 싫으면 남편은 성욕이 생기지 않는다. 아니 성욕이 생겨도 아내를 원하지 않는다. 사람의 성은 짐승과 달리 전두엽에서 관장하기 때문이다. 그런 남편이 아내에게 성관계를 요구하는 것은 "여보 사랑한다", "여보 미안하다. 내가 잘못했다. 앞으로 더 잘할게"라고 말하는 것이다.

남편은 결국 아내에게 화해하거나 잘해 보자고 성적 친밀감을 사용한다. 그러니 아내가 못 이기는 척하고 엄마처럼, 연인처럼 만족하게 해 주면 남편은 아내를 더욱 귀하고 소중하게 여기게 된다. 남편이 아내를 사랑한다고 가장 잘 표현하는 시그널이 성관계라는 걸 이해하자.

| 남편의 남성 호르몬이 아내의 8~20배이다 |

남성 호르몬(Male hormone, 테스토스테론, Testosterone)은 근육이 발달하고 털이 나고 자신감이 생기게 한다. 뼈를 강하고 튼튼하게 한다. 일한 후 피곤할 때 빨리 회복되게 한다. 승부욕이 강해지게 하고 강한 리더십도 생기게 한다.

다만 약간의 반동 작용은 감정과 정서가 둔하게 된다는 것이다. 세세한 것을 신경 쓰지 못한다. 성적 유혹이 있으면 자기조절을 하기 힘들다. 성욕이 여자보다 작게는 8배, 많을 때는 20배나 된다는 것이 전문가들의 의견이다. 임신 중 태아의 남아에게 여아보다 남성 호르몬이 20배가 생긴다는 연구 결과가 이를 증명한다. 출산 후 성장하며 환경이나 여건으로 줄었더라도 최소 8~10배는 남자가 여자보다 성욕이 강하다.

물론 여자에게도 남성 호르몬이 있다. 성욕도 있다. 간혹가다 여자가 남자보다 더 원할 때도 있다. 하지만 정서와 감정이 우선되는 것은 틀림없다. 평소에 자기에게 함부로 대한 남편과는 성관계도 하기 싫어진다. 마음이 닫히니 몸도 닫히는 것이다.

성관계를 참으라고 할 때 남편이 느끼는 스트레스는, 성관계하기 싫은데 해야 하는 아내의 스트레스보다 성욕의 차이만큼 클 수밖에 없다. 상담한 부부들의 대부분은 아내가 하기 싫은 것을 반 양보했으니, 남편도 하고 싶은 것을 반 양보하라고 한다. 일리는 있는 말이다. 하지만 이것은 잘못된 지식이다. 반반씩 양보하는 것은 결국 남편이 4배에서 10배가량 더 힘든 결정이 된다. 스트레스 수치로 보면 양쪽이 비슷한 양보를 하려면 남편 한 번 양보에 아내가 네 번 양보하는 게 옳다. 이것은 밥을 10일 굶은 사람과 하루 굶은 사람이 음식이 적을 때 양보하는 힘의 차이라고 생각하면 쉬울 것이다.

| 메타 커뮤니케이션으로 대화하라 |

아내는 남편에게 메타 커뮤니케이션(Meta communication)으로 대화하자. 메타 커뮤니케이션은 상대의 말 내용과 행동보다 진짜 소원과 의도를 헤아려 주고 반영해 주는 대화를 말한다. 즉, 속마음도 알아주는 대화가 메타 커뮤니케이션이다. 하지만, 아쉽게도 대부분 부부가 싸울 때 쌍방 모두 서로의 진짜 소원을 모르고 대화한다. 진짜 의도를 알면 아마도 싸움의 90%는 사라질 것이다.

특히, 남편은 그나마 감정 표현이 여자의 1/10밖에 안 된다. 더 자세히 말하면 남편은 중학생 감정이 50~60%, 초등생 감정이 20%, 유아기 감정이 10%이고 나머지 10% 정도만 어른 감정인데, 이것을 사회생활과 직장생활로 거의 소진한다고 생각하면 얼추 맞다. 그러니 집에 오거나 아내를 만날 때는 이미 감정 언어와 감정 표현 능력은 거의 바닥이 난 상태이다. 따라서 그런 상태에서 남편이 하는 말과 행동은 90% 이상 진짜 의도가 아니다. 남편은 감정표현불능증에 가까운 상태가 된다. 실제로 남자가 여자보다 감정표현불능증이 훨씬 많다.

이럴 때 아내가 남편과 대화에서 먼저 메타 커뮤니케이션으로 대화하면 남편도 점점 대화의 고수가 되어갈 것이다. 메타 커뮤니케이션은 1951년 영국 인류학자 '그레고리 베이트슨'(Gregory Bateson, 1904~1980)이 'communication about communication'이란 뜻으로 만든 용어이다. 대신 이 용어의 저작권자는 미국 언어학자 '벤저민 리 워프'(Benjamin Lee Whorf, 1897~1941)이다. 베이트슨은 대화에서 말 내용뿐 아니라 말하는 목소리,

제스처, 표정 등에서 더 진짜 속뜻까지 헤아려야 바른 소통이라고 했다. 남편이 한 말과 행동보다 비언어적 행동(Nonverbal behavior)에 나타난 진짜 속뜻을 아내들이 더 잘 알아내고, 그것에 맞게 남편에게 반응하고 대처하자. 그러면 남편은 아내에게 감격으로 전율할 것이다.

'메라비언의 법칙'(Rule of Mehrabian)은 특히 메타 커뮤니케이션 대화의 핵심 원리를 더 잘 보여 준다. '메라비언의 법칙'은 전체 대화에서 목소리(목소리의 톤, 음색)는 38%, 바디 랭귀지(body language, 자세·용모와 복장·제스처)가 55%, 말하는 내용은 겨우 7%만 영향을 미친다는 법칙이다. 대화에서 언어보다는 시각과 청각 이미지가 중요한 메타 커뮤니케이션이다. 그래서 '7% - 38% - 55% 법칙', '7:38:55 법칙'이라고도 한다. 결국, 남편이 하는 말의 내용은 7%만 참고하고, 무려 93%는 목소리, 표정, 몸짓으로 진짜 소원, 진짜 의도를 알아차리는 아내가 되라는 것이다.

"여보, 오늘 할까?"

아내가 힘든데 그렇게 말하는 남편에게 아내는 무엇이라고 대화하는 것이 좋을까?

"이 인간아, 당신이 짐승이가? 마누라가 지금 힘든 것 안 보이나? 어떻게 자기만 아냐?"

이런 말은 본능적이고 자연스럽게 '말'로 하는 말이다. 굳이 옳고 그른 것으로 따지자면 옳은 면이 더 있는 말이다. 하지만, 이런 아내의 말은 남편의 말 내용을 비판한 것이지 남편의 진짜 의도를 알아준 것은 아니다. 이렇게 말하면 남편은 아내가 성을 거절한 것으로 보지 않고 자신의 인격을 거절한 것으로 본다. 남편에게 상처와 좌절과 분노가 생긴다. 아내도 물론 당연히 힘들어서 말한 것이다. 하지만 다음과 같이 아내가 말해야 메타 커뮤니케이션으로 잘 말하는 것이다.

"여보, 오늘 나와 더 친하고 더 사랑하고 싶은 거구나. 나를 그렇게 좋아해 주어서 고마워요. 나도 그러고 싶은데, 오늘 내가 몸이 좀 아프네. 대신 2일 뒤에는 괜찮아질 거야. 그때 하면 어떨까?"

대화의 고수인 메타 커뮤니케이션으로 대화하려면, 아내도 남편도 먼저 '잘 대화법'을 배워야 한다. 영어, 수학 과외만 하지 말고 대화법도 배우자. 남편을 존경하는 마음을 미리 방석으로 깔고 대화해야 한다. 아내는 남편에게 메타 커뮤니케이션으로 대화하자. 남편 속마음을 잘 읽는 프로 아내가 되자.

| 거절을 예쁘게 하는 고수가 되라 |

아내가 남편의 성적 요구를 거절할 때는 거절이 아닌 것처럼 하면서 거절하자. 그러면 대화에서도 사랑에서도 고수인 아내이다.

"여보, 나도 당신과 즐거운 시간을 보내고 싶어요. 그런데 오늘 좀 몸이 아프네(생리, 몸살, 감기, 피곤함…). 모레가 되면 생생해질 것 같은데, 그때 내가 더 잘해 줄게요. 그래도 되죠?"라고 말하면서 남편에게 가벼운 마사지나 애무를 해 주자. 접촉을 통한 친밀함을 누리고 싶은 남편의 욕구가 어느 정도 해소되고 대체도 된다.

그러면 남편은 "아내가 나를 거절한 것이 아니라 힘들고 아파서 성관계만 거절한 거구나"라며 기분 나빠하지도, 삐치지도 않고 도리어 친밀함을 유지한 채 잠들 수가 있다. 아내 손까지 잡고 말이다.

"당신은 짐승이야, 내가 오늘 그날인데, 그것도 못 참아?"
"이틀 전에 했잖아, 얼마 지났다고 또 하냐? 귀찮아, 저 방에 가서 자, 에이."
"당신은 당신 필요만 채우지, 내가 힘들고 피곤하고 아픈 것은 보이지도 않지? 어이구 내가 못 살아."

아내가 남편에게 이런 말을 하는 것은 좋지 않다. 마치 밥을 며칠 굶은 사람에게 "소리 좀 내지 말고, 음식물 흘리지 말고, 한 그릇만 천천히 먹어"라고 요구하는 것과 같다. 어쩌면 굶은 사람은 이런 소리를 하는 사람이 친엄마라도 죽이고 싶을지도 모른다.

남편의 성관계 욕구를 웬만하면 기쁘고 자원하는 마음으로 수용하고, 거절할 때는 기분 나쁘지 않게 거절하는, 상대를 배려하는 성숙함이 있으면 좋은 아내이다.

아내들이여! 남편의 성관계 요구를 잘 받아 주되, 거절하더라도 남편에게 상처 주지 않는 말로 잘 거절하자. 남편은 적극적으로 수용하고, 성관계만 사정상 못 하겠다는 말로 거절하자. 그래서 진정한 고수 아내가 되자.

4. 야호! 자유 누리기 (4번 '자유로움' 환승)

아내들이여! 혼자서도 자유를 누리자. 만족하자. 그래서, 남편을 억지로가 아니라 넘치는 사랑으로 사랑하자. 아내 본인도 지지치 않고 넉넉하고 만족한 삶을 살자. 다음과 같이 자유를 누리는 방법을 위한 아내 레시피를 소개한다.

| 매력적인 여자가 되어라 |

아내들이여! 남편과 상관없이 스스로 먼저 매력적인 여자가 되자. 남편이 자기 발로 남편의 자리를 찾을 것이다. 《죄와 벌》을 쓴 러시아의 대문호 표도르 미하일로비치 도스토옙스키(Fyodor Mikhailovich Dostoevsky, 1821~1881)는 남들에게 존중받고 싶다면 먼저 남을 존중하라고 했다.

성경에도 "네 이웃을 네 몸과 같이 사랑하라"(마 22:39; 롬 13:9)고 했다. 이것은 자기를 제대로 사랑하지 못하면 이웃을 사랑할 힘도 없으며, 사랑해도 지치고 억울하고 사랑이 안 된다는 말이다. 쉽게 말해, 남을 사랑하지 않는 이유는 자신도 사랑하지 못하기 때문이다. 자기 비하, 자기학대, 지나친 희생, 지나친 이기주의가 묻어 있는 아내는 매력이 없다. 금방 남편과 자녀가 싫증을 낸다. 너무 강렬한 느낌이라 부담되고 싫증이 난다.

배고픈 사람과 엄청나게 피곤한 사람은 만사가 짜증이 나고 귀찮다. 예민하다. 마찬가지로 자기 스스로 이미 불행한 여자는 좋은 아내 역할이 짜증 난다. 엄마 역할 하기가, 좋은 여자 되는 것이 고달프다. 화가 난다. 억울하다. 지친다. 하고 싶지 않다.

아내들이 먼저 자기의 색깔을 예쁘게 단장하는 삶을 살자. 분명하게 의미 있는 삶을 살자. 남편은 매력적인 아내에게서 더 많이 쉼을 누린다. 남편의 미숙한 정서도 색깔이 다양한 아내에게서 더 빨리 회복된다. 자녀도 그렇게 정체성이 분명한 엄마를 더 좋아한다. 덕분에 자녀 스스로 매력적인 삶을 살게 된다.

좋은 대화법을 배우고 적용하자. 취미나 재능을 잘 찾고 발전시키자. 자기가 잘하는 것을 적극적으로 누리고, 다른 사람도 잘 도와주자. 운동도 해서 몸매도 가꾸고, 외모도 관리하자. 옷도 비싼 것이 아니라도 감각 있게 입자. 홈드레스를 좀 더 좋은 옷으로 투자하자. 외출할 때만 좋은 옷 입지 말고, 집에서 남편과 자녀 앞에서도 좋은 옷을 입자. 가족도 위해야 하지만 자기 자신을 좀 더 위하자.

특히 밤에는 남편에게 섹시한 아내가 되자. 낮에는 모두에게 교양과 성숙미가 물씬 풍기는 여자가 되자. 감정 기복이 크게 없이 균형 잡힌, 온유하고 풍성한 성품이 되자. 하나님의 딸로 은혜를 누리고 신앙적 풍요로움을 가지라. 세상이 주지 못하는 평안을 누리라. 평안해 보이는 여성, 유머가 있고 미소가 있는 여성은 가장 좋은 아내이다. 이것은 가장 좋은 엄마의 필수 요소이다. 남편과 자녀는 물론 많은 사람이 아내의 모성애와 매력적인 여성의 품속에서 치유되고 행복할 것이다.

남편을 핑계 대고 자녀를 걱정하면서 자기를 관리하지 않는 것은 잘못이다. 아내가 자기 사명을 버리고 살면 아내도 남편에게 귀한 대접을 받지 못한다. 자녀에게도 초라한 대접을 받는다. 자기가 자기를 버렸는데, 누가 자기를 귀하게 여기겠는가? 잘 노는 사람이 공부도, 일도, 대인관계도 잘한다. 자기를 건강하게 사랑하고 혼자서도 충분히 행복한 사람이 매력 있어서 다른 사람에게도 사랑받는다.

남편이 아내를 모임에 데리고 나가서 자랑하고 싶게 하자. 자녀에게서 '나는 엄마처럼 살고 싶다'라는 말이 나오게 하자. 매력과 만족과 행복을 증명하는 그런 엄마가 되자.

아내들이여, 아들 같은 남편의 부족함에 목매지 말자. 자녀의 교육에 엄마가 수고하고 애를 쓰기는 하지만, 여자까지 포기하는 엄마가 되지는 말자. 나중에 자녀가 다 자라고 나면, 도리어 여자로서 자기 고유의 삶도 포기한 엄마 때문에 고통받게 된다. 자녀는 엄마의 인생을 제일 초라하게 한 죄책감으로 살게 된다. 엄마처럼 살고 싶지 않다는 평가를 받지는 말자. 자녀가 훗날 엄마로 인해 미안함과 번민으로 범벅이 된 고통을 받게 하지는 말자. "엄마가 행복해서 좋습니다"라는 말을 들어야 한다.

아내들이여, 여자의 행복을 먼저 가꾸자. 먼저 매력적인 여자가 되자. 하나님의 딸로 먼저 복되게 살고, 의미 있게 살자.

| 지나친 걱정과 불안을 내려놓으라 |

걱정이 너무 많아서 걱정에 잠들고, 걱정에 깨고, 걱정에 밥 말아 먹고, 걱정으로 대화하고, 대화의 결론도 걱정인 사람이 아내이다. 물론 건강하고 성숙한 아내도 걱정이 많다. 하지만 분명 사랑이라는 이름인데, 돋보기로 확대해 보면 과한 걱정이 사랑으로 둔갑한 경우가 많다.

우리 아들들은 엄마를 사랑하고 존경한다. 하지만 나와 아내를 약간 다르게 대하는 경우가 있다. 아들들이 자기 실수나 걱정거리를 상의할 때 70%는 우리 부부가 같이 있을 때 한다. 하지만 30% 정도는 내게만 털어놓고 상의한다. 엄마를 싫어하거나 믿지 못하는 것이 아니다. 아들의 고민을 듣는 것만으로도 엄마가 너무 많이 걱정하고 고민할 것 같아서 그런다고 한다. 엄마를 평소에 크게 걱정하지 않는 사나이인 우리 두 아들도 엄마가 너무 걱정이 많다는 걸 안다. 그래서 일부 고민은 아빠인 나와만 상의하는 것이다. 아빠가 더 성숙해서도 아니고, 아빠를 더 사랑해서도 아니다. 나는 아들과 대화로 상의하고, 잠깐 같이 걱정하고, 상의가 끝나면 바로 걱정하지 않는다. 아들들도 그런 아빠를 알기에 아빠에게 고민 상담하기를 더 편하게 여긴다.

걱정이란 무엇인가? 그 실체를 보면 아내들의 걱정은 대개 막연한 불안이고, 걱정해도 소용없는 것도 제법 많다.

"걱정해서 걱정이 없어지면 걱정이 없겠네"(티베트 속담).

"걱정이란 내일의 검은 구름으로 오늘의 햇빛을 가리게 하는 것이다"(데일 카네기).

성경에는 "염려하지 말라"는 언급이 무려 365회나 나온다. 1년이 365일이니, 매일 걱정하지 말라고 하나님이 말씀하시는 셈이다. 성경은 걱정과 근심의 나쁜 점을 많이 말씀한다. "눈이 멀고 팔다리도 야위어지고"(욥 17:7), "영혼과 몸이 쇠약해지고"(시 31:9), "심령이 상하며"(잠 15:13), "뼈가 마르고"(잠 17:22), "결국 우리를 죽음에 이르게 한다"(고후 7:8-16).

이병준의 말에 따르면, 우리가 하는 걱정 중에 어차피 걱정해도 해결할 수 없는, 이미 지나간 과거의 내용이 90%가 넘는다고 한다. 그리고 아직 오지도, 일어나지도 않은 일에 대한 걱정이 6%이다. 현재와 관련된 걱정은 고작 4%이다. 이 현재와 관련된 4% 중에도 전혀 일어나지 않을 일이 2%이다. 결국, 쓸 데 있고 유익한 걱정은 2%밖에 안 되는 것이다.[1]

심리학자이며 경력관리 전문가인 어니. J. 젤린스키(Ernie J. Zelinski)에 따르면, 우리가 하는 걱정의 96%는 쓸데없는 것이라고 한다. 우리 걱정거리의 40%는 절대 현실에서 일어나지 않을 사건들에 대한 고민이다. 30%는 이미 일어난 사건에 대한 고민이다. 22%는 사소한 사건에 대한 고민이다. 4%는 우리 힘으로는 어쩔 도리가 없는 진짜 사건에 대한 고민이다. 나머지 4% 정도의 걱정만이 바꿔 놓을 수 있는 사건들에 대한 바람직한 고민이라는 것이다.

성경적으로 보면, 지나친 걱정은 하나님을 온전히 믿지 않는 불신에서

---

1 이병준, 《우리 부부 어디서 잘못된 걸까? 2: 아내사용설명서》(서울: 영진닷컴, 2016), 303.

온다. 하나님께 맡기고도 불안한 이유는, 일이 내가 생각한 방법대로 흘러가지 않는 데 대한 당황 때문이다. 내가 모든 걸 책임져야 한다는 생각이 불안의 뿌리이다. "하나님이 내 인생 책임을 못 지시니 내가 내 인생을 책임져야 해"라는 불신이다. 그런데 나는 미래를 잘 모르고 능력도 부족하니 불안과 걱정이 많아지는 것이다.

심리학적으로 볼 때, 걱정은 어릴 때 초기 양육자에게 신뢰를 충분히 쌓지 못해 불신과 불안이 일반화되고 투사된 것이 원인이다. 그것이 지금 어른이 되어서도 계속되는 것이다. 불안한 이유는 과도한 기대나 욕심 때문이다. 일의 결과가 내가 기대한 대로 되지 않을 수도 있는데, 과도한 기대와 욕심이 있으면 모두 실패라고 여기게 된다. 부분적인 성공이나 작은 변화에서 오는 만족과 유익을 누리지 못하는 것이다. 또, 최선을 다해서 내가 해야 할 일을 하지 않았다는 완벽주의와 강박증에서도 불안은 더 크게 온다.

〈Don't worry, be happy〉 노래를 3~4번 듣자. 그리고 "Don't worry, be happy"를 크게 외치자. 그러면서 아내들이여! 걱정의 90%는 이제 내려놓자. 내려놓은 90%의 시간과 남는 여력으로 즐겁게 누리며 살자.

| 남편을 믿지 말고 사랑만 하라 |

꾸준한 상담으로 알코올 의존증 남편을 치료하여 회복시킨 사례가 많다. 쉽지 않지만 참 보람된 일이다. 그런데 이상한 현상을 발견했다. 남편의 알코올 의존으로 괴로움을 겪던 아내들이, 남편이 치유된 후 도리어 대

부분 우울증이 생겼다. 남편이 술에서 자유롭게 되니 아내가 더 강하게 갇힌 것이다.

그동안 남편을 사람 만들고, 가정경제를 책임지고, 자녀 독박 육아를 하며 사는 삶이 너무 고달프고 억울하고 싫었다. 하지만, 그와 동시에 그것이 아내 자신에게 존재감을 주고 삶의 동력이 되었다는 이중성이 있었다. 그런데 남편이 치유되자 갑자기 지금까지 하던 자기 역할과 존재감이 없어진 것이다. 그동안 자기 스스로 좋아서 하는 만남, 취미, 봉사, 섬김, 의미, 여행, 친구, 신앙생활을 독립적으로 잘 하지 않아 낯설어진 것이다.

자기가 자기에게 낯설어지는 것이 우울증이다. 갑자기 주어지는 많은 시간과 여유로 인해 자기가 쓸모없는 사람 같아진 것이다. 쉽게 말해, 그동안 불쌍한 인간인 남편을 건사하는 존재감이 자기 삶의 동력이었는데, 자기 스스로 의미 있는 삶을 살아야 하는 때가 오니 바른 정체성을 찾지 못한 것이다. 그래서 알코올 의존 남편의 회복과 동시에 아내들은 거꾸로 우울증이 왔다.

그래서 나쁜 남편에게 매여 지나친 희생을 하며 사는 아내들은, 남편 상담을 요청할 때 반드시 아내 본인도 별도로 상담을 받아야 한다. 아내 스스로 자신을 사랑하고 돌보고 가꾸어야 한다. 자존감을 높이고 정체성을 찾아야 한다. 아내 혼자서도 행복해야 한다. 공동의존증과 관계중독을 치료하자. 남편과 자녀에 의해 아내의 행·불행이 의존되지 않게 하자.

아내들의 학습된 무기력도 치료해야 한다. 학습된 무기력은 미국 심리학 교수인 '마틴 셀리그만'(Martin E. P. Seligman)이 말한 것으로, 어릴 때 큰 좌절과 거절을 경험한 사람이 나중에 어른이 되어서 그 어려움을 헤쳐 나

올 수 있는데도 헤쳐 나오지 못하는 상태를 말한다. 결국, 스스로 이용당하며 무기력한 노예로 살아가는 것이다. 스스로 불행을 벗어나는 시도를 하지 않는 것이다. 비관주의자, 학습된 무기력자, 상처 뒷바라지하는 자, 감정 쓰레기통 역할, 혼자서는 불행한 자. 행복마저도 남편과 자녀에게 의존하는 아내로 학습된 것이다. 이처럼 스스로 노예가 되어 사는 삶을 반드시 그만두어야 한다.

아내가 남편에게 하는 대리 부모 역할은 부분적으로는 필요하다. 일정 기간을 하는 것은 오히려 본인의 건강에도 도움이 된다. 하지만 평생을 그렇게 하거나 5년이 넘어도 해야 하는 정도가 되면, 그것은 아내의 자기학대이다. 희생이 지나치면 착한 것이 아니라 자기학대이다. 하나님만 줄 수 있는 만족을 사람에게서 찾는 우상숭배이다. 믿음의 대상은 남편이 아니다. 자녀도 아니다. 남편과 아내는 사랑하고 돌봐줄 대상이지 믿을 대상이 아니다. 아내들이여, 남편을 그냥 사랑만 하고 믿지는 말자. 의심하라는 뜻이 아니라 기대를 낮추라는 것이다. 부디 아내 자신만으로 행복하고, 홀로 있을 때도 행복을 누리자.

아내들이여, 아이와 배우자에게서 자신을 분리하자. 결혼은 '부모를 떠나'라고 선언한다. 부모에게서 떠나는 독립이 되어야 부부의 온전한 하나 됨을 이룬다. 부모가 자녀를 떠나보내 주는 것도 필수이다. 하지만 아내들도 부모를 잘 떠나야 한다. 부모를 떠난 아내라야 부모나 남편이나 자녀와 상관없이 홀로 온전히 행복을 가꿀 수 있다.

그러니 아내들이여! 남편을 믿지 말자. 제발 사랑만 하자. 믿는 것은 하나님만 믿자. 그리고 자신에게도 상을 주자. 자신도 잘 사랑해 주자.

| 남편이 오해하지 않게 말하라 |

아내들이여, 남편에게 말할 때 남편이 오해하지 않게 잘 말하자. 남편과 대화의 고수가 되자. 남편은 해결 중심으로 아내 말을 듣다 보니 끝까지 아내 말을 듣지 않는다. 빨리 중간에 말을 끊고 해결책을 말한다. 그래서 아내들이 남편에게 이렇게 말해야 오해가 없다.

"여보, 나 당신이 뭘 하라는 게 아니야. 그냥 내 이야기 30분만 들어 주고 공감만 해 주면 고맙겠어. 지금부터 말해도 될까?"라고 시작하자. 그러면 해결사 증후군이 있는 남편의 뇌는 안심하고 작동을 멈춘다. 곧바로 남편은 아내의 감정 해결을 위해 잘 들어 주는 순한 스펀지가 된다.

칼로 찌르듯이, 따지듯이 대화를 시작하지 말자. 따지는 말투로 시작하면 남편은 자라처럼 마음을 쏙 집어넣고 숨으며 문을 닫아 건다. 자기가 다치지 않기 위해서이다. 더 심한 갈등을 피하기 위해서이다.

"여보, 이야기 좀 합시다"라고 접근하며 따지듯 대화를 시작하면 남편은 거의 경기(驚氣)를 일으킨다. 귀신을 대하듯 감정이 얼어붙는다. 칼로 찌르는 대화는 자존심을 건드리는 대화이다. 이것도 피해야 한다.

"당신이 하는 게 그렇지 뭐."
"어이구, 뭐 잘하는 게 있나?"
"어쩌면 집안이 다 그러냐?"
"개에게 물어봐라. 개도 알겠다."
"돈도 못 벌면서…"

'항상', '맨날', '또', '절대로', '늘', '전에도'와 같은 싸우는 단어, 인격 모독 언어를 사용하는 것은 아내도 인격이 부족함을 드러낸다. 칼로 바로 공격하지 말고, 그냥 멀리서 화살 쏘듯이 우선 잘 대하고, 따스한 말도 하자. 인정과 칭찬도 하자. 한참 지난 후에 화살이 도착하듯, 말의 끝에 청유형으로 충고나 부탁을 남편에게 하자.

화살이 포물선을 부드럽게 그리듯, 남편에게는 고생한다고, 애쓴다고, 고맙다고, … 부분은 너무 잘한다고 말하자. 그런 후 "여보, … 부분을 … 하게 해 주면 어떨까? 부탁해요", "그저 … 분 들어만 주면 됩니다"라고 부드럽게 화살로 남편의 마음에 쏘자. 남편이 심장에 맞고 조금씩 당신에게 파트너로 잘 다가올 것이다.

아내들이여, 남편이 오해하지 않게 잘 말하는 진정한 대화 고수가 되자. 본인이 왕비로 대접받을 것이다. 자녀도 잘 양육하는 고수 엄마까지도 될 것이다.

| 남편과 잘 노는 법을 배우라 |

남편은 신나게 노는 욕구가 문화 욕구보다 크다. 아내가 남편과 잘 놀아 주면 남편은 아내에게 더욱 충성하고, 아내를 귀하게 여기게 된다. 아내가 원하는 문화 욕구도 채워 주려고 애쓸 것이다. 아내들이 배워서라도, 전문가의 도움을 받아서라도 남편과 어떻게 놀면 좋은지를 연구하자.

잊지 말자. 좋은 결혼은 부부가 서로 잘 노는 것이다. 천국도 하나님과 성도가 영원히 즐겁게 잘 노는 곳이다. 일하는 곳이 아니다. 안식하는 곳이다. 좋은 가정은 남편과 아내가, 자녀와 부모가 잘 노는 가정이다. 아담과 하와는 에덴동산에서 일도 했지만, 더 많은 시간을 먹고 마시고 즐거운 놀이를 하며 지냈다.

에덴의 뜻이 '기쁨'이다. '보람'이 아니다. 부부가 기쁨을 더 만들어 내는 것이 좋은 결혼이다. 남편은 일 중심, 생존 본능, 승부욕으로 인해 즐겁게 노는 것이 굉장히 어렵다. 그래서 아내가 감정 놀이, 문화생활로 잘 놀 수 있도록 주도해 주어야 한다.

잘 노는 부부가 대인관계도 잘한다. 자녀와의 관계도 좋다. 자녀 양육도 잘한다. 잘 노는 것에서 공감을 배우기 때문이다. 상대도 이해하기 때문이다. 자신도 이해하게 된다. 잘 참는 것도 배우게 된다. 잘 놀면 인성과 감성과 감수성도 뛰어나게 된다. 모두 대인관계를 잘하는 요소이다.

놀이는 뇌를 활성화하고 적극적으로 개발하여 공부도 잘하게 한다. 창의성도 풍부하게 한다. 놀이는 회복 탄력성을 길러 실패나 좌절에도 심리·정서가 건강해서 유연하게 대처하게 하고, 금방 털고 일어서게 한다.

결혼 전 남녀의 데이트는 모두 노는 것이다. 결혼 후에도 부부는 데이트를 멈추면 안 된다. 노는 것을 멈추면 안 된다. 성경의 가장 아름답고 깊은 데이트 이야기인 아가서는 신랑 솔로몬과 신부 술람미 여인 부부의 데이트 이야기이다. 두 부부의 '노는 이야기'이다. 이제 감정이 더 뛰어난 아내들이 잘 조율하여 'New 아가서'를 부부의 이야기로 쓰자. 주님도 기뻐하신다. 신앙이 좋다는 것은 부부가 잘 노는 것이다. 성령의 열매에 '희락'이 있다. 성령 충만의 증거도 잘 노는 것이다.

아내는 남편과 잘 놀아 주자. 결혼생활은 부부가 같이 노는 것이다. 부부가 같이 즐겁고 행복해지는 것이다. 다양한 문화 활동, 취미, 운동, 여행, 독서, 정서와 감정과 사고의 여행, 친환경적인 활동을 즐기자. 자연과 놀기, 부부의 성 즐기기, 자녀와 즐겁게 지내기를 격려하고 연구하고 배려하며 남편을 리드(lead)하자.

처음에 남편은 놀기가 어색해서 힘들어하지만, 막상 놀아 보고 즐거움을 얻으면 이내 서로 노력하는 행복한 부부가 된다. 이렇게 부부가 잘 놀아야 자녀도 잘 놀도록 교육할 수 있다. 남편과 잘 노는 것이 아내의 노후대책이다. 아내와 잘 노는 것이 남편의 노후대책이듯이 말이다. 노후에 자녀가 다 떠나고 빈 둥지가 된 집에서 갑자기 남편과 무엇을 하며 지낼 것인가?

"가족끼리 이런 거 하는 거 아니야."
"늙어서 주책이야."

이런 대화를 주고받는 슬픈 노후를 보내서는 안 된다. 할아버지, 할머니의 가장 행복한 노후는 노부부가 둘이 있어도 재미있고 즐거운 것이다. 우리나라의 70세 이상 노부부 중에 둘만 있어도, 자식이 없어도, 중간에 다른 사람이 끼지 않아도 즐겁고 재미있게 보낼 수 있는 부부는 과연 얼마나 될까?

결혼은 남편과 잘 노는 것이다. 그렇게 하지 않으면 자녀가 배우자보다 우선된 결혼 초반과 중년을 보내게 된다. 그러면 대부분 불행한 노후를 맞이할 것이다. 빈둥지증후군으로 힘들 것이다. 아내들이여, 잘 배워서라도 남편과 잘 놀아 주자. 가정이 변하고 남편도 변할 것이다. 그 이름은 가정 천국이다.

chapter 3. 아내 레시피 - 핵심 포인트

1. 남편을 존경하기(1번 '난로' 환승)
남편 전용 '마음 난로'를 갖추자. 남편에게 칭찬과 존경을 찾아서 하자. 어쩔 수 없이 해야 할 때는 아름다운(?) 잔소리 비법 4가지로 하자. 남편을 가정의 지붕이 되게 하자. 남편이 귀찮아하고 집에서 빈둥거리는 것을 반대로, 지혜롭게 잘 공략하자. 남편은 아내보다 더 심리·정서적으로 방전되어 들어온다. 집에서 아내가 남편의 심리적 에너지를 충전해 주자. 자녀를 1순위로 하지 말고, 남편을 1순위로 하자.

2. 홀로 성숙하기(2번 '어른' 환승)
아내들이 먼저 어른이 되자. 아내 혼자서도 행복해지자. 하나님과 자기 성숙과 의미 있는 삶으로도 충분히 행복을 누리자.
남편을 의심하고 따지게 하는 거짓말 탐지기를 버리자. 남편은 감정 표현이 힘들고, 대체로 중학생 수준인 것을 이해하고 도와주자. 남편은 일과 성취 중심으로 살다가 감정과 애착이 온전히 채워지지 않아 아내에게 엄마 노릇을 먼저 요구한다. 남편을 입양한 아들이라 여기고, 일방적으로 수용하고 인정하며 존재감을 세워 주자. 아내가 남편에게 일부분으로 여겨지더라도 만족하자. 남편은 잘하면 고맙고, 잘하지 못하면 그러려니 하자. 남편은 어릴 때는 어머니 품에서 성장하고, 어른이 되어서는 아내의 품에서 진정한 남자가 된다. 남편에게 바라거나 기대하거나 믿지 말고, 그저 품어 주자. 믿는 것은 하나님만 믿자.

3. 밝은 성으로 누리기(3번 '눈부신 성' 환승)
눈부신 성으로 누리자. 남편이 성관계를 요구하면 까짓것, 하자는 데로 좀 잘해 주자. 남편은 사랑한다는 중요한 시그널이 성관계하는 것이다. 남편은 남성 호르몬이 10배이니 성욕도 10배이다. 잘 배려해 주자. 메타 커뮤니케이션 대화로 남편과 대화하자. 남편의 진정한 의도와 마음을 알아 주는 대화를 하자. 성적인 요구를 거절하더라도 예쁘게 거절하는 참 고수 아내가 되자.

4. 야호! 자유 누리기(4번 '자유로움' 환승)

아내들이여, 혼자서도 자유를 누리자. 만족하자. 남편은 믿거나 기대하는 것이 아니라 그저 사랑할 대상이다. 남편과 자녀에게 의존하지 말고, 스스로 매력적인 여자가 되고 성숙하자. 지나친 걱정과 불안을 제거하고 평안과 여유를 가져라.

남편을 믿지 말라. 제발, 사랑만 하자. 남편에게 자연 대화가 아닌, 제대로 배운 대화법으로, 오해하지 않게 말하자. 남편과 잘 노는 법을 배워서 잘 놀자. 남편에게 가장 좋은 친구가 되어 주자.

chapter 3. 아내 레시피 - 나눔과 적용

1. 자녀보다 남편을 1순위로 여기자.

1) 남편보다 자녀를 우선하는 잘못된 나의 2가지:

2) 자녀보다 남편을 우선하기 위한 나의 2가지 개선계획:

2. 남편에게 성적인 만족을 충분히 만족시켜 주는 부분과 그렇지 못한 부분을 알아보고 개선하자.

1) 남편에게 성적인 만족을 주는 2가지:

2) 남편에게 성적인 만족을 주지 못하는 2가지와 각각의 개선계획:

3) 남편에게 물어본 성관계에 대한 소원:

3. 남편에게 칭찬과 인정을 하루에 1~3가지 넘게 하는가?

1) 남편에게 칭찬과 인정을 잘하고 있는 내용:

2) 남편의 장점, 능력, 재능, 좋은 점, 칭찬하고 싶은 것 중에 10가지 이상 적어 보고, 직접 남편에게 말해 주자. 그 결과 소감은?

4. 남편과 자녀에게 행복과 불행도 지나치게 의존하여, 남편과 자녀로 인해 행복하거나 불행하지 않게 하자. 의존된 것을 파악하자. 아내 스스로 행복하기 위해 개선하자.

1) 남편과 자녀에게 지나치게 의존하는 것 2가지:

2) 아내 스스로 행복하기 위해 개선할 점을 3가지 이상 적고 나누어 보자.

4장
남편 레시피

MARRIED COUPLE PLATFORM

1. 아내를 귀하게 여기기(1번 '소중함' 환승)

남편들이여! 아내를 무심하게 여기는 것에서 소중하게 여기는 것으로 환승하자. 아내를 소중히 여기는 것은 하나님과 자신과 자녀까지도 소중하게 여기는 것이다. 아내를 소중히 여기면 신앙이 바르게 성숙한다. 특히 하나님 나라를 가정에서 이루고 누리는 신비를 발견하게 된다. 남편 자신도 성숙하고 아내의 존경도 누리게 된다. 자녀가 아버지를 존경하게 된다. 자녀 교육도 잘하게 되는 좋은 아버지의 지름길이다. 특히 자녀가 아버지를 존경할 때 신앙 전수가 자연스럽게 이루어진다. 이렇게 되도록 아내를 소중히 여기는 남편 레시피를 소개한다.

| 100년산 포도주를 매일 마시라 |

남편이 먼저 100년산 포도주를 매일 마시자. 이 말은 발효가 세상에서 가장 잘되고 오래된 새 술인 '성령'으로 충만해지라는 말이다. 자기 정신만으로는 자기중심성을 넘어서지 못하기에 아내를 진정 사랑하는 것은 불가능한 일이다. 새 술, 즉 성령에 취하면 남편은 썩은 냄새 나는 성격이 없어지고 발효가 잘되어, 깊은 향기가 나는 품격 있는 인격이 된다. 그렇게 되면 원수도 사랑할 힘이 생겨난다. 이런 남편은 아내의 이해할 수 없는 모든 것도 수용하고 이해하고 공감까지 하며, 세상에 없는 깊은 맛의 사랑을 하게 된다. 이렇게 되면 아내도 남편에게 취할 것이다. 진정한 100년산 포도주는 세상에 없다. 예수님이 직접 주시는 성령이 100년산 포도주보다 더 놀라운 능력을 일으킬 것이다. 이런 새 술에 취하자.

50년산 포도주는 로마 가톨릭 교황만 마신다고 한다. 너무 귀해서 그럴 것이다. 예수님은 가나 혼인 잔치에서 물이 포도주가 되게 하셨다. 아마도 100년산은 족히 되는 포도주라고 추측한다. 왜냐하면, 포도를 만드신 하나님이 포도주를 만들었기 때문이다. 이 세상에서 인간이 만든 포도주와 비교가 되지 않는 극상품 포도주일 것이다. 그러니 연회장이 "이렇게 맛있는 포도주를 왜 잔치 끝나가는 지금에서야 꺼내 주냐?"라고 탄복한 것이 아니겠는가!

남편이 100년산 포도주인 성령을 마시면 아내가 최우선이 된다. 아내를 마님으로 모시는 놀라운 변화가 생긴다. 모든 여자를 돌로 보고, 아내만 보석으로 보게 된다. 세상 술은 아내만 돌로 보이고, 다른 모든 여자가 보석으로 보이게 하는 것과 정반대이다.

남편들이 성령에 취하면 부를 노래가 김수희의 '애모'이다. 여자를 위한 노래지만, 남편으로 가사를 바꾸면 성령 충만한 남편의 노래가 된다.

'… 한마디 말이 모자라서 다가설 수 없는 사람아,

아내 앞에만 서면 나는 왜 작아지는가?

… 사랑 때문에 침묵해야 할 나는 당신의 남편

… 그대 앞에만 서면 나는 왜 작아지는가?

사랑 때문에 침묵해야 할 나는 당신의 남편…'

    100년산 포도주인 성령으로 충만해서 아내를 극진하게 소중히 여기는 남편이 되자. 싫어하는 것이 불가능한 그런 사랑을 하자.

    아내와 대화를 피하면 안 된다. 아내들이 남편에게 불만을 느끼고 상처받는 부분이 남편의 회피하는 행동이다. "대화를 더 해 보자"라는 아내의 말에 남편이 침묵하거나 회피하거나 반응하지 않거나 도망하는 것은 매우 무책임한 일이다. 물론 남편들은 아내와 대면했을 때 싸움과 갈등이 증폭되기 때문에 차라리 피하거나 입을 다문다고 한다. 마치 어린아이들이 힘들거나 모르거나 겁나면 숨고 거짓말하고 방문을 닫는 것과 마찬가지이다.

    성숙한 남편, 성령의 새 술에 취한 남편은 아내가 대화하자고 하면 피하지 않고 잘 직면하여 해결한다. 아내를 진정으로 사랑한다면 더욱 그렇다. 이것이 아내를 존중하는 태도이다. 어른답게 책임지는 사랑이다. 100년산 포도주인 성령에 취한 남편은 아내를 잘 직면한다. 그래서 아내의 아픔과 불쌍함, 소원과 바람도 잘 보고 공감한다. 맞아 죽더라도(?) 아내와 직면해서 합의하며 문제를 풀어야 한다. 대화법, 협상법, 아내를 위하는 비법도 더 배워야 한다. 그래도 힘들면 상담가나 전문가도 만나야 한다.

    남편이 먼저 100년산 포도주인 새 술, 성령을 매일 마시자. 늘 성령에 취해서 아내를 예수님으로 여기고 대하자. 천국이 임할 것이다.

이벤트를 다양하게 자주 하라

남편은 아내를 위해 다양한 이벤트를 하자. 그것도 자주 하자. "꼭 사랑을 말이나 행동으로 표현해야 하나?"라고 하는 남편들이 많다. 미숙한 남편이고, 사랑도 부족한 남편이다. 불행한 부부는 서로 이벤트가 거의 없다. 하지만, 아내는 이벤트를 좋아한다. 아내는 늘 '남편이 아직도 나를 사랑할까?', '나를 소중히 여길까?', '자기가 필요하니까 나를 좋아하는 것 아닐까?', '내가 아직 남편에게 연인일까?'라며 자주 의심한다. 자주 불안해한다.

아내는 관계와 소속이 가장 중요하기 때문에 남편에 대한 기대가 매우 크다. 그래서 이벤트를 바란다. 특히 하와에게 하나님이 "남자를 사모할지어다. 남자는 너를 다스릴 것이다"라고 하셨다. 그 이후로 "남편을 사모할지어다. 하지만 남편은 너에게 이벤트도, 정말 사랑한다는 표현도 하지 않을 것이다"라고 한 것과 같다.

아내의 목마름과 남편 사모함을 없애고, 아내를 행복하고 기쁘게 해 주는 데 남편의 이벤트가 중요한 역할을 한다. 아내를 위한 이벤트도 '남편의 사명'이다. 이벤트는 큰 것을 가끔 하는 것보다 작은 것을 자주 해 주는 것이 더 좋다. 이벤트는 다양하고 창의적이어야 한다. 특히 아내에게 소중한 날은 반드시 챙겨 주자. 그런 날을 미리 기록하고 기억해서 예약해 두었다가 이벤트를 하자. 편지나 시 등으로 아내를 많이 사랑하는 마음과 생각을 글로 기록하거나, 말이나 영상으로 전달하는 것을 같이 하면 진심을 더 잘 전달하게 된다.

"꼭 이렇게까지 해야 하냐?", "같이 잘 사는 것으로 증명이 안 되는가 봐"라는, 영양가 없는 말이나 생각은 접자. 남편들이여! 아내를 위해 부디 이벤트를 다양하게 하자. 자주 하자. 이벤트를 원치 않는다는 아내의 말은 믿지 말자. 이중언어일 가능성이 크다. 이벤트는 부부 사이에 부드러운 기름을 발라 주는 것이다.

| 아내 귀하게 여기는 7가지 원리 – 데일 카네기의 인간관계론 응용 |

데일 카네기는 인간관계를 잘 맺는 7가지 원칙을 말했다. 이것을 아내가 남편에게 하는 원칙으로 응용하여 적용해 보았다.

하나, 아내에게 순수한 관심을 보이자

꽃 사진을 보내면서, 여기에 당신이 보인다고 카톡이나 문자를 주자. 꽃이 당신을 질투해서 지금 바르르 떨고 있다고 해 보자. 오늘도 당신이 보고 싶어 일이 잘 안된다고 문자를 줘 보자. 신혼부부용이 아니다. "나와 결혼해 주어서 고맙다", "나와 살아줘서 고맙다", "당신이 나의 아내여서 늘 감사하고 자랑스럽다", "당신이 곁에 있어서 오늘도 행복하다"라고 말해 주자.

둘, 아내에게 맑은 미소를 자주, 계속 지어 주자

남편이 먼저 자기 행복을 유지하자. 남편이 먼저 성숙하자. 그리고 아내에게 5성급 호텔 지배인으로서 친절하게 대하자. 의자를 꺼내 주고, 무거운 물건은 반드시 먼저 들어 주고, 차 문을 열어 주고, 무엇이든지 물어 보고, 동의를 구하고…. 젠틀맨으로서 아내를 숙녀로, 귀부인으로 대하라는 것이다. 아내는 이런 것에서 매우 감동한다.

"당신 때문에 내가 항상 즐겁다", "당신으로 인해 내가 늘 행복하다", "당신을 보기만 해도 내가 즐겁다"라고 미소로 자주 말해 주라. 이것이 말보다 더 강하다. 말은 속이는 것이 가능하지만, 표정까지 속이는 것은 힘들다. 특히 행복한 미소, 사랑스러운 미소는 더욱 그렇다.

셋, 아내와 관계된 날짜, 처가댁 대소사, 처가댁의 가족 이름과 생일 등을 잘 기억하자

늘 아내에게 관심을 기울이라는 말이다. 결혼기념일은 둘이서 한 것인데 왜 아내는 남편을 안 챙기냐고 툴툴거리지 말자. 소속과 관계가 중요한 아내는 남편이 결혼기념일을 챙기고 신경 쓰는 것을 자기에게 신경 쓰는 것으로 알기에 더 결혼기념일이 중요하다. 아내 생일을 챙겨 주고, 아내 부모님과 아내 형제들을 잘 챙겨 주자. 아내가 귀하다는 것을 행동으로 증명하자.

넷, 아내의 말을 잘 들어 주자

아내의 말을 끝까지 끊지 말고 들어라. 들을 때 아내의 말에 적극적으로 공감하고, 고개를 끄덕이면서 듣자. 말과 신체로 리액션을 해 주자. 한 번씩 요약해 줌으로써 잘 듣고 있음을 보여 주자. "지금까지 당신 말은 … 이런 말로 들었는데 제가 맞게 들었나요?"라고 말하자. 아내는 감동할 것이다. 존경할 것이다. 아내가 "여보 내 말을 잘 듣고는 있어요?"라고 묻게 했다면 빵점 대화를 한 남편이다.

다섯, 아내의 관심사를 이야기하자

아내의 소원, 힘듦, 슬픈 감정, 기쁨… 등을 남편은 알아야 한다. 이런 걸 자주 물어 주는 남편은 제대로 된 아내 사랑을 하는 것이다. 아내가 말하면 곧바로 공감을 잘하자. 최선을 다해서 아내의 힘듦과 소원을 해결하고 도와주자. 그래야 아내는 남편이 자기를 귀하게 여기고 사랑한다는 것을 확인한다.

집에 들어오는 것, 일 열심히 하는 것, 직장에서 처와 자식을 위해 수고하고 억울한 일도 참는 것 등등은 사실 자기가 좋아서 하는 것이라고 아내는 생각할 수도 있다. 남편이 집에 와서 아내를 사랑하기에 하는 특별한 말과 행동을 따로 아내에게 해야 한다.

여섯, 아내가 남편에게 가장 중요하다고 느끼도록 해 주자.

자기 어머니보다, 자녀보다, 일보다, 자존심보다도 아내가 1순위임을 자주 보여 주자. 아내가 이를 인정할 때까지 해야 한다. "나는 당신을 제일 소중하게 여깁니다"라고 말해도 아내가 "말도 안 된다", "내가 가장 중요하다고 느끼지 못한다"라고 말하면 아닌 거다. 그럴 때는 "무엇을 내가 해 주면 당신이 제일 소중하게 느낄까?"라고 구체적으로 아내에게 물어서 점검하고 개선하자.

이렇게 노력하는 것은 결혼식 때 남편이 부모를 떠나 먼저 입장하면서

한 약속의 이행이다. 그때 이미 아내를 최고 순위에 두기로 서약한 것이다. 물론 아내도 자녀, 장모, 장인보다 남편이 1순위여야 한다. 그런데 남편이 지극히 효자일 때 이것이 안 되는 경우가 많으니 조심해야 한다.

"여보! 내가 당신을 가장 소중하게 생각하지?"라고 아내에게 물어보자. 아내가 1초 안에 대답하지 못한다면 뭔가 부족한 남편이다. 아내를 가장 소중하게 여기지 못한 것이다.

일곱, 처가댁을 잘 섬기자.

"아내가 귀여우면 처갓집 문설주도 귀엽다", "아내가 귀여우면 처갓집 쇠말뚝 보고도 절한다", "아내가 귀여우면 처갓집 지붕에 앉은 까마귀도 귀엽다", "아내가 예쁘면 개죽을 쒀 줘도 맛있다고 한다", "아내가 예쁘면 처갓집 울타리까지도 예쁘다", "아내가 예쁘면 처갓집 호박꽃도 곱다고 한다." 이 속담들은 아내를 사랑하면 아내가 사랑하는 장인, 장모와 아내의 형제들을 소중히 여기고 잘 섬긴다는 것을 말한다.

처가댁을 시댁과 동등하게 잘 대해 주면 아내는 자기를 귀하게 여긴다고 받아들인다. 관계와 소속 중심적인 아내가 처가댁을 걱정하고 그리워하는 마음은 상상을 초월한다. 처가댁에서 사위 칭찬이 한 번 나올 때마다 아내 가슴에는 남편에 대한 큰 고마움이 쌓인다. 가정에서 자기에게 잘해 주는 것보다 10배는 더 고마워한다.

남편들아! 자신을 위해서라도 처가댁 식구들에게 살갑게 대하자. 잘 섬기고 챙겨 주자. 처가댁을 가볍게 여기고도 아내에게 대우받기를 바라는 남편은 간이 배 밖으로 나왔거나 너무 어리석은 사람이다.

| 아내를 귀하게 여기는 6가지 비법 – 서상복 목사가 권하는 |

부부상담하면서 아내들이 남편에게 진정 원하는 것이나 남편에게 상처 받았다는 내용을 중심으로 아내를 귀하게 여기는 비법 6가지를 정리했다.

첫째, 아내를 최우선 순위에 두자

아내는 남편에게 일에 밀리고, 성공에 밀리고, 시어머니에게 밀리고, 자녀에게까지 밀려 3위나 4위가 되면 매우 섭섭해진다. 이것이 반복되면 아내는 우울해진다.

아내의 자리를 잘 지켜 주자. 자동차 좌석도, 만남에서 앉는 자리도 아내를 구별하여 최고의 예우를 해야 한다. 여자와 단둘이 만나는 것은 아내와만 하자. 자동차 조수석은 아내만의 자리이다. 다른 여성을 앉게 하면 안 된다. 여자는 자리와 우선순위에서 자신의 귀함을 확인한다. 그런데 대체로 남편들은 이것을 너무 가볍게 여긴다. 그러나 아내에게는 이 일이 목숨같이 중요하다.

아내를 최우선으로 두면 남편은 아내에게 좋은 아편이 된다. 아내는 남편의 아편을 맞으며 황홀한 행복을 누리게 된다. 객관적이거나 정보 중심, 해결 위주의 태도를 내려놓고 아내에게 맞장구를 쳐 주자. 공감하고 수용하자.

둘째, 아내의 말을 끝까지 잘 듣고, 이해하고, 공감하자

남편은 해결 중심이고 성취 중심이다 보니 아내가 무슨 말을 하든지 자기에게 해결하라고 하는 것으로 들린다. 그러다 보니 아내의 투덜거림이나 수다를 참지 못해서 중간에 끊고 다음과 같이 말하는 경향이 있다. 들어주기만 하는 것으로는 아무것도 해결이 안 된다고 생각하기 때문이다.

"결론이 뭔데?"
"나보고 뭐 어떻게 하라고?"
"당신도 잘못했네."
"아, 그건 … 게 하면 되잖아."
"핵심만 짧게 말해 봐."
"내가 … 게 해 줬잖아, 더 어떻게 하라고?"

하지만 아내는 남편이 어떻게 하라는 게 아니라 다음과 같은 것을 남편에게 기대하는 것이다.

"당신이 해결하라는 게 아니라 그냥 마누라 말을 잘 들어 달라는 거야."
"나를 이해해 줘."
"그저 끝까지 들어만 줘도 고맙겠다."
"힘들고 답답해서 하는 말이야."

아내 말을 끝까지 들어만 줘도 대부분 문제를 잘 해결해 주는 좋은 남편이 된다.

셋째, 아내의 소원과 감정을 지지하고 격려하자

남편의 가장 깊은 아내 사랑은 아내의 소원을 남편의 소원으로 삼는 것이다. 아내의 힘든 일을 자주 살펴 들어 주고, 이해하고, 해결해 주자. 아내가 외롭고 속상하고 허전한 것을 들어 주고 지지하자. 남편이 아내 사랑을 증명하는 가장 손쉬운 방법은 아내의 소원과 감정을 지지하고 격려하는 것이다.

넷째, 여자에서 하와로 대하자

좋은 남편은 아내를 여자 그 이상으로 대한다. 최초의 남편인 아담이 죄를 짓기 전에는 아내를 여자에서 하와로 대했다. "당신은 내 뼈 중의 뼈요 살 중의 살입니다", "당신은 저입니다", "저는 당신의 것입니다"라고 늘 고백하는 것이 여자에서 하와로 대하는 것이다.

아담은 에덴동산에서 쫓겨나기 직전에 자기 아내를 '생명'이라는 뜻의 '하와'(히브리어: חוה 하와, 영어: Eve 이브)라고 불렀다. '모든 산 자의 어머니'가 되었다는 뜻이다. 그 전에 하와의 이름은 그냥 '여자'(이샤, 창 1:27; 2:22)일 뿐이었다. 남편이 아내에게 어떻게 말하고 대하느냐에 따라 아내는 '여자'가 되기도 하고 '하와'가 되기도 한다. 남편의 말에 따라 아내는 '왕비'도 되고 '무수리'도 된다.

남편의 지지와 격려로 아내는 '산 자의 어미'처럼 귀한 사명을 감당하게 된다. "꼭 닭살 돋게 그런 걸 해야만 하는가?"라고 남편들이 자주 항의한다. 그렇다. 꼭 그렇게 해야 한다. 아담이 하와에게 그렇게 말했다. 예수님이 우리를 사랑해서 기쁨을 감추지 못하시며 자주 말씀하신다.

"내 사랑 어여쁜 자야 일어나 같이 가자."

자주 지지와 격려와 닭살 돋는 찬사를 고백해야 한다.

시인 '하만스타인'(Hamanstenin)은 "울리지 않는 종은 종이 아니다. 부르지 않는 노래는 노래가 아니다. 말하지 않는 사랑은 사랑이 아니다. 아무리 가슴으로 사랑해도, 표현하지 않으면 사랑이 아니다"라고 말했다. "내 뼈 중의 뼈요. 살 중의 살이라"라는 고백을 여러 가지 형태로, 수시로 아내에게 고백할 때 가정은 에덴이 된다. 그리고 아내는 에덴동산의 행복한 아내가 될 것이다.

아담과 하와의 벗은 몸을 하나님이 가죽옷으로 가려주셨다. 이제 남편들이 먼저 신랑 입장을 했듯이 아내의 벗은 것을 잘 덮어 주자. 남편이 아내를 오랫동안 변함없이 사랑하자. 남편은 아내의 단점과 수치를 가려주고 용서하고 이해하자. 십자가 보혈로 덮는 하나님 나라 복음으로 아내를 존중하고 대하자는 것이다.

남편들이여! 아내를 여자 그 이상으로 대해 주자. 그러면 당신은 남자 그 이상이 될 것이다.

"여보, 마눌님! 고생 많았습니다."
"당신의 섬김이 오늘 잔치를 축제가 되게 하였습니다."
"진짜 고맙습니다."
"당신이 오늘도 너무 보고 싶었습니다."
"당신 때문에 내가 위로받고 힘이 납니다."

"당신이 얼마나 귀하고 매력적인지 모릅니다."
"내게 당신은 가장 소중한 사람입니다."

다섯째, 아내를 인격적으로 귀하게 여기자

① 아내 몸을 귀하게 여기자. 육체적으로 도자기 다루듯 존중하고, 귀하게 여기라. 아픈 몸이나 피곤한 몸, 육체적 약점을 덮어 주고 해결하며 보호하자. 최근 통계에 혼외 출산이 40%나 된다는 것은 여성보다 남성의 무책임 때문이고, 남성이 여성의 몸을 귀하게 여기지 않았다는 것을 방증한다.

② 감정을 귀하게 여기자. 아내 말에 공감하고 끝까지 늘 들어 주자. "결론이 뭔데?", "내가 뭐 하라고?" 식으로, 해결해 주려고 자꾸 묻지 말자. 아내 말에 끼어들지도 말자. "짧게 말해", "요약해서 말해라"라고 하지 말라. 아내 말에 가르치거나 해결책이나 충고를 주려고도 하지 말자. 그냥 이해하고 공감해 주는 것이 아내가 남편에게 최고로 바라는 것이다.

③ 말로 귀하게 여김을 표현하자. 다정하고 친절하게 대하자. 언성을 높이거나 성질을 내며 말하지 말자. 폭력적인 말이나 겁주는 말을 하지 말자. 아내를 사랑하고 존중하고, 감사한 마음을 다양하게, 자주 말로 표현하자. 자녀도 보고 바르게 성장할 것이다.

④ 돈으로도 귀하게 여기자. 미국의 브래드퍼드 윌콕스와 스티븐 노크[1]

---

1 브래드퍼드 윌콕스(W. Bradford Wilcox)와 스티븐 노크(Steven I. Nock), 〈소셜 포스〉(Social Forces), 'What's Love Got To Do With It? Equality, Equity, Commitment, and Women's Marital

의 연구에 따르면 가정의 재정 수입의 최소한 60~70% 이상을 남편이 책임지도록 노력할 때 아내가 더 행복했다고 한다. 아내가 경제를 책임지느라고 너무 고생하지 않도록 최선을 다하는 남자가 되자. 아내에게 재정을 맡기는 것도 좋다.

여섯째, 건강한 신앙을 갖자

남편이 보수적인 개신교 교회에 다닐 때 가장 자상하고, 아내 학대를 제일 안 한다고 연구되었다.[1] 성령이 충만하면 예수님의 시선으로 아내를 보게 된다. 그러면 아내가 하나님의 딸이라는 것을 인식한다. 만왕의 왕의 딸인 아내를 존귀하게 여김은 마땅하다. 하나님 아버지가 남편의 아버지도 되지만, 동시에 장인어른도 된다. 그러니 하나님의 딸인 아내를 장인어른이신 하나님 아버지를 보고 귀하게 대하자. 결국, 아내 사랑은 하나님 사랑과 같은 영적인 결단이다.

Quality'
[1] 브래드퍼드 윌콕스(W. Bradford Wilcox), 〈소셜 포스〉, 〈저널 오브 매리지 앤 패밀리〉에 실린 그의 논문과 그의 책 《부드러운 가장, 새로운 남성들》(*Soft Patriarchs, New Men*).

2. 아내 우선하기 (2번 '아내 중심' 환승)

남편들이여! '나 중심'에서 '아내 중심'으로 환승하자. 아내 중심으로 살면 아내가 행복해지는 것은 물론이다. 하지만 가장 큰 혜택은 남편 자신에게 돌아온다. 바로 하나님 나라를 누리게 되기 때문이다. 아내 중심으로 사는 것이 가장 남편 자신을 위해 사는 방법이다. 아내 중심으로 사는 남편 레시피를 소개한다.

| 아내의 최고 화장품은 '남편 헌신'이다 |

아내 최고의 화장품은 '남편 헌신'이다. 남편이 헌신하면 아내는 얼굴이 활짝 펴진다. 남편은 원래 태생이 아내보다 자기중심적인 경향이 강하다. 그러다 보니 밖에서 사는 것에 지친 남편은 가정에서는 굴속으로 들어가 쉬려는 성향이 많다. 아내와 자녀에게 헌신하기보다 자기 필요와 자기 힘듦에 더 민감하다. 그래서 남편은 아내보다 헌신이 더 쉽지 않다.

남편들은 잘 먹여 주고, 재워 주고, 건드리지 말고, 칭찬해 주고, 성관계를 즐겁게 하는 것을 매우 중요하게 여긴다. 본능적으로 남편들은 아내로부터 받기를 원한다. 아내에게 헌신하는 것은 본성을 거역하는 것으로, 배우고 훈련하고 노력해야 되는 일이다.

닉 스틴넷(Nick Stinnet)은 세계 각국의 행복한 가족 14,000명을 50명의 연구진과 함께 25년간 연구한 결과, 행복한 가족의 6가지 공통적인 특징을 밝혔다. 1단계는 가족에 대한 헌신, 2단계는 감사와 애정의 표현, 3단계는 긍정적 커뮤니케이션, 4단계는 함께 시간 보내기, 5단계는 영성 성장, 6단계는 스트레스와 위기 대처이다.

가장 기초적인 1단계가 '가족에 대한 헌신'이다. 남편이 아내에게 헌신할 때 더욱 강력한 가정 행복이 실현된다. 남편이 헌신해야 아내 얼굴이 활짝 펴진다.

닉 스틴넷은 그래서 다음과 같이 말하기도 했다.

"가정생활을 충실히 할 때 당신은 사랑받고, 보호받고, 중요한 존재로 여겨지고 있다는 메시지를 받는다. 사랑과 애정, 그리고 존경받고 있다는 긍정적 인식은 당신의 인생을 성공적으로 이끌 수 있는 내적 자원을 풍부하게 한다."

성경은 자기 친족, 특히 자기 가족을 돌보지 아니하면 믿음을 배반한 자이며 불신자보다 더 악하다고 했다(딤전 5:8).

남편들이여 잊지 말자. 아내 최고의 화장품은 '남편 헌신'이라는 사실을 말이다. 남편이 아내에게 헌신해서 아내의 얼굴이 펴지게 하면 하나님의 얼굴도 펴지신다. 남편 본인 얼굴은 가장 많이 펴질 것이다.

| 마음이 넓은 상남자가 되라 |

　마음이 넓은 상남자가 좋은 남편이다. 남편이 호흡을 좀 길게 하자. 긴 호흡에 평안이 깃든다. 잘 참고 기다려 주자. 잘 기다림에 따스함이 깃든다. 특히 아내의 말에 고개를 자주 끄덕이며 끝까지 듣기만 해도 아내는 고마워한다. 아내가 가장 서글플 때가 남편이 속 좁게 행동할 때이다. 별것 아닌 일에도 화를 잘 내고 쉽게 삐칠 때이다.
　신혼 초에는 천사였던 아내가 결혼생활을 오래 하면서 여전사가 된 것은 이런 남편과 사느라고 그렇게 된 것이다. 이런 걸 남편이 이해하고 많이 공감해 주자. '천사'가 조금 고달프게 살면 철자 한 개가 닳아서 '전사'가 되는 법이다. 아내들은 할 일이 많고 무거운 책임을 감당하다 보니 어느새 거칠고 무서운 여전사가 되었다. 자녀 양육을 남편보다 더 많이 감당하다 보니 무서운 전사가 되었다. 하고 싶은 일보다 해야 할 것이 너무 많아, 지치고 버거워서 날카로운 여전사가 된 것이다.
　아내가 전사가 된 것을 나타내는 우스갯소리가 있다. 바로 '까불지마라 족'이다. 아내가 남편 동의도 구하지 않고 며칠간 훌쩍 여행을 '여전사' 모드(mode)로 나가면서, '까불지마라'라는 지침을 남편에게 내린다.

'까' - 까스 불 잘 잠그고,

'불' - 불도 잘 끄고,

'지' - 지퍼를 딴 데서 내리면 죽을 줄 알아라.

'마' - 마누라가 살아 있는 것만으로 감사하고,

'라' - 라면이나 끓여 먹으며 올 때까지 잘 있어!

아내가 나이 들면 자연스럽게 여성호르몬이 줄어들면서 남성성도 나타나, 여성과 남성의 성격 특징을 모두 나타낸다. 감성과 관계와 소속을 중요하게 여기는 특성으로 인해 '침투 사고'(Intrusive thought, 성찰 사고의 반대말, 생각해서 더 힘들고 악화가 되는 것, 생각해도 해결되지 않는 것)가 증가하면서 여전사가 된다.

3분 넘게 생각해도 도움이나 해결이 안 된다면 침투 사고이다. 반복적으로 생각하는 것 중에 잘못된 생각이 더 많다. 효율성도 떨어지고, 비합리적이고 비논리적인 생각이 되어 손해만 커진다. 우울감과 허무감과 피로를 증가시킨다. 완전주의와 결벽증의 증세가 강화된다. 이런 증세가 아내를 더 여전사의 상태로 만든다.

아내가 부도를 맞아 힘겨울 때 빚쟁이 앞에 남편이 나서서 "여러분! 제가 잘못해서 빚을 진 겁니다. 그러니 제가 다 갚을 테니 제 아내를 함부로 대하지 마세요"라고 말하고, 집에 들어와서는 "여보, 힘들었지? 돈 걱정시켜서 내가 미안해"라고 하는, 이런 상남자가 되어야 한다.

마음이 넓은 상남자가 되어야 좋은 남편이다. 호흡 좀 길게 하면서…. 그렇게 하면 상남자 남편 앞에서 여전사 아내가 칼과 창 대신에 꽃을 든 숙녀가 될 것이다.

| 성관계에서도 아내를 먼저 배려하라 |

성관계에서도 남편이 아내를 먼저 배려하자. 사랑은 무례하지 않다고, 성경이 사랑을 정의했다. 남편이 정말로 아내를 사랑한다면, 마땅히 성관계에서도 아내에게 예의를 갖추어야 바른 사랑이다.

부부가 가장 많이 갈등하는 이유는 성격 차이 때문이라는 조사 결과가 많다. 하지만 수천 명의 부부를 상담해 보니, 성격 차이는 본질적인 갈등이나 이혼의 원인이 아니다. 사실, 첫 번째 이혼 사유는 각자의 이기심과 자기중심성과 미숙함이다. 두 번째 이혼 사유는 남성, 여성을 배려하고 이해해 주지 못해 무시당함과 수치감을 느끼는 것이다.

가장 많이 아내들이 호소하는 괴로움은 성관계에서 여성으로 배려받지 못한다고 느끼는 것이다. 아내는 정서적으로 남편과 깊어져야 몸도 열리고, 깊고 만족한 성관계도 가능해진다. 남편은 더 만족한 성관계를 위해서도 아내와의 관계를 참고 노력해야 한다. 아내는 친밀하고 좋은 관계를 위해서도 남편과 성관계를 참고 노력해야 한다. 쉽게 말해, 아내는 정서가 열려야 몸이 열린다. 남편은 몸이 열려야 마음과 정서가 열린다.

그러니 남편은 평소에 아내를 최우선으로 귀하게 대우하고, 섬기고, 헌신하며 살자. 아내가 정서적으로 남편에게 만족하고 기뻐할 때 성관계하면 아내도 몸이 열린다. 하지만 평소에 아내의 정서나 마음을 아프게 하거나 힘들게 했는데 남편이 성관계를 시도하면 아내는 이내 몸이 닫히고 거부한다.

"남자는 누드(Nude)를 좋아하고 여자는 무드(Mood)를 좋아한다"라는 말이 있다. 성관계에서도 아내를 먼저 배려하고 존중하는 좋은 남편이 되자.

| 아내가 성을 거부하는 8가지 이유를 바로 알라 |

아내가 남편에게 성관계를 거부하는 이유를 바로 알고 대처하자. 부부상담을 통해 일치되는 사실이 있다. 아내가 남편에게 성관계를 거부하는 경우가 90% 정도이다. 남편이 아내에게 거부하는 경우는 10% 정도이다.

아내가 남편의 성관계 요청을 거부하는 이유를 이병준은 5가지로 말했다.[1]

첫째, 남편이 평소에 자신에게 잘하지 못하는 것에 대한 앙갚음이다.

둘째, 사회적 인식 때문이다. 성을 즐기는 여성은 요부이며 음탕한 여자라는 인식이 있다. 부부의 성을 남성이 주도하는 것이 일반화되어 있다. 유교적, 도덕적 체면 중심까지 묻어있다.

---

[1] 이병준, 《우리 부부 어디서 잘못된 걸까? 2: 아내사용설명서》, 75-76.

셋째, 성의 진짜 깊은 즐거움을 모르기 때문이다. 충분히 여성도 즐기는 것이 유익한데, 자녀 출산이나 남편이 바람피우는 것을 막기 위해 억지로 해 주는 것으로 전락해 버린 경우가 많다.

넷째, 여성을 성적 도구로 보는 남자들의 시선 때문이다. 이것은 남편과 성적 친밀감을 느끼고 싶지 않도록 여성에게 작용한다.

다섯째, 결혼하는 과정에서 발생하는 성폭력 때문이다. 어릴 때, 연애할 때, 결혼 전 여성이 남성에게 성폭력을 당하거나 강제로 성관계를 하는 경우가 너무나 많다. 여성이 어쩔 수 없이 동의해도 이때 느낀 수치와 비참함은 가슴 속 깊이 정서에 묻어있다. 남성에게 성적으로 물건 같은 취급을 받은 것에 대한 분노가 남편에게까지 일반화된 것이다. 좋지 않은 성에 대한 여성의 무의식이 나이가 들어서도 자기도 모르게 부부 성관계에 대한 거부감으로 나타난다.

여기에 필자가 여러 상담 경험을 통해 3가지를 추가해 6, 7, 8번째를 보충하였다.

여섯째, 아내가 성을 거부하는 또 다른 이유는 성에 대한 잘못된 이미지를 가지고 있거나 잘못 배웠기 때문이다. 영은 거룩하고 육은 더럽다는 영지주의라는 이단 사상에 물들어 있기 때문이다. 하나님이 주신 부부의 성은 거룩하다. 따라서 부부의 성은 서로 합의하여 즐겁게, 규칙적으로 누리는 것이 하나님이 기뻐하신다는 것을 아내가 모르기 때문이다. 성령 충만하면 부부의 성을 더 누리게 된다고 말하면 깜짝 놀란다. 성령 충만하면 부부의 성관계는 되도록 안 하고 절제해야 하는 것으로 잘못 알기 때문이다.

일곱째, 부부의 성을 전두엽이 주관하는 것을 모르기 때문이다. 본능과 쾌락만 있는 짐승의 성과 달리 인간은 서로 존경하고 귀하게 여길 때 성관계에서 즐거움과 만족이 최고조에 달한다. 존중하고 사랑하는 부부의 성은 전두엽이 가장 만족한다. 사랑하는 부부의 성관계는 어떤 경우의 성관계보다 더 즐거운 것이다. 부부의 성관계를 단순히 테크닉이나 기교로 하는 것으로 알 때 부부의 성은 축소되고 왜곡될 수밖에 없다. 부부의 성에는 전두엽에서 정서적으로 상대에게 만족하다고 느낄 때 온몸 전체를 성관계 모드로 전환하는 신비함이 있다.

여덟째, 부부가 남녀의 성적 차이를 잘 이해하지 못하기 때문이다. 전 세계에서 가장 풍요로운 부부의 성생활을 누리는 사람들이 바로 유대인들이다. 유대인들은 부부의 성을 밝고 신비하고 거룩한 것으로 인식한다. 어릴 때부터 구체적이고 실제적인 성을 배운다. 한국에서는 교회에서도 가정에서도 부부의 성에 대한 것을 쉬쉬하며 잘 가르쳐 주지 않는다. 남자와 여자의 성적 차이와 이해를 성경적으로 깊고 바르게 알고, 그에 맞추어 부부가 성을 누리자. 다른 세상이 열릴 것이다. 성령 충만하면 부부의 성도 충만하다.

남편들이여! 성에서도 아내 중심이 되려면 아내가 남편에게 성관계를 거부하는 8가지 이유를 바로 알자. 그 이유에 맞게 잘 대처하자.

3. 젠틀맨 되기(3번 '좋은 리더' 환승)

남편들이여! '무책임함'에서 '좋은 리더'로 환승하자. 99.9% 순금보다 더 순도 높은, 순도 100%의 사랑으로 아내를 책임지자. 그런 남편을 젠틀맨이라고 할 것이다. 좋은 리더라고 할 것이다. 좋은 리더의 품격 1위가 자기가 모든 것을 책임지는 것이기 때문이다. 아담이 실패한 책임지는 젠틀맨 역할을 이제 남편들이 해야 한다. "제가 아내를 못 지켰습니다. 저를 벌하고, 아내는 그대로 두시면 좋겠습니다"라고 하자. 더 나아가 "제가 아내를 지키는 남편입니다"라고 하자. 아내를 책임지고 지켜주는 남편 레시피를 소개한다.

| 존경받는 남편과 아버지가 돼라 |

남편이 아내와 자녀에게 존경받는 신앙이 바른 신앙이다. 성숙한 신앙이다. 남편의 모든 사역과 삶이 진실하다는 것이 이것으로 증명된다. 남편은 아내와 자녀를 지도하는 자가 되어야 한다. 하나님이 남편에게 아내

와 가정의 머리 역할을 주셨기 때문이다. 이 머리 역할은 먼저 남편이 가정에서 기쁘게 종이 되어 섬기는 것이다. 아내의 요구를 먼저 솔선해서 잘 채워 주자(마 20:20~28). 가정을 돌보고 지키며 온전케 하는 사명이 남자에게 있다.

존귀하게 여김을 받고 싶은 것이 아내의 제일 큰 바람이다. 하와는 아담을 사모했다. 하지만 아담이 하와에게 만족을 주지 못하고 도리어 고통을 주며 목마르게 했다. 그 후 하와의 후손인 아내들은 모두 남편이 자신을 가장 귀하게 대하기를 갈망했다. 그러니 예수님을 믿는 남편은 아내를 귀하게 여겨 만족시켜 주어야 한다. 또한, 아내들은 자기 남편이 세상에서도 존경받는 사람이 되기를 갈망한다. 하지만 남편이 그 두 가지 모두를 만족하게 하기란 사실상 불가능에 가깝다. 남편이 부족해서이기도 하지만, 아내의 바람과 갈망이 우주로도 채우지 못하도록 깊고 크기 때문이다. 그래서 예수님이 "내가 주는 물을 마셔야 목마르지 않단다"라고 사마리아 여인만이 아니라 모든 아내에게도 말씀하셨다.

하지만 예수님을 믿는 남편은 조금씩 아내가 만족하게 되도록 해야 한다. "남편들아! 예수님이 교회를 위하여 죽으심 같이 너희들도 아내를 위하여 그렇게 하라"라고 하셨다. 그런 남편을 아내도 조금씩 더 존경하게 된다. 칭찬도 더 하게 된다. 그래서, 남편은 먼저 종으로 낮아져서 아내와 자녀를 섬기자. 종의 리더십을 가진 진정한 좋은 지도자가 되자.

바울은 그의 전체 목회 서신 3곳에서 '교회 감독(지도자)'이나 '집사'를 선택할 때 교회 지도자의 자격을 말했다. 교회 지도자의 전체 자질 중 70%가 부부와 자녀에게 잘하는 것을 말하고 있다. 교회에서 잘하는 사람이 아니라 집에서 아내와 자녀에게 존경받는 남편을 교회에서 뽑으라고 한 것이다. 반대로 보면, 가정에서 아내와 자녀에게 잘하지 못하는 남자는 교회의 지도자로 부적격하다는 말이다. 가정에서 존경받지 못하는 남편은 지도자 자격이 없다는 말이다.

안타깝게도 교회나 사회에서는 사람들에게 인정을 많이 받지만 아내와 자녀에게는 큰 상처를 주는 이중인격자 남편들이 너무 많다. 이런 남편이 교회 지도자라면 그의 신앙은 바른 신앙이 아니라고 바울과 베드로가 강조한 것이다. 남편은 먼저 아내와 자녀에게 존경받아야 한다. 그래야 남편의 모든 삶과 신앙이 진실하게 된다. 아내와 자녀에게 대하는 것이 예수님께 하는 자신의 진짜 모습이다. 잎새에 이는 바람에도 남편들은 이것을 날마다 생각하자.

| 넓이와 깊이를 가지라 |

그리스도가 교회의 머리이신 것처럼 남편도 아내의 머리가 되자(엡 5:23). 예수님처럼 넓고 깊은 사랑과 헌신을 아내와 자녀에게 하라는 것이다. 좁고 얕고 한심한 남편이 부디 되지 말자. 그럼, 어떻게 하면 넓고 깊어져서 예수님이 교회를 위하는 경지를 닮은 남편이 될까?

먼저 가정에서 도덕성을 인정받아야 한다. 정직해야 하고, 정의와 공의를 지켜야 한다. 영적으로도 하나님의 뜻을 잘 따르는 모범이 되어야 한다. 리더의 영적 권위는 모범을 보일 때 생겨난다. 아내는 신앙적으로도 리더십이 좋은 남편을 소망한다. 가정의 제사장으로 남편이 든든히 서 있으면 실제로 가정은 에덴동산이 된다.

좋은 아버지가 되어야 한다. 자녀 교육에도 아버지가 존경받는 것이 매우 중요하다. 아내와 자녀를 먼저 잘 섬기자. 영적 수준이 높은 사람은 조건 없이 섬기는 사람이다. 아내나 자녀가 잘하지 않아서 나도 잘하지 않는다는 말은 그만하자. 자존심을 드러내지 말고, 약하거나 낮은 사람이라면 더욱 잘 섬기자. 그러면 섬길수록 행복해지는, 진정으로 수준 높은 경지에 이르게 된다. 그것이 하나님 나라를 지금, 가정에서 이루는 방법이다.

남편이 자기 고집대로 하는 것은, 사랑보다는 그저 본능에 가까운 미숙한 사랑이다. 하기 싫은 일도 남편이 먼저 하자. 용서도 남편이 먼저 구하자. 거칠고 힘든 일은 먼저 하자. 상대가 잘못해도 먼저 더 많이 섬겨주고, 더 잘 대해 주자. 처가댁의 대소사를 더 잘 섬기고, 기쁨과 자원함으로 하자. 많이 섬겼다고 하나라도 자랑하거나 알아달라고 하지 말자. 그저 할 일을 했을 뿐이라고 행복해하자. 그렇게 섬길 수 있음을 감격하고 감사하는 넓이와 깊이의 사람이 되자. 그것이 좋은 리더인 남편이다. 아내와 자녀는 남편과 아버지의 넓음과 깊음에 깊이 스며들어 천국을 누리게 될 것이다.

| 자기 관리를 잘하라 |

자기 관리를 잘하는 남편과 아버지가 되자. 그러면 남편과 아버지의 든든한 날개 아래에서 아내와 자녀는 마음이 고요해진다. 쉼을 누린다. 자기 관리를 잘하는 남편과 아버지는 언제나 든든하다. 신뢰가 된다. 아내와 자녀는 남편으로 인해 안정감이 생긴다. 자기 관리 내용은 결혼과 가정 관리, 건강 관리, 시간 관리, 경제 관리, 생애 관리, 신앙 관리, 사명 관리를 잘하는 것이다.

CEO 박시연은 《결혼도 비즈니스다》에서 결혼생활의 필승전략을 '결혼에 대해 제대로 아는 좋은 리더가 되는 것'이라고 했다. 부부 사이도 특별한 비즈니스 관계로, 예의를 갖추고 스마트해야 한다고도 했다. 결혼에 대해서는 유독 대책도 부족하고 자기 관리력이 부족한 리더인 것이 문제를 일으킨다고 했다. 결혼에 대해 얼마만큼 준비하고 노력했는가? 결혼을 통해 달성하려는 목적에 대해서도 너무 모호하게 생각하기 때문에 결혼과 가정의 관리력이 너무 부족하다는 것이다.

박시연은 또 우리는 결혼을 지탱하는 기본적인 외형만 준비되면 모든 게 완비됐다고 착각한다고 말한다. 나머지 삶은 되는대로, 살아지는 대로 사는 경향이 있다는 것이다. 그는 자기 관리력이 좋은 리더는 결혼과 가정의 소프트웨어도 잘 갖춘 부부라고 말했다.

남편이 이런 일에 앞장서자. 왜 결혼하는지, 자녀는 어떻게 양육할 것인지, 남녀 차이는 어떤 것이 있는지, 부부가 갈등이 있을 때 어떤 방법으로 해결하고 대화할지 배우자. 결혼예비학교와 부부학교를 통해 배우고 적용하자. 결혼과 가정에 관한 책을 충분히 읽고, 부부가 협의하고 적용하자. 그래서 결혼과 가정을 최고의 품격으로 가꾸고 관리하자.

자기 관리력에서 중요한 것은 중독되지 않는 것이다. 중독이나 빠져드는 것이 없도록 절제하며 거룩하게 사는 것이다. 술, 스마트폰, 인터넷,

TV, 게임, 도박, 지나친 주식 투자, 지나친 취미 생활, 지나친 쾌락 등에 집착하거나 중독되지 말고 잘 살자.

| 아내를 VIP로 대하라 |

최고의 젠틀맨 남편은 아내를 'VIP'로 대하는 남자이다. 남편이 아내에게 예의를 갖추면 남편들이 그토록 원하던 존경을 얻게 된다. 아내와 자기 어머니가 물에 빠져 한 명만 구해야 한다면 아내를 구하겠다고 서슴없이 말해야 한다.

서양에서는 드라큘라 등 남자 귀신이 대부분인데, 한국의 귀신은 대부분 여자 귀신이다. 이것은 한국에서 여자가 매우 억울하고 한이 맺히는 삶을 산다는 것을 말한다. 남성 우월 사상, 여자를 함부로 대하는 것을 심각하게 여기지 않는 문화, 유교나 체면 문화 때문이다. 한국 전체 문화가 남성 중심이고, 여성을 배려하지 않는다. 술기운에 아내에게 폭력을 가해도 처벌이 너무 가볍다. 부부 문제라고 지나치게 관대하게 대하는 경향이 있다. 시부모가 며느리를 아들과 동등하게 존중하지 않는 문화도 있다.

결국, 한국에서는 아내들이 더 많이 희생하고, 더 억울하고 힘들게 살고 있다는 말이다. 내가 강의하고 상담하면서 결혼 30~40년 된 여러 부부에게 물어본 결과, 남편의 결혼 만족도는 대체로 55%인데 반해 아내의 결혼 만족도는 10%에 그쳤다. 이는 여전히 남편보다 아내가 결혼생활에서 더 힘들다는 것을 말한다. 최근 들어서는 조금씩 오히려 남편이 아내에게 홀대받고 장모에게 홀대받는 경우가 늘어나고는 있다. 이것도 바람직한 일은 아니다.

남편이 울타리가 되어 아내를 VIP로 지키고 보호해 주어야 한다. 남의 편이 되지 말고 VIP인 아내 편이 되자. 그중 가장 큰 것이 아내에게 VIP로 친절하게 예의를 갖추는 것이다. 아내를 자신과 동등하게, 아니 더 나은 분으로 존중하고 귀하게 대하는 것이다.

남편들이여! 아내를 VIP로 대하는 진정한 '젠틀맨'이 되어 주자.

| 아내의 우울을 해결하라 |

아내는 대부분 우울하다. 남편이 아내의 우울을 잘 해결해 주자. 우울함을 방치하면 우울증으로 변한다. 우울증은 힘들 때 남편에게 힘들다고 울지 못하고 억압되어 생긴 마음의 병이다. 우울증의 학명인 'Depression'는 'De'와 'Pression'의 합성어이다. 뒤에 붙은 단어가 '억압'이다. 결국, 억압이 반복되어 마음이 찌그러진 것이 우울증이다.

우울증은 억울해서 생기는 병이다. 암(癌)도 그렇다. 질(疒) 부수에 바위 암(岩)자를 합해서 만든 글자이다. 마음에 바위가 가득한 것이 암이다. 마음에 억울함의 바위를 올리면 마음이 찌그러진 우울증이 생긴다.

우울증은 남편에게 사랑을 받지 못해서 생긴다. 더 정확히 말하면 무시당하고 억울해서 생긴다. 사랑받을 사람에게서 사랑을 충분히 느끼지 못할 때 생기는 병이다. 그래서 허무와 외로움에서 생기는 병이 우울증이다.

놀라운 것은, 지나치게 착하고 지나치게 헌신하고 지나치게 희생하는 사람들이 더 우울해지는 경향이 있다는 것이다. 지능이 낮은 사람, 인격장애자, 깡패는 도리어 우울증이 잘 안 생긴다.

한국의 아내들이 남편보다 좀 더 우울감이 높다. 남편들이 적극 아내의 우울을 해결해 주거나 사전에 막아 주자. 남편들이 아내의 어두운 감정을 빛으로 환하게 해 주자. 좋은 리더로 남편도 빛날 것이다.

| 아내에게 적극적으로 공감하자 |

남편은 해결 중심, 일 중심, 논리 중심이다 보니 아내의 감성적이고 깊은 마음을 헤아리기보다는 해결 위주로 말한다. 아내는 이해받고 공감받지 못해서 우울하다. 이런 아내의 마음을 대변한 노래가 노사연의 '바램'이다.

> 내 손에 잡은 것이 많아서
> 손이 아픕니다.
> 등에 짊어진 삶의 무게가
> 온몸을 아프게 하고
>
> 매일 해결해야 하는 일 때문에
> 내 시간도 없이 살다가

평생 바쁘게 걸어왔으니
다리도 아픕니다.

내가 힘들고 외로워질 때
내 얘길 조금만 들어 준다면
어느 날 갑자기 세월의 한복판에
덩그러니 혼자 있진 않겠죠.

큰 것도 아니고, 아주 작은 한마디
지친 나를 안아 주면서
사랑한다, 정말 사랑한다는
그 말을 해 준다면

나는 사막을 걷는다 해도
꽃길이라 생각할 겁니다.
우린 늙어가는 것이 아니라
조금씩 익어가는 겁니다.

내가 힘들고 외로워질 때
내 얘길 조금만 들어 준다면
어느 날 갑자기 세월의 한복판에
덩그러니 혼자 있진 않겠죠.

....
저 높은 곳에 함께 가야 할 사람, 그대뿐입니다.

남편은 적극적인 공감 대화를 하자. '단순한 듣기(청취, hearing)'와 '귀 기울여 듣기(경청, listening)'를 확실하게 구분하지 못해서 부부 사이에 혼란과 갈등이 증폭한다. 잘 들어 주면 아내에게 잘 해결해 준 것이다. 하지만 남편은 들어 주는 것이 무슨 해결이 되냐며, 지시하거나 정보를 주거나 짧게 해결책을 제시한다. 아내의 말에 공감이 빠진 답답한 대화이다.

아내의 말에 남편들은 추임새를 잘 넣어 주자. "좋다", "얼쑤", "저런", "계속해 봐", "그래서 어떻게 되었어?", "그렇지", "세상에", "힘들었겠다", "고생했네", "좋았겠다", "어떻게 그걸 참았어?"… 라고 추임새를 자주 넣어라. 아내의 말을 중간에 끊지 말라. 끝까지 고개를 끄덕이며 들어 주라. 다음과 같은 말은 남편들이 매우 잘못하는 대표적인 핵폭탄급 나쁜 말이다.

"결론이 뭐야?"

"간단하게 핵심만 말해 봐."

"나보고 어떻게 하라고?"

"쓸데없는 말을 그렇게 많이 하냐?"

"불평 좀 그만해라."

"남들도 그 정도는 다 하거든."

아내는 불평을 말하는 것 같지만, 공감만 잘해 주면 푸념으로 끝난다. 아내는 사랑하는 사람에게 수다를 떨 때 기쁘다. 특히 남편에게 수다를 떨 때 진정한 행복이 넘친다. 수다를 떨게 해 주는 남편은 최고의 헌신을 하는 것이다. 남편은 수다가 별로 중요하지도 않고 해결책이 아니라 낭비라고 여기기 때문에 더욱 공감만 하는 것이 힘들다. 남편이 아내의 말에 공감을 잘하다 보면 동감(同感)까지 가는 좋은 남편이 된다.

낙엽 대화를 해야 한다. 토킹 스틱(talking stick) 대화를 하자[1]. 북미 인디언들은 집회 때에 'Talking stick(토킹 스틱)'을 사용했다. 인디언 부족 회의에선 이 스틱을 들고 있는 사람에게만 발언권이 허용된다. 스틱을 갖고 있는 동안에는 누구의 간섭도 받지 않고 다른 사람들에게 자기를 충분히 이해시킬 때까지 자기 생각, 자기감정을 충분히 말할 수 있다. 다른 사람들이 자기 말을 모두 이해한 것 같으면 그때 스틱을 원하는 사람에게 넘겨준다. 이 부족 사람들의 행복도는 매우 높았다. 이런 커뮤니케이션 방식은 오늘날 소통이나 자기 계발 분야에서 왕성하게 도입되고 있다.

아내가 자기가 최고 대우를 받는다고 느끼게 하자

아내는 남편에게 일에 밀리고, 성공에 밀리고, 시어머니에게 밀리고, 자녀에게까지 밀려 3위나 4위로 되면 매우 섭섭하다. 이것이 반복되면 우울하다. 아내의 자리를 가장 귀한 위치로 잘 지켜 주자. 자동차 좌석도, 만남에서 앉는 자리도 아내의 자리는 구별하자. 최고의 예우로 아내를 대해야 한다. 우울감이 '1'도 없는, 늘 해가 뜬 맑은 날의 아내가 될 것이다.

---

[1] 제임스 보그, 《설득력: 간결하고 강력하게 말하는 대화의 힘》, 이수연 옮김 (서울: 비즈니스맵, 2007/2009), 35.

| 신체와 호르몬 변화로 인해 힘든 것을 배려하자 |

아내는 출산 후 신체 변화와 호르몬의 변화, 자녀 양육의 불안이 남편보다 보통 10배는 더 높다. 갱년기, 번아웃 증후군, 빈둥지증후군, 경력 단절, 신체 변화, 건강 이상, 늙어감, 죽음… 등으로 남성보다 더 예민하고 힘들다. 이를 늘 공감하고 배려하자. 어떻게 배려할지 모르면 아내에게 직접 자주 물어 보자. 그리고 아내도 적극 남편에게 힘든 것을 구체적으로 말하고, 어떻게 도와 달라고까지 방법도 말해 주어야 남편이 알고 도와준다.

| 아내가 친정엄마를 사랑하고 걱정하는 것을 공감하자 |

아내는 친정엄마를 유난히 더 보고 싶어 한다. 걱정도 한다. 그리워도 한다. 남편은 자주 공감해 주어야 한다. 아내는 남편과 사는 삶, 시댁과 살아가거나 자주 만나는 낯선 삶에 지쳐 있다. 익숙한 마음의 친정엄마에게서 힘을 얻고 위로받고 싶은 것이다. 만약 친정엄마가 보고 싶다고 하지 않으면 정말 더 외로운 아내라는 걸 알아야 한다. 부디 아내가 너무 참고 억압되었다는 것을 공감해 주자. 아내는 쌓인 것을 쏟아 내고 싶어서 친정엄마를 그리워한다. 자녀를 출산하고 양육하는 두려움, 고생, 고통을 겪으면서 엄마에 대한 공감이 더 생기기 때문이다. 아내를 친정에 자주 보내주자. 같이 가서 기뻐하면 더 좋다.

아내 속에 있는 어린아이를 토닥토닥해 주자

아내 속에서 울고 있는 어린아이가 있다. 거절 불안, 지나친 염려, 완전주의, 강박적 사고 때문이다. 남편이 이런 것을 도와주고 이해해 주자. 남편에게서 이런 것이 채워지지 않으면 아내는 잔소리가 자꾸 늘어난다. 지나친 요구나 집착이 더 늘어난다. 심지어 비난과 공격도 하게 된다. 만족과 감사는 가뭄이 든다.

겉으로 보기에는 남편을 싫어하는 모습이다. 하지만 내면 동기는 오히려 남편에게 지나치게 의존하고 있다. 남편에게 아버지 노릇을 해 달라고 울고 있는 어린아이가 아내 안에 있다. 충분히 수용되고 존중받지 못한 자기 인생을 남편이 따스하고 든든한 아버지처럼 품어 달라고 울고 있다. 아내가 남편에게 기대는 높은데 만족은 안 되니 사나워지거나 우울해지는 것이다.

아내가 성장 과정에서 심리·정서적으로 어린 아기 같은 마음과 정서가 고착된 것이 일부 있다. 따라서 아내 속에 있는 어린아이를 남편이 잘 토닥토닥해 주면 아내도 그에 걸맞게 존경과 인정과 칭찬으로 남편에게 응답하게 된다. 남편이 충분히 아내를 수용하고 공감하며 귀하게 여기는 것을 3년 정도 지속하자. 제법 결혼생활이 이미 지났는가? 지금부터 다시 3년을 하면 된다. 그러면 아내의 많은 부분이 회복된다. 영양실조 환자도 병원에서 링거 주사를 맞으면 어느 정도 회복되는 것과 같다.

이병준은 진정한 어른은 3가지를 완전히 독립한 사람이라고 했다. '신체', '정서', '의지'의 독립이다.[1] 상담을 해 보면, 정도 차이는 있지만 아내들도 내면세계에 어린아이가 많이 있었다. 특히 정서와 의지 면에서 남편과 자녀 없이도, 혼자서도 행복해야 제대로 된 성인 아내이다. 남편이 잘 해 주는 것과 상관없이 아내 혼자서도 행복하고 자신을 잘 관리할 수 있어야 어른이다. 하지만 아내들은 공동의존성향이 남편들보다 많았다. 40~50대는 50%가 된다. 60~90대는 70%도 넘는다. 20~30대 젊은 아내들도 30% 정도는 공동의존성향이었다. 특히, 어린아이 정서와 의지가 남아있는 아내일수록 남편에게 더 의존적이다. 남편에게 집착한다. 심하면 관계중독, 남편중독까지 된다. 이것이 처음에는 남편에게 사랑으로 다가온다. 하지만 시간이 지날수록 남편은 아내의 잔소리와 비판과 분노에 억울함과 짜증과 답답함을 느끼게 된다. 남편은 아내가 점점 부담스러워서 회피하고 포기하게 된다. 심하면 공격하거나 폭력을 행하기도 한다.

아내에게 부분적으로 있는 어린아이가 성인 여성이 되도록 남편이 돕자. 장모님께 의존된 것을 벗어나게 도와주자. 장인어른의 빈자리는 남편이 잘 채워 주자. 아내의 낮은 자존감도 남편이 높여 주자. 아내가 자신의 사명이나 정체성을 찾도록 도와주자. 아내가 대인관계를 잘하도록 돕자. 남편과 상관없이 아내 자신의 꿈을 펼치도록 지지하자. 발전을 위한 변화를 시도하게 도와주자. 아내 자신을 잘 가꾸도록 지지하자. 아내가 운동도 꾸준히 하게 돕자.

남편도 마찬가지지만, 아내도 '조명 효과'를 빠져나와야 한다. 조명 효

---

1 이병준, 《우리 부부 어디서 잘못된 걸까? 2: 아내사용설명서》, 68.

과(Spotlight effect)는 미국 코넬 대학교의 사회심리학자 토머스 길로비치(Thomas Gilovich)가 제안한 심리학 이론으로, 언제나 자신이 무대 위에서 스포트라이트(Spotlight)를 받는 배우나 연예인처럼 주위의 사람들에게 평가받고 있다고 여기는 경향을 말한다. 하지만 실제로 이러한 생각은 자신의 뇌가 만들어 낸 과장된 걱정이다. 실제로 다른 사람들은 나를 볼 때 내 생각만큼 나에게 관심을 많이 두지 않는다. 실험에서도 사람들은 생각보다 다른 사람을 의식하지 않았다.

결국, 있지도 않은 타인의 시선을 과하게 의식하며 살아가는 것이 바로 조명 효과의 부작용이다. 타인의 시선을 과하게 의식하는 것, 남에게 모두 사랑받거나 인정을 받아야 한다는 강박적 사고나 불안감이다. 조명 효과를 내려놓기 위해서는 자존감을 높이고, 자존심은 버려야 한다. 자기 부족이나 결점을 인정하고 받아들이면 된다. 모두가 자신을 좋아해야 행복하다는 생각도 내려놓으면 된다. 타인의 충고나 도움을 기분 나빠 하지 말고, 기꺼이 감사하고 받아들이려고 노력하면 된다.

남편은 아내의 흠이나 약점, 잘못을 양쪽 가정이나 자녀에게, 다른 사람에게 이야기하면 안 된다. 그러면 아내를 존중하지 못하는 미숙한 남편이다. 이것은 남편도 스스로 조명 효과에 빠진 것이다. 쉽게 말해, 한 몸인 아내를 나쁘다고 말하면 남편 자신의 나쁨과 부족이 가려져서 자신은 도리어 좋은 사람으로 조명되는 것을 노린 것이다. 매우 미성숙한 유아적 감정이고, 이기적인 행동이다.

아내 속에서 울고 있는 어린아이가 남편으로 인해 토닥토닥 달래진다면, 남편은 진정 좋은 지도자이다.

4. 야호! 풍성하기 (4번 '풍성함' 환승)

남편들이여! '결핍'에서 '풍성함'으로 환승하자. 남편 자신이 결핍하면 아내를 사랑할 힘과 능력이 부족하게 된다. 비행기 사고에서 가족을 구할 때 자신이 먼저 구명조끼와 인공호흡기를 착용하라고 한다. 마찬가지로 아내를 잘 대하기 전에 남편이 먼저 풍성한 삶을 살자. 그래서 아내를 사랑하는 것도 풍성하게 하는 남편이 되자. 아내가 "여기가 천국인가 보다"라고 느끼게 하자. 아내 사랑도 남편의 삶도 풍성하게 하는 남편 레시피를 소개한다.

| 아내의 마음 은행에 원금을 많이 쌓아 두라 |

아내의 마음 은행에 원금을 많이 쌓아 두자. 이 말은 평소에 아내에게 감동과 기쁨을 자주 주라는 말이다. 이것은 남편 스스로 행복해야 가능하다. 성령에 충만하고 사명을 잘 감당하며 자존감이 높아야 가능하다.

아내는 어느 날 갑자기 화를 내지 않는다. 어느 날 갑자기 폭발하지 않는다. 어느 날 갑자기 이혼하자고 하지 않는다. 누적된 불만이 쌓이다가 터지는 것이다. 그래서 평소에 여러 가지 방법으로 아내에게 잘해 주어야 한다.

아내는 마음 한쪽에 은행이 있다. 아내에게 잘해 주는 횟수가 많아질수록 원금이 자꾸 쌓인다. 아내에게 더 중요한 것을 잘해 줄수록 아내의 마음 은행에 적립되는 원금 액수가 커진다. 원금이 누적되어 커지면 이자도 덩달아 많이 늘어난다. 이 상태에서 남편이 실수나 잘못을 하면 원금이 아니라 이자를 사용하기에, 아내가 상처받지 않고 남편을 잘 수용하거나 용서하게 된다.

그러나 반대로 남편이 실수하거나 잘못하면 그때마다 아내의 마음 은행의 이자를 까먹게 된다. 더 자주 잘못하면 원금도 까먹는다. 이럴 때 남편이 실수나 잘못을 하면 아내의 마음 은행에는 부도가 난다.

그러니 평소에 남편들은 아내에게 잘해 주어 아내의 마음 은행에 원금을 많이 쌓아 두어야 한다. 가장 큰 원금은 아내가 힘들 때 도와주기, 아내 이야기를 끝까지 듣기, 처가댁에 잘하기, 좋은 아버지 역할을 잘해 주기, 아내 일 잘 도와주기, 아내에게 중요한 날을 기념하고 특별하게 보내기 등이다.

아내는 비싼 것을 사주는 것보다 힘들 때 도와주는 것을 더 크게 여긴다. 관계 중심이기 때문이다. 다른 나라보다 한국 남자들이 아내를 돕는 것이 더 부족한 편이다. 호주는 남자들이 헌신적이다. 이탈리아 남자는 매우 부드럽고 로맨틱하다. 유대인과 독일인 남편들은 집안일을 매우 적극적으로 한다. 아내의 맞벌이는 남편의 생존과 일을 아내가 분담하는 것이다. 그러니 공평하게 남편도 집안일을 나누어서 하는 것이 자연스러운 일이다. 남편은 본인 행복은 스스로 잘 챙기고, 아내에게 바라지 말자. 스스로 행복하고 성숙한 남편은 여유 있게, 즐겁게 아내의 마음 은행에 원금을 많이 쌓는다.

| 아내가 경계선을 잘 설정하게 하라 |

아내가 자기 경계선(Boundary)을 건강하게 갖도록 배려하자. 아내가 밝은 자기 색을 회복하게 돕자. 아내에게 예쁜 색깔의 옷을 입히자는 것이 아니다. 아내가 원래 자기가 태어난 색깔, 자기 정체성을 지키도록 해 주자는 것이다.

아내가 할 수 없는 것은 잘 거절하게 하자. 힘든 감정도 잘 표현하게 하자. 아내들은 대체로 할 수 없는데도 억지로 한다. 그러다 자기가 망가지고 자기 색(정체성, Identity)도 바래져 우울하고 허무해진다.

경계선은 서로가 인정하고 보호받는 사적 영역을 갖게 하는 것이다. 부부의 경계선은 서로가 해서는 안 될 말과 행동, 지켜야 할 규칙들을 잘 유지하는 것이다.

부부가 경계선을 잘 갖도록 하는 몇 가지 예다.

"배우자 당사자의 허락 없이는 휴대폰이나 이메일을 열지 않는다."
"처가와 시가는 동등하게 대한다."

"밤 10시 전에 귀가한다."

"배우자 동의 없이는 이성과 단둘이 만나지 않는다."

보호받고 싶은 영역의 경계선을 정해서 배우자에게 말하고 협의하자. 건강하고 행복한 부부는 서로의 경계선을 보장하고 잘 지켜 준다.

헨리 클라우드는 "경계선은 한 사람의 통제가 시작되고 끝나는 정확한 지점을 알려준다"라고 말했다.

첫째, 경계선 정해 주는 방법을 알자

건강한 부부 관계를 위해 남편들이 아내의 경계를 잘 정해 주자. 모든 인간관계를 원만하고 길게 지속하기 위해서는 경계를 잘 지켜야 한다. 정서적으로 성숙한 남편과 아내는 이러한 경계를 잘 설정하고 지켜 준다. 남편이 앞장서서 자신은 물론 아내의 경계선을 잘 설정해서 지켜 주어야 좋은 남편이다. 남편은 아내의 개인적인 심리적 공간도 잘 존중하자. 문요한에 따르면, 관계에서는 경계를 잘 정해야 한다고 했다. 특정한 한 사람의 주장만이 아닌 널리 사용되는 경계(boundaries) 이론은 이제 심리학, 자기계발, 상담 분야에서도 널리 사용되고 있다. 헨리 클라우드(Henry Cloud)와 존 타운센드(John Townsend)의 저서 *Boundaries*(경계선)에서 가장 체계적으로 다루어졌다. 이것을 바탕으로 남편이 아내에게 경계선을 잘 설정하는 기준과 방법에 적용해 보았다.[1] 다음은 남편이 아내에게 경계선을 잘 설정하는

---

1 문요한, 《관계를 읽는 시간》(서울: 더퀘스트, 2018), 76, 308-314.

기준과 방법이다.

① **감정적 경계** – 자신이 힘들 때 배우자에게도 자신의 힘듦을 계속 이야기하며 경계를 그어서 자신을 보호하는 것이다. 상대에게 피해 주지 않으려는 만큼 자신의 감정도 보호하는 것이다. 지쳤거나 혼자 있고 싶을 때는 우선순위로 자신을 돌봐야 한다. 조용히 재충전하고 힐링할 권리가 있다. 남편에게 감정적으로 서로의 한계를 제시하자.

"지금은 당신을 도울 수가 없어 미안해."
"내 이야기도 10분 정도 들어 줄 수 있어?"
"그 부분은 내가 도움이 못 될 것 같네."
"나도 이번 생일에는 당신에게 선물이나 환영을 받고 싶어."

② **시간적 경계** – 지나친 일정과 과제를 감당한다고 거의 번 아웃이 되어 사는 것은 시간적 경계가 부족하기 때문이다. 다른 사람들의 요청을 거절하지 못했기 때문이다. 우선순위를 설정해 조금 중요한 것을 줄이자. 시간적 경계를 설정하는 것은 다른 사람들에게 내가 할 수 없는 일이나 부탁을 거절하는 것이다. "만나 줄래?", "같이 놀러 가자", "밥 한번 먹자.", "일 좀 도와줄래?"라는 식으로 부탁이 올 때, 어디까지 가능한지 그 한계를 잘 말하는 것이다. 거절도 할 수 있어야 한다.

죄책감을 느끼거나 이기적이라고 생각하면 안 된다. 다른 사람들이 실망할 것을 걱정하면 안 된다. 할 수 있는데 안 하는 것과 힘들어서 안 하는 것은 분명 다르다. 혼자만의 시간을 소중하게 보낼 줄 알아야 같이 보내는 시간도 길게 즐겁다. 다른 사람의 요청을 모두 받아들이고 너무 힘든 것은 헌신이 아니라 자기학대이다. 혼자만의 시간을 위해 경계를 설정하고, 적절한 관계에서 즐겁고 힘내는 것이 서로에게 좋다.

③ **물리적 경계** – 물리적 경계는 자기 몸, 자기 방, 자기 집, 자기 자동차, 자기 사무실과 같은 개인적인 공간을 보호하는 경계를 갖는 것이다. 한국의 정 문화, 대가족 문화, 공동체 문화는 서로 각자의 경계를 존중하지 못하는 약점을 가지고 있다. 가족끼리도 서로 개인 경계를 잘 유지해 주고 예의를 지켜야 한다.

"가족이라도 방에 들어오기 전에 노크해 주세요."
"내가 동의하기 전까지 제 몸에 손을 대지 말아 주세요."
"저도 혼자만의 공간을 갖도록 도와주세요."

④ **물질적 경계** – 물질적 경계는 소유물과 물건을 사용하는 방법에서 무엇을 허용하고 무엇을 허용하지 않을 것인지 서로 협의해 기준을 정하는 경계이다. 자신의 물건을 어떻게 취급할지 기준을 정하는 것은 이기적인 일이 아니다. 자기 물건이 소중하고 함부로 다뤄지지 않아야 한다고 남들에게 요구할 권리를 주장하는 것은 건강함의 표시이다.

"나 말고 누구도 내 차는 운전할 수 없어."

> "내 옷을 빌려줄 테니 내일 오후 5시까지는 돌려줘."
>
> "이 책을 빌려줄 테니 1주일 후에는 돌려줘."

건강한 부부 관계를 위해 남편이 아내의 경계를 이렇게 4가지로 잘 정해 주자. 좋은 남편이 되어서 감정적 경계, 시간적 경계, 물리적 경계, 물질적 경계를 아내가 고루 잘 설정하도록 돕자.

이병준은 부부의 경계선이 〈그림 1〉처럼 4종류가 있다고 했다.

<그림 1> 부부의 경계선 [1]

① 밀착 융합		② 부분 융합	
③ 건강		④ 거부형	

그림 ①: 밀착형, 융합형이다. 서로 경계선이 거의 없는 상태이다. 너인지 나인지 구분이 없는 것이다. 집착이다. 상대에게 지나치게 의존되어 있다. 억울함, 분노, 자학, 지나친 희생으로 불행하다. 이렇게 되면 의처증, 의부증이 생긴다. 완벽주의와 결벽증과 강박증도 늘어난다. 처음에는 좋지만 갈수록 둘 다 불행해진다.

---

[1] 이병준,《우리 부부 어디서 잘못된 걸까? 2: 아내사용설명서》, 112-113.

그림 ②: 가운데 교집합 부분 정도가 밀착되고 융합되었다. 부분적으로 경계선이 없는 상태이다. ①번과 건강한 ③번의 중간 상태이다. 경계선을 더 세워야 한다.

그림 ③: 경계선이 잘 서 있다. 서로 존중하면서 붙어서 사랑도 한다. 하지만 상대에게 침범할 때는 반드시 허락과 동의를 구한다. 상대를 존중하면서도 친밀하다. 행복과 불행 모두 상대에게 의존되지 않았다. 그러면서 사랑도 잘 한다.

그림 ④: 경계선이 지나쳐서 완전히 남이 된 상태이다. 거절과 소원함이 많다. 각자는 잘 살지만 친밀함과 풍성함은 부족하다. 부부가 이렇게 되면 가(假)이혼 상태이다. 한집에 살지만 거의 남남의 수준이다.

둘째, 아내가 사명을 잘 감당하여 의미 있는 삶을 살게 돕자

아내가 건강한 경계선을 갖는 최고의 방법은 아내가 스스로 의미 있게 사는 것이다. 의미와 사명을 감당하는 사람은 당연히 경계선이 건강하다. 아내를 역할과 책임만 가득한 삶에서 하고 싶은 일, 의미 있는 일, 사명을 감당하는 삶으로 살게 해 주자. 무기력과 우울함, 허무, 억울함을 툴툴 털어 버릴 것이다.

그렇다. 남편이 아내를 가장 사랑하는 방법의 하나는 아내가 자기 사명을 찾아서 잘 감당하도록 돕는 것이다. 이것은 어느 정도 남편의 희생이 필요하다. 헌신과 노력이 요구된다. 그러나 결국 남편도 아내의 행복한 모습에 큰 만족을 누리게 될 것이다.

'노숙자(路宿者)'는 'Homeless'라고 한다. 노숙자가 희망을 잃은 'Hopeless'

가 되면 가정만이 아니라 자기 정체성도 잃게 된다. 마찬가지로 아내가 집에 살지만 'Hopeless'가 되지 않게 해야 한다. 가정에서도 아내가 희생만 하는 것이 아니라 자기 자신을 더 찾을 수 있어야 한다. 가정 때문에 아내가 행복해야 한다. 남편이 아내에게 삶의 의미를 찾아 주는 이런 사랑을 한다면 가장 성공한 남편이 아니겠는가!

아내에게 지금 의미 있는 삶을 살고 있는지, 사명을 감당하고 있는지 물어 보자. 아니라면, 지금이라도 비상 걸고 아내의 사명과 의미를 잘 찾아 주자. 아내가 자기 색깔을 찾아 반짝일 때 남편도 반짝이게 된다.

셋째, 아내의 진정한 소원(Real want)을 알고 지지하자

사랑은 내가 원하는 것이 아니라 상대가 원하는 것을 해 주는 것이다. 예수님도 "내가 무엇을 해 주길 원하느냐?"라고 질문하셨다. 몰라서 물으신 것이 아니라 스스로 자신을 통찰하고 자기의 소원을 말하는 것이 너무 중요하다는 것을 알려주는 것이다.

마찬가지로 남편들은 수시로 아내에게 진정한 소원을 확인하고 지지해 주어야 한다. 그러면 경계선을 잘 가진 건강한 아내가 된다. 우울감을 제일 먼저 날려 버리고 쾌청한 마음의 아내가 될 것이다.

톨스토이의 제자인 '제임스 앨런'(James Allen)은 《생각하는 그대로》(*As a Man Thin-keth*)에서 "생각하는 것이 삶을 인도해 가는 것"이라고 했다. 이것은 자기의 진정한 소원을 정확히 아는 것의 중요성을 잘 말한 것이다. 《생각의 법칙》에서도 자신의 진정한 소원을 잘 아는 것의 중요성을 다음과 같이 말했다.

"사람들은 자신의 환경이 개선되기를 열망하면서도 자기 자신에 대한 개선에는 기꺼이 나서지 않는다. 이것이 그들이 속박에서 벗어나지 못하는 이유이다."

"성공한 모든 것과 성공하지 못한 모든 것은 자신이 품어온 생각의 직접적인 결과이다. 균형이 깨지는 것이 곧 파멸을 의미할 만큼 완벽하게 질서정연한 우주에서 개인의 책임은 절대적이다."

남편은 아내에게 묻어둔 'Real want'(진정한 원함)를 자주 물어서 찾아 지지해 주어야 한다.

"당신은 무엇을 하길 원합니까?"
"당신은 무엇이 요즘 힘든가요?"
"요즈음은 무엇이 당신의 소원입니까?"
"꼭 도와주고 싶습니다."

남편 레시피 - 핵심 포인트

1. 아내를 귀하게 여기기(1번 '소중함' 환승)
혼자의 노력만으로 아내를 귀하게 대하는 것은 매우 어렵다. 성령 충만해야 한다. 100년산 포도주인 성령에 충만해서 아내를 예수님 대하듯 하자. 아내를 최우선으로 대하자. 어머니와 자녀와 일보다 더 중요하게 대하자. 아내가 원하는 이벤트를 다양하게, 자주 하자.

2. 아내 우선하기(2번 '아내 중심' 환승)
아내를 최우선으로 여기는 것이 아내 중심으로 사는 것이다. 남편이 아내에게 적극적으로 헌신하여 아내의 얼굴이 활짝 펴지게 하자. 마음 넓고 깊은 상남자가 되자. 성관계에서도 아내를 먼저 배려하자. 아내가 성을 거부하는 이유 8가지를 잘 알아서 배려해 주자.

3. 젠틀맨 되기(3번 '좋은 리더' 환승)
좋은 리더 남편이 되려면 아내에게 젠틀맨이 되어야 한다. 아내에게 친절하고 예의 바르게 VIP로 대우하자. 아내와 자녀에게 존경받도록 살자. 아내와 자녀에게 원하는 걸 자주 묻자. 또, 잘 실천하고 사명과 의미 있는 삶을 살아내자. 다음과 같이 해서 좋은 리더가 되자. 자기관리를 잘하자. 아내의 우울을 해결해 주자. 아내 속에 있는 어린아이를 토닥토닥하자. 아내의 힘듦, 아픔, 억울함과 외로움을 깊이 공감하고 도와주자. 아내의 소원과 기쁨에 민감하게 대응하자.

4. 야호! 풍성하기(4번 '풍성함' 환승)
남편이 결핍에서 자기 스스로 먼저 풍성해야 아내 사랑도 풍성하게 한다. 아내를 풍성하게 사랑하는 것은 다음과 같다. 아내의 마음 은행에 평소에 원금을 많이 쌓아 두자. 실수나 잘못을 제대로 사과하자. 아내가 충분히 받아 줄 정도로 자세하고 진정성 있게 많이 사과하자. 아내가 잔소리와 불평을 하는 것은 아내가 힘들다는 것이니 공감하자. 아내가 남편이 잘되라고, 사랑하고 기대하는 것으로 고맙게 여기고, 잘 수용하고 적극 수정하자.

아내가 너무 무거운 책임과 불안으로, 남편과 자녀로 힘들지 않게 경계선을 잘 설정하여 주자. 아내가 혼자서도 잘 지내도록 돕자. 아내의 꿈과 은사, 소망, 취미생활을 잘하게 하자. 아내가 스트레스를 잘 풀도록 배려하자.

효자 아들 노릇을 너무 많이 해서 아내를 소홀히 여기지 않는지 확인하자. 나쁜 남편이 되지는 않았는지 반드시 점검표로나 아내에게 확인 받자. 남편이 어머니보다, 자녀보다, 일보다 최우선으로 아내인 자기를 귀하게 여긴다는 것을 느끼게 하자.

Chapter 5. 남편 레시피 - 적용

적용 1: 아내를 귀하게 여기는 7가지 원리

아내를 귀하게 여기는 7가지 원리를 항목별로 체크하자. 1~3점에 해당되는 부족한 문항 내용이 나오면 2~3개 정도 개선 방법을 적고 나누어 보자,
1점 – 잘하지 못하고 있다. 2점 – 조금은 부족한 편이다. 3점 – 보통 정도는 하고 있다. 4점 – 대체로 잘하고 있다. 5점 – 매우 잘하고 있다.

1) 아내에게 순수한 관심을 보이라.( )
2) 아내에게 맑은 미소를 자주, 계속 지어 주라.( )
3) 아내와 관계된 날짜, 처가댁 대소사, 처가댁의 가족 이름과 생일 등을 잘 기억하라.( )
4) 아내의 말을 잘 들어 주라.( )
5) 아내의 관심사를 이야기하라.( )
6) 아내가 남편에게 가장 중요하다고 느끼도록 해 주어야 한다.( )
7) 처가댁을 잘 섬기라.( )

적용 2: 서상복 목사가 권하는 아내를 귀하게 여기는 7가지 비법

아내를 귀하게 여기는 7가지 비법을 항목별로 5점 척도로 체크, 1~3점에 해당되는 부족한 문항은 2~3개 정도 개선 방법을 적고 나누어 보자,

1) 아내를 최우선 순위에 두라.( )
2) 아내의 말을 끝까지 잘 듣고, 이해하고, 공감하라.( )
3) 아내의 소원과 감정을 지지하고 격려하라.( )
4) 여자에서 하와로 대하라. "당신은 저입니다", "저는 당신의 것입니다", "당신은 저의 기쁨입니다"라고 고백하고, 그런 행동을 하라.( )
5) 처가댁을 시댁과 동등하게 잘 대해 주라.( )
6) 아내를 인격적으로 귀하게 여기라.
　① 아내 몸을 귀하게 여기라.( )
　② 감정을 귀하게 여기라.( )
　③ 말로 귀하게 여김을 표현하라.( )
　④ 돈으로 귀하게 여기라.( )
　⑤ 우선순위에서 아내를 1순위로 하라.( )
7) 건강한 신앙을 가지라.( )

chapter 5. 남편 레시피 - 나눔

1. **아내를 귀하게 대하는 2가지와 아내를 귀하게 대하지 못하는 2가지를 적고 개선 계획을 적어서 나누어 보자.**

 1) 아내를 귀하게 대하는 2가지:

2) 아내를 귀하게 대하지 못하는 2가지 내용과 각각 개선 계획:

2. **아내 중심으로 잘하는 2가지와 아내 중심으로 하지 못하는 2가지를 적고 개선 계획을 적어서 나누어 보자.**

1) 아내 중심으로 잘하는 2가지:

2) 아내 중심으로 하지 못하는 2가지 내용과 각각 개선 계획:

3. **아내와 자녀에게 좋은 젠틀맨으로 잘 실천하는 2가지와 존경받지 못하는 2가지 내용을 적고 개선 계획을 적어서 나누어 보자.**

1) 아내와 자녀에게 좋은 젠틀맨 리더로 잘 실천하는 2가지:

2) 아내와 자녀에게 존경받지 못하는 2가지 내용과 각각 개선 계획:

4. **남편 스스로 풍성하기를 잘하는 2가지와, 자기 힘듦과 불행, 미성숙으로 아내를 힘들게 하거나 핑계, 비난, 불평, 의존, 집착하는 2가지를 적고 개선 계획을 적어서 나누어 보자.**

1) 남편 스스로 풍성하게 잘 살아가는 2가지:

2) 남편이 자기 힘듦과 불행, 미성숙을 아내에게 전가(핑계, 비난, 불평, 의존, 집착)하는 2가지 내용과 각각 개선 계획:

에필로그

| 《부부 플랫폼》은 책이 아니다 |

보통 책은 한 번 읽고 알면 그만이다. 그래도 유익하다. 심지어 그 한 번도 대강 읽는다. 하지만 《부부 플랫폼》은 필자가 독자에게 말하는 내용이 아니다.

이 책은 장인어른이신 하나님이 남편들에게 "사위! 내 딸을 잘 부탁하네!"라고 하신 것을 대신 전하는 마음으로 쓴 책이다. 이 책을 한 번 읽는다고 아내를 온전히 사랑하게 되지는 않는다. 습관이 되어야 하고, 아내가 행복하고 만족해서 "당신은 예수님 같습니다"라고, 헛것을 볼 때까지 남편은 노력해야 한다.

이 책은 또한 시아버지이신 하나님이 아내들에게 "며느리! 내 아들을 잘 부탁하네!"라고 하신 것을 대신 전하는 마음으로 쓴 책이다. 이 책은 한 번 읽는다고 남편을 온전히 사랑하게 되지는 않는다. 습관이 되어야 하고, 남편이 행복하고 만족해서 거의 실신할 때까지 아내들은 노력해야 한다.

그래서 《부부 플랫폼》은 결혼생활이 계속되는 한 수시로 읽고, 점검하고, 부족한 것을 개선하고, 또 노력해야 할 책이다. 특히, 제공한 체크리스트로 잘 점검하여 부족한 항목은 계속 수정하고 훈련해야 한다.

진정으로 부부 플랫폼을 수료하는 때는 이 책을 다 읽은 때가 아니라, 상대 배우자가 "충분히 당신에게 만족합니다", "이렇게 행복해도 되나 싶네요"라고 할 때이다.

이때 비로소 남편의 아버지이신 하나님이 아내들에게 말씀하실 것이다

"우리 며느리, 고맙다. 너의 눈물과 땀은 내가 닦으마. 어여쁜 내 며느리야! 내 아들, 네 남편이 너에게 못다 채운 부족함은 어린 양 혼인 잔치에 참여하여 영원히 하나님 나라를 누림으로 채우거라."

이때 비로소 아내의 아버지이신 하나님이 남편들에게 말씀하실 것이다.

"우리 사위, 고맙다. 너를 영원한 최고의 영웅으로 내가 대접하고 인정하마. 내 딸인 네 아내가 너에게 못다 채운 부족함은 어린 양 혼인 잔치에 참여하여 영원히 하나님 나라를 통치함으로 만족하거라."

| 부부 엘니뇨와 라니냐를 미리 막아라 |

부부의 관계에서도 엘니뇨 현상을 막아야 한다. 라니냐 현상도 미리 막아야 한다.

엘니뇨(El Nino) 현상이란, 적도 부근 동태평양의 해수면 온도가 5개월 이상 평년보다 0.5도 이상 높은 상태가 지속되는 현상을 가리킨다. 엘니뇨는 스페인어로 '남자아이'라는 말인데, 온도가 1.5도 이상이면 강한 엘니뇨, 2.0도 이상은 슈퍼 엘니뇨라고 부른다. 이제 엘니뇨를 넘어 슈퍼 엘니뇨 시대가 도래했다.

라니냐 현상(La Nina Phenomenon)이란, 엘니뇨 현상과 반대로 적도 동태평양 해역의 월평균 해수면 온도가 6개월 이상 지속적으로 평년보다 0.5℃ 이상 낮은 상태를 가리킨다. 라니냐는 스페인어로 '여자아이'인데, 라니냐 현상이 발생하면 적도 서태평양과 동태평양 간의 표층 수온의 차가 더 커지게 되어 이상 기후가 일어난다.

엘니뇨 현상과 라니냐 현상이 발생하면 산불, 폭우, 이상 기온 변화, 가뭄, 폭설, 한파 등이 나타난다. 플랑크톤과 어획량이 급격히 줄게 된다. 호우가 자주 발생한다. 기상이변이 속출한다. 대륙에도 기후 이변이 속출한다. 질병이 늘어나고 식량이 부족해진다. 해수면 온도가 높아져 생태계가 무너진다. 세계 산업과 인류 생존에 막대한 피해를 준다. 농작물 피해도 심하다. 곡물 가격 상승, 전염병 증가가 일어난다.

부부관계에서도 엘니뇨 현상을 없애야 한다. 미리 막으면 좋다. 화난 '남자아이'(엘니뇨), '뜨거운 문제'를 없애야 한다. 부부 사이에 온난화를 없애야 한다. 갈등이 일어나고 스트레스, 불안, 불만이 일어나면 부부 온난화가 가속화된 것이다.

부부관계에서도 라니냐 현상을 없애야 한다. 미리 막으면 더 좋다. 화난

'여자아이'(라니냐), '찬 온도'를 없애야 한다. 평소에 하나님과 친밀한 사이를 각자 유지해야 한다. 두 사람만의 친밀한 시간을 자주 가져야 한다. 두 사람이 건강하고 정기적이며 만족한 성생활을 해야 한다.

부부 관계의 엘니뇨 현상과 라니냐 현상도 미리 막아서 늘 온대성 기후로 하나님 나라를 살아내자.

부부 된다는 것

– 서상복

부부 된다는 것,
당신 고치지 않고, 당신 변하지 않아도
이젠 당신 위해 내가 변화되겠다고 이 악무는 것.
그것이 하나도 힘들지 않고 자존심 상하지 않는 그때,
비로소 주님 닮은 사람 되어 있으리.
그때 비로소 천국이 임한다.

부부 된다는 것,
그동안 감추고 살면서 나도 잊은 내 허물.
남편으로, 아내로 알아 주님 보혈로 정하게 되는 것.
남편, 아내 빡빡 싸우는 거울 속에
치유 못 한 쓴 가시가 성령의 기름으로 씻음 받는 것.
남편과 아내가 온전히 편안하지 않은 이상
내 허물은 소리 지르고, 내 가시는 아픈 것.
그것이 부부.

처음에는 차라리 결혼하지 않는 것이 더 좋았을 아픔.
그런 아픔 한세월 겪고서야 비로소 가면을 벗은,

참 나로 자유로워 주님 소리 막지 않게 되고
시원하게 들리는 그런 은혜.
아, 그런 은혜가 임하는 통로가 부부.

이젠 남편 곁에서, 아내 곁에서 예수님을 사는 이런 부부.
자신의 옳은 것도, 자존심도 모두 내려놓으신 예수님을 사는 이런 부부.
주여, 이런 부부 되게 하소서.

부부 된다는 것,
예수님과 부부로 하나 되는 것을 예서 실습하는 최고의 훈련.
남편을 품는 그것으로, 아내를 품는 그것으로 이젠 알게 하소서.
아, 부부 된다는 것….

2009년 10월 어느 멋진 날 쓰고, 2024. 6. 14. 수정함.

싫어할 수 없습니다.

– 서상복

여보, 나는 당신을 싫어할 수 없습니다.
당신 싫어하는, 그걸 못합니다.

예수님은 나를 싫어할 수 없습니다.
서상복이를 싫어하는, 그걸 못하십니다.

"상복아, 나는 너를 용서하지 않는다.
너의 넘어진 자리마저도
싫은 적이 없어서
그저 오늘도 사랑만 한단다.
상복아!"

그래서 오늘, 가장 쉬운 '사랑'만 합니다.

2009. 11. 8. 초고 쓰고, 2024. 09. 06. 수정함.

【부록 1】
부부 성숙도

	결혼생활의 성숙함 5점	항상 (매우 많이)	대체로 (좀 많이)	자주 (약간)	때로 (조금)	때에 따라 다름 (모름)	때로 (조금)	자주 (약간)	대체로 (좀 많이)	항상 (매우 많이)	결혼생활의 미성숙함
		4점	3점	2점	1점	2점	3점	4점	5점		
1	언약적 결혼 이해										언약 결혼 이해 못함
2	남녀의 차이 이해										남녀 차이 이해 못함
3	삶의 목적 분명										삶의 목적 모름
4	목적에 맞는 계획 잘 수립										목적에 맞는 계획 수립되지 않음
5	재능(은사)을 10개 이상 찾음	10개 이상	7~9개	6개	5개	4개	3개	2개	1개	0개	재능(은사)을 전혀 못 찾음
6	재능을 10개 이상 잘 계발, 발전시킴	10개 이상	7~9개	6개	5개	4개	3개	2개	1개	0개	재능을 계발, 발전시키지 않음

7	부모님과 화목, 용서, 용납, 존경의 관계									부모님을 존경하지 않는 관계
8	공동체(교회, 소속 공동체, 동역자, 친구 등)에 선한 영향력을 끼치며 잘 활동함									공동체(교회, 소속 공동체, 동역자, 친구 등)에 활동 못함
9	나는 매우 행복									나는 매우 불행
10	배우자를 행복하게 해 주어야지									배우자를 통해 내가 행복해야지
11	독립성 (혼자도 행복)									의존성 (혼자-게으름, 중독)
12	책임감 잘 감당									책임감 거부
13	다른 사람을 존중									하고 싶은 대로 행동
14	말/옳음/생각/ 행동 일치									위선적, 보이기 위한 행동
15	잠재력과 인내심									격한 분노 표출, 통제 없는 행동
16	헌신을 잘함 겸손으로 봉사									이기적 행동, 자만심
17	자녀 양육/ 아버지· 어머니 역할 성경적으로 알고, 잘 실천									자녀 양육/ 아버지· 어머니 역할 성경적으로 모름, 실천 못함

18	융통성 있고 적응력 있음								경직됨, 고집이 셈, 융통성 없음
19	솔직, 성실함 신뢰받음								거짓이 많음, 약속을 어김
20	부부의 성/ 서로 대화, 잘 누림								부부의 성/ 대화 안 함, 하지 않음
합계	성숙도 : 점 합계할 때 미성숙도 점수(가운데 1점 오른쪽)는 모두 0점으로 계산. 가운데 1점 왼쪽에 체크된 점수만 합하면 성숙도 점수이다. 1점 오른쪽은 항목별로 미성숙의 상황을 확인하기 위해 – 점수로 파악하면 된다.								

【부록 2】
부부가 잘 싸우는 규칙 21가지

부부싸움은 갈등이나 싸움 자체 때문에 상처받는 것이 아니다. 부부가 잘못된 방법으로 싸우기 때문이다. 싸움의 정석을 부부가 잘 지키자. 다음의 21가지 내용을 부부가 같이 보고 알맞게 수정해서 부부싸움에 잘 적용하자. 부부가 수정하는 것이 귀찮거나 어려우면 그대로라도 실천하자. 수준이 다른 하늘 부부가 될 것이다.

21개 문항별로 ( )에 5점 척도로 표시하자.

(5점, 매우 이렇게 잘하고 있다. 4점, 대체로 이렇게 하고 있다. 3점, 보통이다.
2점, 대체로 이렇게 못하고 있다. 1점, 대부분, 혹은 전혀 이렇게 못하고 있다.)

마지막에 자신이 사인하고 배우자가 확인하도록 하자. 그 후 서로 교환하여 각자 한 부씩 홀더에 끼워서 잘 보이는 책상이나 테이블 위에 두고, 자주 보고 확인하자. 그리고 다시 체크하며 노력하자. 특히 1점은 4개의 수정 계획을 세워 노력하자. 2점은 3개의 수정 계획을 세워 노력하자. 3점은 2개의 수정 계획을 세워 노력하자. 2점은 1개의 수정 계획을 세워 노력하자. 3개월만 지속하면 한 단계 성숙해진 자신을 부부생활에서 발견할 것이다.

① 화가 나도 끝까지 잘 들어 주자.(   )

화나고 힘들어도 끝까지 상대의 말을 다 듣고 나서, 그 후에 자기 의견을 말하면 좋다. 들으면서도 비꼬는 태도나 짜증스럽고 귀찮은 태도로 듣지 말자. 적극적으로 공감하면서 들어야 한다. 말을 끊거나 꼬투리를 잡지 말라. 배우자의 말에서 틀린 걸 잡아내려 하지 말고 상대의 힘든 심정을 알아주며 듣자. 부드러운 얼굴과 태도로 집중하면서 듣자. 고개를 끄덕이며 잘 듣는다는 것을 표시하라.

"… 구나"라고, 배우자의 말을 핵심 정리해서 되돌려주자. 배우자 마음 공감과 요약을 해 주자.

② 장외 경기는 금물이다.(   )

반드시 정해진 장소에서만 싸우자. 링 안에서만 싸우자. 권투 시합에서 링 밖으로 나가는 것은 패자임을 선언하고 인정하는 것이다. 패자를 넘어 비겁한 것이다.

부부도 갈등하거나 싸울 때 정해진 장소에서만 하는 게 좋다. 집에서는 자녀들 보기에 교육적으로 좋지 않다. 또 서로 절제하기가 쉽지 않은 단점이 있다. 집은 부부싸움에 좋은 장소가 아니다. 집은 사랑만 하는 곳이므로 다투거나 상처받는 느낌이 묻지 않게 하자. 가까운 카페에서 차를 마시며 갈등을 푸는 것이 가장 좋다.

'링 안에서'라는 것은 제한된 장소 개념도 있다. 하지만 평소에 집에 누적된 감정이 묻어서 현재 고민을 대화하는 것에 영향받지 않도록 하자는 것이다. 대화를 덜 했는데 끝내거나, 일어나서 나가 버리는 행동을 하지 말라는 것이다.

제일 좋은 것은 카페에서 조용히 예의를 지키며 싸우는 것이다. 공원의 벤치, 자연휴양림, 좋은 산책길을 부부가 싸우는 링으로 하면 좋다. 이런 곳은 부부 갈등 문제를 서로 진지하고 자세하게 풀고 해결하기에 좋다. 장소와 분위기도 좋은 곳에서, 개방된 곳에서 하자.

③ 다른 사람들 앞에서는 싸우지 말자.(   )

집안에서는 서로 잘해 주고, 아늑하고 편안한 느낌과 이미지를 부부도, 자녀도 가지도록 노력하자. 집에서 자주 싸우면 집 자체가 좋지 않게 각인되어, 다른 모든 가족생활에도 좋지 않은 영향을 미치게 된다. 자녀 훈육도 집에서 하지 말고 밖으로 조용히 불러내어 두 명만 말하는 것이 좋다. 집이 스위트 홈이 되어야지 집구석이 되면 안 된다.

자녀 앞에서 싸우는 부모는 부모의 자격이 없다. 그로 인해 자녀가 상처받고 부모에게 분노하며 비행에 빠지게 된다. 학교에 부적응하고 하나님에 대한 신관이 왜곡되며, 신앙을 버리게 되고 대인관계를 잘하지 못하게 된다.

④ 화해를 빨리 하자. (　)

지구전을 피하자. 밤을 넘기지 말고 대화로 모두 풀고 자야 한다. 싸웠다고 분방해서는 안 된다. 사탄이 틈을 탄다. 자녀가 더욱 불안해하고 상처를 받는다. 한 번 싸웠다고 며칠이든 몇 주든 말을 안 하거나 삐치면 다른 일도 안 된다. 틀어진 관계를 비집고 미움과 냉기가 들어온다.

자석을 오래 가지고 있으면 주변 쇳가루가 자꾸 모이고 달라붙듯이, 둘 사이가 벌어져 미움이 오래 있으면 다른 갈등 요소와 미움이 더 많이 생긴다. 심하면 사단이 그 틈을 이용한다. 하나님과 깊은 친밀감도 방해된다. 다른 사람과의 대인관계도 어렵게 된다. 자녀 교육과 훈육에도 부정적인 영향을 끼친다. 자녀들은 부모가 싸우면 자기 때문이라고 생각한다. 자녀가 자존감이 낮아지게 된다.

화해를 오랫동안 하지 않으면 자신에 대한 자아상도 어두워진다. 수면의 질도 떨어진다. 건강에도 해로우며 피로도 회복되지 않는다. 성경은 늦어도 잠들기 전에는 화해하라고 한다.

⑤ 부부 갈등 대화에 제3자를 개입시키지 말자. (　)

남이나 남의 가정과 비교하는 것은 절대 금지하자. 시댁이나 친정을 개입시키는 것은 치명적인 실수이다. 제3자를 개입시키는 것은 미숙한 대화 방식이다. 당사자 두 사람이 해결하면 될 것을 제3자의 힘을 빌리거나 제3자와 비교를 통해 더 상처를 주려는 의도가 있다. 문제를 해결하려는 의도보다 상대에게 더 상처를 주려는 것이 동기이다. 제3자의 개입 허락은 상담가나 기타 전문가, 하나님으로만 제한하자.

⑥ 상호 인격을 모독하지 말자.(　)

인신공격이나 인격 모독을 하지 말자. 비판하거나 모독하거나 비난하는 것은 부부 갈등이나 부부싸움이 아니라, 그 자체가 미성숙이고 죄가 된다.

⑦ 승부에 연연하지 말라.(　)

부부가 이기려고 싸우지 말라. 제3의 대안을 제시하고 합의를 하던가 한쪽이 양보하여 타협하든지 해야 한다. 양보했다고 진 것이 아니다. 배우자는 한 몸이지 적이 아니기 때문이다. 한 몸인 부부를 이기려고 하는 자체가 성인 아이이며 미성숙한 사람이다.

⑧ 같은 제목을 가지고 연속 상영하지 말자.(　)

지나간 문제나 지나간 사건은 다시 꺼내지 말자. 우리도 지난 죄를 모두 용서받고 오늘 의롭다고 여김을 받았기에 잘 살고 있다. 하나님 나라를 받았다. 싸울 때는 오늘 문제로 한정하자. 한 가지로 한정하자. 한꺼번에 두 가지 이상의 문제를 꺼내면 하나도 해결되지 않는다. 문제만 더 커지고 둘의 관계만 악화된다.

⑨ 상대방의 입장을 배려하고 이해해 주면서 싸우자.(　)

배우자가 격하고 나쁜 말을 해도 그의 힘든 마음에 초점을 맞추자. 내 생각만 말하는 싸움은 자신이 미성숙한 성인 아이임을 스스로 드러내는 것이다.

격하고 나쁜 말은 시간이 지나면 대부분 말한 사람도 후회한다. 사람은 하고 싶은 말을 정확하게 전달하지 못한다. 언어 한계나 표현 한계에 필터링까지 하기 때문이다. 전문 언어학자라도 말로 표현할 수 있는 것은 70% 정도라고 한다. 우리 일반인은 자기가 진짜 하고 싶은 말의 최대 50%밖에 표현 못 한다. 게다가 화가 났을 때는 20~30%도 표현하지 못 한다고 한다.

이것을 서로 고려하자. 상대가 진짜 하고 싶은 생각과 말을 제대로 표현하지 못 하고 있다는 것을 참조하자. 본인도 잘못된 표현을 제법 많이 하기도 한다. 그러니 서로 싸울 때 상대가 말한 내용을 따지고 반박하는 것은 참 어리석은 일이다. 둘의 관계가 도리어 파괴되는 대화가 된다.

따라서 상대가 잘못된 내용을 말하거나 과격한 말과 분노를 표현한 것을 너무 억울해하지 말자. 잘 표현해도 상대방은 30~50% 정도만 표현했고 나머지 50~70%는 왜곡되었다는 것을 전제로 듣자. 들을 때 상대방이 말하는 진심과 참된 동기를 잘 알아들으려고 노력하자. 상대의 잘못된 표현과 분노와 격한 것만 보고 발끈하는 것은 자신의 미숙함을 드러내며 죄성을 드러내는 대화이다.

"당신도 … 부분에는 고생하고 애쓴 것 알아요. 고맙게 생각합니다. 다만 나로서는 … 부분이 … 힘이 들어요. … 해 주시면 어떨까요?"라고 말하자.

⑩ 싸움이 일어났을 때는 이전이나 이후의 문제는 다루지 말자.( )
반드시 현재 것으로만 제한하자.

⑪ 두 사람의 문제가 밖으로 유출되지 않게 하자.( )

자녀에게 알리는 것도 좋지 않다. 그 외 양가 부모나 친구들, 교회 성도들 등 다른 사람과 연결되지 않도록 해야 한다. 다른 사람에게나 공적 자리에서는 절대 배우자를 비난하거나 공격하지 말아야 한다. 다른 사람을 부부 갈등과 싸움에 개입시켜서는 안 된다. 그건 비겁하고 미숙한 행동이다.

⑫ **고함치지 말자.(　)**
목소리로 상대를 제압하려는 자체가 벌써 실패이다. '솔'의 음정이 대화에는 가장 좋다. 이 음높이로 싸우면 상대의 말 내용에 집중하여 듣게 된다. 싸움의 효과도 긍정적으로 더 생긴다. 이보다 낮으면 혐오나 무관심, 비관으로 들린다. 이보다 높으면 지나치게 화내는 태도와 힘듦으로 인해 내용은 사라지고, 치열한 전투가 시작되기 때문이다.

감정에 격하거나 너무 흥분한 말투, 화가 잔뜩 난 말로 하는 것, 공격하는 느낌의 말로 대화하는 것은 상대가 내용에 공감하기보다 자기방어를 하게 한다. 되받아쳐서 공격하게 한다. 자신은 뒤끝이 없다거나 다혈질이기 때문이라는 식으로 말하지 말자. 이것은 변명에 지나지 않는 비겁한 말이다. 앞 끝에 이미 상처를 입었는데, 뒤끝 없다는 것은 잘못이다. 다혈질의 특징은 오히려 타인을 따뜻하고 다정하게 하는 것이지, 화를 잘 내고 성질부리는 것이 아니다. 자기 잘못을 기질에 떠넘기는 것은 비겁한 일이다.

⑬ **비폭력 대화를 사용하자.(　)**
다투더라도 폭력 대화인 비열한 말, 모독하는 말, 상대방 인격을 짓밟는 말과 행위는 반드시 피하자. 욕하는 것은 이미 폭력이다. 때리거나 물건을

던지는 것도 폭력이다. 협박하거나 잔인한 말을 하는 것도 폭력이다. 별명이나 비교하는 말도 폭력이다. 상대가 모욕을 느끼거나 위협이나 분노를 느끼게 된다면 모두 폭력이다. 폭력 대화를 쓰면 갈등의 내용 자체는 온데간데가 없고, 갈등하는 방식으로 인해 상처가 오히려 더 커진다.

하지 말아야 할 폭력 대화는 욕하기, 협박하기, 물건 던지기, 실제 때리기, 때리려고 하기, 비난하기, 겁주기, 과장하기, 정죄하기, 인격을 모독하기, 비교하기, 과거 지나간 이야기를 하기, 상대의 상처를 들먹여 소금 뿌리기, 상대의 열등감을 들추기, 미래를 정죄하기, 한 가지가 아니라 두 가지 이상을 충고하거나 비난하기, 싸우는 말(맨날, 늘, 언제나, 또, 절대로, 항상, 너무…)을 사용하기이다.

비폭력 대화는 '나 전달법'(I-Message, '너 전달법'의 반대, You-Message의 반대)으로 자기 입장만을 전달하는 것이다. 청유형으로 상대에게 부탁하는 방식으로 끝내는 것이다. 한 가지만 이야기하는 것이다. 오늘, 지금 있었던 것 위주로 이야기하자. 상대를 공감하면서 자신의 억울함이나 힘든 것을 고백하자. 제3의 대안을 제시하자. 상대의 인격은 건드리지 말아야 한다.

⑭ 싸움 후에는 반드시 내 쪽에서 먼저 용서를 구하자.(　)

어느 한쪽이 100% 잘못한 경우는 없다. 나에게도 조금이라도 잘못이 있다.

⑮ 서로 솔직하고 존중하자. 자리 뜨지 말고 서로 가까운 데서 싸우자.(　)

⑯ **싸우는 말을 사용하지 말자.( )**

'항상', '결코', '늘', '절대', '맨날', '한 번도', '또', '영원히', '온천지', '온 사방', '죽어도'… 같은 싸우는 단어를 사용하지 말자. 사람이 사람에게 사용할 수 없는 말이다. 하나님만 쓸 수 있는 표현이다. 그러므로 이 말을 사람에게 쓰면 과장되거나 지나치거나 극단적이거나 거짓말이 되어, 공격하고 비난하는 말이 된다.

긍정적이거나 좋은 이야기에는 사용할 수도 있다. 하지만 좋은 말조차 이런 말은 쓰지 않는 것이 좋다. 이런 싸우는 말 대신에 '가끔은', '오늘은', '지금은', '자주', '종종', '몇 번', '이번에는'… 이라고 말하자.

⑰ **일반적인 관점이나 올바른 관점이 아닌 자기 관점으로, 진실의 관점으로 말하자.( )**

대화에서 우리는 사실(Fact)을 말하고자 해도, 말하고 싶은 의도나 진심을 온전히 다 표현하지 못한다. 그래서 사실을 전달하는 대화를 한다고 해도 오해와 갈등이 생길 수밖에 없다.

대화는 진실(Truth) 전달, 말한 동기나 목적을 전달하는 것을 사실 전달보다 우선해야 한다. 상대가 한 말을 그대로 전달하면 안 된다. 상대방이 한 말도 그가 하고 싶은 말의 전부가 아니기 때문이다. 상대의 말 내용보다 말한 목적과 동기를 잘 전달하자. 그래야 오해가 없고 관계도 개선이 된다.

양가 가족의 말을 배우자에게 전할 때, 그대로 전하기보다는 그가 진정으로 하려고 했던 걱정과 염려, 관심의 입장에서 번역해서 전해 주어야 한다. 그래야 바르게 전달되고 서로 사이도 좋아진다.

"다 물어봐라, 누가 옳은지…"

이것은 여러 명으로 집단 공격하는 것이다.
"내가 보기에는…", "내 생각에는…", "제가 느끼기에는…"라고 말하는 것이 좋다.

⑱ 배우자의 행동과 자신의 감정을 분리하자.(　)

배우자의 행동에 내가 힘들거나 어려운 마음을 잘 표현하면 된다. 배우자의 인격을 말하거나 기분 나쁜 감정을 쏟아 놓을 필요가 없다. 배우자의 행동에 비난과 정죄와 공격을 퍼붓는 것은, 배우자의 행동만이 아니라 과거의 미해결된 상처나 분노가 결합하여 폭발한 것이다. 이것은 배우자가 비록 잘못했어도, 반성하거나 고치기보다 공격에 대한 방어와 회피를 하고자 하는 생각이 먼저 들게 한다. 배우자의 행동에 대해 청유형으로 부드럽게 수정을 부탁하면 된다.

⑲ 특별한 때 외에는 각방을 쓰지 말라.(　)

다른 방에서 자는 순간 둘이 하나 되기보다는 점점 사이가 벌어진다. 하나님께서는 부부가 특별 작정 기도(금식, 비상기도)의 목적 외에는 분방하지 말라고 하셨다. 부부싸움을 했더라도 한방에서 자는 것은 하나님의 명령이다. 그것이 영적으로, 심리적으로 더 유익하다. 사단의 유혹도 이길 수 있다.

자녀들도 부부가 각방을 쓰면 불안과 염려가 생기게 된다. 부부가 늘 한

방에서 자는 것이 성령의 하나 되게 하신 것을 힘써 지키는 것이다. 특히 부부의 성관계를 규칙적으로 하고, 서로 만족을 주려고 노력하는 것이 중요하다. 그것은 부부를 친밀하게 할 뿐 아니라 서로 깊은 수용성과 유연성을 가지게 한다. 하나님의 뜻에 순종하는 행위이기도 하다.

좋은 풍광과 좋은 여행이 사람을 매우 가깝게 하듯, 부부의 친밀한 성관계는 부부의 갈등을 가장 부드럽고 쉽게 해결하는 윤활유 역할을 한다. 좋은 경치와 좋은 분위기에서는 상대의 단점보다 장점이 눈에 잘 보이는 것과 같다. 부부가 성을 잘 즐겨야 한다.

⑳ 평소에 매일 출퇴근 시간에 스킨십(skinship)으로 인사하자.(   )

독감 예방접종, 대상포진 예방접종은 면역력을 길러주거나, 병이 올 때 약하게 하거나, 아예 못 오게 해 주는 역할을 한다. 부부의 갈등이나 싸움이 오기 전에 미리 예방접종으로 면역력을 길러 두는 것이 있다. 바로 잦은 스킨십, 키스, 포옹이다.

고함치고 때리고 비난하며 싸울 만한 갈등을 부드럽게, 심지어 미소를 지으며 유머로 가볍게 해결하는 부부도 있다. 평소 출근 때나 퇴근 때 서로 키스나 포옹을 하는 부부이다. 성관계도 규칙적으로 자주 하자. 부부가 서로 즐기는 성이 되게 하자. 자주 정기적인 대화 시간을 갖자. 자주 부부만의 여행을 가자. 자녀나 양가 부모보다 부부가 서로 최우선으로 사랑 고백을 자주 하자. 서로 존귀하게 대하자.

그러다가 부부에게 갈등 상황이 생기면 가볍게, 아무렇지도 않게 협의를 잘하게 된다. 갈등을 쉽게 해결한다. 문제 해결만 잘 되는 것이 아니라 갈등으로 오히려 부부가 더 친밀해진다.

㉑ **싸우더라도 극단적인 말은 서로 하지 말자.**(   )

'헤어지자', '이혼하자'라는 말, 상대의 치명적인 약점과 깊은 상처를 찌르는 말, '죽고 싶다', '죽여라', '죽이고 싶다'라는 말….

이런 극단적인 말을 하는 사람은 무책임한 것이다. 상대의 약점과 상처를 말해서 어찌하든지 더 고통을 주려고 하는 것은 성숙한 어른이 아니기 때문이다. 이런 사람은 이혼하더라도 혼자서도 행복하지 못할 것이다.

이런 극단적인 말은 상대와 잘 살아 보려고 하는 말이 아니다. 상대를 정말 미워해서 하는 말이다. 싸우는 중에도 상대를 사랑하고 불쌍히 여기는 마음을 유지하는 것이 하나님이 바라시는 부부의 모습이다. 성령 충만하고 말씀에 순종하는 사람은 충분히 그것이 가능하다.

이런 극단적인 말은 결혼할 때 약속한 언약을 스스로 깨는, 미숙하고 죄가 되는 말이다. 어쩔 수 없이 이혼할 때라도, 상처를 굳이 크게 주지 않고 최소화하며 헤어지는 사람이 재혼하든, 홀로 살든 행복하게 살 수 있다. 자녀에게도 이중적으로 상처를 주지 않게 된다.

그냥 갈등 상황이나 문제행동에 초점을 맞추어서 대화하자. 상대도 힘들고 어렵다는 것을 이해하면서 대화하자. 사실, 부부가 싸우기 때문에 미워진 것이 아니다. 잘못된 방법으로 싸우기 때문에 상처받고 미운 것이다.